文秘工作实战大全

何小兰 ◎ 编著

清华大学出版社
北 京

内 容 简 介

一名优秀的秘书是企业领导的"参谋",是企业形象的一张"名片",是企业信息上传下达的一座"桥梁"。越来越多的跨国公司、企事业单位的秘书是具备了较强的企业管理知识、人际沟通能力、文书写作处理能力、计算机软件操作能力的高级复合型人才。

本书共十一章,从十一个方面全面讲解了秘书应当具备的"硬素质与软实力"。内容包括:单位档案管理、会务策划与管理、日常管理工作、接待工作、办公室环境布置与管理、人际沟通方法与技巧、商务礼仪素养、文书工作、时间与情绪管理、人事招聘工作、职业生涯规划。

本书封面贴有清华大学出版社防伪标签,无标签者不得销售。

版权所有,侵权必究。举报:010-62782989,beiqinquan@tup.tsinghua.edu.cn。

图书在版编目(CIP)数据

文秘工作实战大全 / 何小兰编著. — 北京:清华大学出版社,2019(2021.10 重印)
ISBN 978-7-302-51339-1

Ⅰ.①文… Ⅱ.①何… Ⅲ.①文书工作②秘书学 Ⅳ.①C931.46

中国版本图书馆CIP数据核字(2018)第229063号

责任编辑:张立红
封面设计:梁 洁
版式设计:方加青
责任校对:郭熙凤
责任印制:朱雨萌

出版发行:清华大学出版社
网　　址:http://www.tup.com.cn,http://www.wqbook.com
地　　址:北京清华大学学研大厦A座　　　邮　　编:100084
社 总 机:010-62770175　　　邮　　购:010-62786544
投稿与读者服务:010-62776969,c-service@tup.tsinghua.edu.cn
质 量 反 馈:010-62772015,zhiliang@tup.tsinghua.edu.cn

印 装 者:三河市龙大印装有限公司
经　　销:全国新华书店
开　　本:170mm×240mm　　印　　张:18.25　　字　　数:302千字
版　　次:2019年3月第1版　　印　　次:2021年10月第6次印刷
定　　价:85.00元

产品编号:081145-01

前言 ▶ Preface

秘书是当今企业中的"红人"。一名优秀的秘书，不仅要具备非常强的职业素养与能力，同时还要具备极高的情商。当今信息化时代，很难想象一名基本功不过硬的秘书如何能胜任工作。秘书是理论与实践结合性很强的一种职业。如何使刚入职的职场新人转变成为企业高级管理型秘书，如何快速提升秘书自身的"硬素质"与"软实力"，成为一名职场秘书精英，是本书要解决的问题。

作者多年的工作经验与专业知识凝聚本书中。本书行文深入浅出，具有极强的可操作性，书中一些秘书岗位工作技巧可直接指导实践。本书没有教条的理论阐述，只有一系列、全方位的秘书实务"干货"。本书内容十分翔实，涵盖了秘书档案管理、会务策划、人际沟通、商务礼仪、文书写作等方面的职业知识与技能介绍。阅读完本书，你的秘书之旅将整体上升一个台阶，在不久的将来定会迎来职业发展的春天。

本书特色

1. 内容丰富、全面，浅显易懂，涵盖了秘书必须掌握的职业技能知识

本书涵盖了单位档案管理、会务策划与管理、日常管理工作、接待工作、办公室环境布置与管理、人际沟通方法与技巧、商务礼仪素养、文书工作、时间与情绪管理、人事招聘工作、职业生涯规划等秘书实务必须掌握的专业知识，涉及面较广，注重知识的全面性。这样的安排便于秘书全面掌握自身职业素质所应具备的基本能力与知识，快速提升自身职业价值。

2. 行文以实例为导向，适用面广，可操作性强，工作技巧可以直接指导实践

本书介绍的基本理论知识、秘书工作管理实践均以实例为导向，适用面广，企业单位、事业单位的秘书均可作为参考。本书分十一章对秘书的各项基本职业技能进行了翔实的讲解，不同章节均以实例为导向，可操作性强。一些秘书的工作技巧，例如沟通技巧、时间与情绪管理技巧、人事招聘技巧等可直接用于指导实践。

3. 秘书重点职业能力讲解翔实，可读性强，重点提高秘书的核心竞争力

本书对于秘书需要重点掌握的职业能力部分讲解非常翔实。例如，秘书的人际沟通能力部分，即从文秘沟通的基本方法、沟通的策略、商务谈判沟通、人际沟通中应注意的问题四个方面详细讲解了文秘必须掌握的沟通技能知识。会务策划部分从会务前的准备工作、会务人员的培训、文字材料准备、场地布置、会务住宿、会务餐饮等方面讲解了秘书需要掌握的会务管理知识。全书具有很强的可读性，对重点内容的重点介绍有利于提高秘书的职场核心竞争力。

本书内容及体系结构

第1章 单位档案管理

单位档案管理能力是秘书必须掌握的职业能力之一。本章对单位档案管理中的文件归档整理、文件的收集、纸质文档的归类、电子文档的归档以及档案的保护技术五个方面进行了介绍。本章介绍的顺序遵循档案管理工作的一般流程。

第2章 会务策划与管理工作

本章详细介绍了秘书会务策划与管理工作的具体内容。它包括：会务前的准备工作、会务人员的培训、会议文字材料的准备、会务场地布置、会务住宿与会务餐饮安排。会务策划与管理的全部工作流程与注意细节均在本章进行了详细阐述。

第 3 章 文秘日常管理工作

本章详细介绍了文秘从事的日常管理工作的内容。文秘日常管理工作包括：日常事务处理、外事工作管理、印章的使用与管理、值班工作安排。对于如何注意外事保密工作、如何对值班工作进行安排等细节问题都进行了一一阐述。

第 4 章 文秘接待工作

本章对文秘接待工作的内容：信访工作、日常工作接待与宴请接待进行了详细的介绍。对于如何应对集体信访问题、如何进行宴请接待等秘书日常工作中的技巧的内容都做了重点阐述。

第 5 章 办公室环境布置与管理

本章对办公室环境布置与办公室环境管理的内容进行了详细介绍。办公环境布置涉及办公室如何布局、办公室颜色布置、如何减少办公室噪音、办公室装饰画的布置、办公椅如何放置等方面的内容。办公环境管理包括个人工作区域管理、公共区域环境管理、办公室空气质量与健康、办公室植株种植管理方面的内容。办公室布置与环境管理是办公室布置与管理的两个方面，缺一不可。

第 6 章 文秘人际沟通方法与技巧

本章全面介绍了文秘人际沟通的方法与技巧，内容包括：文秘人际沟通的基本方法、沟通的策略、商务谈判沟通、人际沟通中应当注意的问题。人际沟通能力是文秘的核心竞争力之一，本章对于文秘人际沟通的方法与技巧中的重点问题进行了详细阐述。

第 7 章 文秘商务礼仪素养

本章对文秘商务礼仪进行了全方位的阐述，内容包括：商务形象的塑造、商务着装规范、商务接待礼仪、商务会议礼仪、国际商务礼仪。秘书无论是出席国际会议还是参加商务谈判，商务礼仪素养是秘书必须具备的基本素养。

第 8 章 文书工作

文书工作是文秘日常工作中的一项重要内容。本章对于文秘的文书工作内容进行了详细讲解，内容包括：公文文书写作、事务文书写作、传播记事类写作、礼仪文书写作。在细节之处，本章对于各类文书工作中的基本写作结构与注意事项都做了详细的阐述。

第 9 章　时间与情绪管理

时间与情绪管理是秘书应当具备的工作能力。本章从时间管理策略、时间管理目标设定、制定时间计划表、如何进行时间管理四个方面对秘书的时间与情绪管理技巧进行了阐述。秘书的时间与情绪管理体现在细节之处，本章对于时间与情绪管理的细节，例如：会议时间管理、通勤时间管理、善于利用零碎时间等都进行了较为详细的阐述。

第 10 章　文秘人事招聘工作

本章对于文秘人事招聘工作的全流程进行了详细阐述，内容包括：招聘计划及准备、人员面试、面试后期工作、人才培训。本章对于人事招聘工作的规章、制度、程序等均有较为详细的阐述。

第 11 章　如何做一名合格文秘

一名合格的文秘需要具备基本的职业道德、良好的知识结构与较强的心理素质。本章分别从这三个方面对文秘的职业要求进行了详细的阐述。对于文秘需要具备哪些知识以及应当具备的基本职业性格等"软实力"进行了科学合理的阐述。

本书读者对象

- 初入职场的文秘
- 各类企事业单位有强烈提升自身文秘素养的在职人员
- 各类有志于从事文秘职业的优秀青年
- 各大中专院校文秘专业实习学生
- 其他对于文秘管理知识有浓厚兴趣的人士

因受作者水平所限，本书难免存有疏漏和不当之处，敬请指正。

目录 Contents

第1章
单位档案管理

1.1 文件归档整理 / 2
    1.1.1 档案管理工作的内容 / 2
    1.1.2 档案管理的原则 / 3
    1.1.3 文件归档的程序 / 4

1.2 归档文件的收集 / 6
    1.2.1 归档文件收集的范围 / 6
    1.2.2 归档文件收集的方法 / 7

1.3 纸质文档的归类 / 8
    1.3.1 纸质文档的装订 / 8
    1.3.2 纸质文档的分类 / 9
    1.3.3 纸质文档的排列 / 10
    1.3.4 纸质文档的编号 / 10
    1.3.5 纸质文档目录的编制 / 11
    1.3.6 纸质文档的装盒 / 13

1.4 电子文档的归档 / 13

1.4.1 电子文档的整理 / 14
1.4.2 电子文档的归档 / 15

1.5 档案的保护技术 / 16

1.5.1 纸质档案保护的基本内容与技术措施 / 16
1.5.2 电子档案保存介质的保护措施 / 18
1.5.3 电子档案信息的保护措施 / 19
1.5.4 照片档案的保护措施 / 20

第2章
会务策划与管理工作

2.1 会务前的准备工作 / 22

2.1.1 制定会议预算 / 22
2.1.2 制定会议通知 / 23
2.1.3 制定会议议题、会议议程、会议日程 / 25
2.1.4 制作会议邀请函,统计会议回执信息 / 27
2.1.5 制定会议应急方案 / 28

2.2 会务人员的培训 / 29

2.2.1 会务人员组成 / 30
2.2.2 会务人员培训的目的 / 31
2.2.3 会务人员培训的内容与方式 / 32
2.2.4 会务场地席位和席次安排 / 33

2.3 会议文字材料的准备 / 35

2.3.1 主题材料 / 35
2.3.2 主持词 / 37
2.3.3 演讲稿 / 39

2.4 会议场地布置 / 40

2.4.1 会议场地布置原则 / 40

2.4.2 会场基本设施和物品布置 / 42
2.4.3 会议礼品选择 / 43
2.4.4 场地座区划分 / 44
2.4.5 场地音响设备布置 / 45
2.4.6 场地灯光设备布置 / 46
2.4.7 场地视听设备布置 / 47
2.4.8 场地色调设计布置 / 49

2.5 **会务住宿** / 50
2.5.1 会务住宿要求 / 50
2.5.2 住宿酒店如何选择 / 51
2.5.3 住宿安排工作程序 / 52
2.5.4 住宿房间如何分配 / 54
2.5.5 会议住宿预订单如何制作 / 54

2.6 **会务餐饮安排** / 56
2.6.1 工作餐式安排 / 56
2.6.2 自助餐式安排 / 57
2.6.3 中餐宴请席位安排 / 58
2.6.4 中餐菜式安排 / 58
2.6.5 中餐音乐伴奏 / 60
2.6.6 西餐席位安排 / 61
2.6.7 西餐菜式安排 / 63
2.6.8 西餐水果安排 / 64

第3章
文秘日常管理工作

3.1 文秘日常事务处理 / 66
3.1.1 如何处理信函 / 66
3.1.2 如何进行日程管理 / 67
3.1.3 如何安排出差 / 69

3.1.4 如何安排上司人员约见 / 72

3.1.5 如何收集信息 / 73

3.1.6 如何接待来访 / 75

3.2 **外事工作管理** / 78

3.2.1 外事工作内容 / 78

3.2.2 外事安全保密工作 / 79

3.2.3 外事工作技巧 / 80

3.3 **印章的使用与管理** / 81

3.3.1 印章概述 / 81

3.3.2 印章的启用 / 83

3.3.3 印章的管理与使用 / 84

3.3.4 印章的撤销 / 85

3.4 **值班工作安排** / 86

3.4.1 值班工作概述 / 86

3.4.2 值班工作安排 / 87

3.4.3 值班工作记录 / 89

3.4.4 值班工作标准管理 / 89

第4章
文秘接待工作

4.1 **信访工作** / 92

4.1.1 信访工作概述 / 92

4.1.2 处理集体信访问题 / 93

4.1.3 如何处理重访问题 / 94

4.1.4 如何办理群众来信 / 95

4.1.5 如何接待群众来访 / 97

4.1.6 如何处理信访案件 / 99

4.2 日常工作接待 / 100

- 4.2.1 日常接待五原则 / 101
- 4.2.2 日常接待准备 / 102
- 4.2.3 领导不在的情况下如何接待 / 104
- 4.2.4 如何接待投诉者 / 104
- 4.2.5 接待重要宾客准备工作 / 105
- 4.2.6 接待如何外出陪车 / 107

4.3 宴请接待 / 107

- 4.3.1 宴请邀请 / 108
- 4.3.2 宴请餐厅选择 / 109
- 4.3.3 如何点菜 / 110
- 4.3.4 西餐宴请礼仪 / 111
- 4.3.5 宴请敬酒分寸 / 112

第5章 办公室环境布置与管理

5.1 办公室环境布置 / 116

- 5.1.1 办公室如何布局 / 116
- 5.1.2 办公室颜色布置 / 117
- 5.1.3 如何减少办公室的噪音污染 / 119
- 5.1.4 如何摆放办公室物品 / 119
- 5.1.5 办公室环境安全管理 / 120
- 5.1.6 办公室装饰画的布置 / 122
- 5.1.7 办公椅如何放置 / 123

5.2 办公室环境管理 / 124

- 5.2.1 办公室个人工作区域管理 / 124
- 5.2.2 办公室公共区域环境管理 / 125
- 5.2.3 办公室空气质量与健康 / 126
- 5.2.4 办公室植株种植管理 / 127

第6章
文秘人际沟通方法与技巧

6.1 文秘人际沟通的基本方法 / 130
- 6.1.1 秘书如何与领导沟通 / 130
- 6.1.2 秘书如何与同事沟通 / 131
- 6.1.3 秘书如何协调领导人之间的关系 / 133
- 6.1.4 秘书如何协调部门之间的关系 / 134
- 6.1.5 秘书如何协调企业之间的关系 / 137

6.2 沟通的策略 / 138
- 6.2.1 会议沟通策略 / 138
- 6.2.2 网络沟通策略 / 139
- 6.2.3 销售沟通策略 / 140
- 6.2.4 无障碍沟通策略 / 141
- 6.2.5 回绝沟通策略 / 142

6.3 商务谈判沟通 / 144
- 6.3.1 商务谈判收集资料与组建谈判小组 / 144
- 6.3.2 协助制定商务谈判方案 / 146
- 6.3.3 安排商务谈判会场 / 148
- 6.3.4 营造商务谈判氛围 / 149
- 6.3.5 做好商务谈判辅助性工作 / 150

6.4 人际沟通中应当注意的问题 / 151
- 6.4.1 工作要出色不要出位 / 152
- 6.4.2 恭维领导要适度 / 152
- 6.4.3 工作不越位 / 153
- 6.4.4 不给上司帮倒忙 / 154
- 6.4.5 善于制造话题实现无障碍沟通 / 155

第7章
文秘商务礼仪素养

7.1 商务形象的塑造 / 158
- 7.1.1 女士仪容的塑造 / 158
- 7.1.2 男士仪容的塑造 / 159
- 7.1.3 坐姿仪态如何塑造 / 160
- 7.1.4 站姿仪态如何塑造 / 161
- 7.1.5 手势仪态该如何运用 / 162
- 7.1.6 走姿仪态如何塑造 / 163

7.2 商务着装规范 / 164
- 7.2.1 商务着装的基本要求 / 165
- 7.2.2 西装着装规范 / 166
- 7.2.3 套裙着装规范 / 168
- 7.2.4 佩饰着装规范 / 169
- 7.2.5 首饰佩戴规范 / 170

7.3 商务接待礼仪 / 172
- 7.3.1 商务接待的准备工作 / 172
- 7.3.2 商务接待如何安排 / 174
- 7.3.3 商务迎客礼仪 / 175
- 7.3.4 商务宴请礼仪 / 177
- 7.3.5 商务送客礼仪 / 178

7.4 商务会议礼仪 / 179
- 7.4.1 与会人员礼仪 / 179
- 7.4.2 参会主持人礼仪 / 180
- 7.4.3 参会发言人礼仪 / 181
- 7.4.4 茶话会礼仪 / 182
- 7.4.5 发布会礼仪 / 184

7.5 **国际商务礼仪** / 185
    7.5.1 东方国家商务礼仪 / 186
    7.5.2 北美、大洋洲国家商务礼仪 / 188
    7.5.3 欧洲国家商务礼仪 / 189
    7.5.4 非洲国家商务礼仪 / 191

第8章 文书工作

8.1 **公文文书写作** / 194
    8.1.1 请示、批复 / 194
    8.1.2 通知、通告 / 197
    8.1.3 公告 / 199
    8.1.4 决议 / 200

8.2 **事务文书写作** / 202
    8.2.1 计划、总结 / 202
    8.2.2 简报、备忘录 / 205
    8.2.3 规章制度 / 208
    8.2.4 开幕词 / 209
    8.2.5 闭幕词 / 210

8.3 **传播记事类写作** / 212
    8.3.1 消息 / 212
    8.3.2 通讯 / 214
    8.3.3 大事记 / 215

8.4 **礼仪文书写作** / 216
    8.4.1 贺信 / 216
    8.4.2 感谢信 / 218
    8.4.3 请柬 / 219
    8.4.4 聘书 / 220

第9章
时间与情绪管理

9.1 时间管理策略 / 224
9.1.1 如何提高时间管理技能 / 224
9.1.2 秘书个人时间管理 / 225
9.1.3 会议时间管理 / 225
9.1.4 通勤时间管理 / 226
9.1.5 赴约时间管理 / 227
9.1.6 休息时间管理 / 227

9.2 时间管理目标设定 / 228
9.2.1 如何树立时间观念 / 229
9.2.2 时间与职业生涯设计 / 230
9.2.3 短期目标设定 / 231
9.2.4 时间目标管理 / 232

9.3 制定时间计划表 / 233
9.3.1 如何有效制订时间计划 / 233
9.3.2 如何制订月计划 / 234
9.3.3 如何制订周计划 / 235
9.3.4 如何制订日计划 / 235

9.4 时间管理 / 237
9.4.1 立即开始行动 / 237
9.4.2 如何克服拖延 / 238
9.4.3 形成自己的工作规律 / 239
9.4.4 养成一定的习惯 / 240
9.4.5 善于利用零碎时间 / 241
9.4.6 时间增效法则 / 242

第10章
文秘人事招聘工作

10.1 招聘计划及准备 / 244
- 10.1.1 拟定招聘计划的步骤 / 244
- 10.1.2 招聘前的准备工作 / 245
- 10.1.3 招聘组人员拟定 / 246
- 10.1.4 外部招聘渠道选择 / 247

10.2 人员面试 / 249
- 10.2.1 面试的准备工作 / 249
- 10.2.2 面试过程 / 250
- 10.2.3 面试技巧 / 251
- 10.2.4 面试与考核中的提问 / 252
- 10.2.5 面试测评内容 / 253

10.3 面试后期工作 / 254
- 10.3.1 人选录用 / 254
- 10.3.2 人事聘用制度管理 / 255
- 10.3.3 解聘工作管理 / 256

10.4 人才培训 / 257
- 10.4.1 短期培训计划的制订 / 257
- 10.4.2 长期培训计划的制订 / 258
- 10.4.3 培训员工的方法 / 259
- 10.4.4 员工培训的内容 / 260
- 10.4.5 员工的职业生涯规划 / 262

第11章
如何做一名合格的文秘

11.1 文秘人员需要具备的职业道德 / 266
- 11.1.1 忠于职守、诚实可靠 / 266

11.1.2　做好领导的隐私保密工作　/　267
11.1.3　保持自信　/　267
11.1.4　摘掉有色眼镜　/　268
11.1.5　严格要求自己，善于学习　/　268

11.2　文秘人员的知识结构　/　269

11.2.1　文秘人员需要具备哪些知识　/　269
11.2.2　文秘人员的能力结构　/　270
11.2.3　文秘人员的工作分类能力　/　271

11.3　文秘人员的心理素质　/　271

11.3.1　文秘人员应具备的心理素质　/　271
11.3.2　文秘人员的职业性格　/　272
11.3.3　文秘人员要善于调节心理压力　/　273

第1章
单位档案管理

单位档案管理是文秘日常工作的一部分。文秘档案管理工作包括文件归档整理、档案文件的收集、纸质和电子文档的归档、档案的保护技术等。单位档案是单位历史活动的证据，做好单位档案管理工作可以为日后查询单位历史活动信息提供有用的资料，有利于提高我国企事业单位的发展竞争力。

1.1 文件归档整理

文件归档整理工作首先要了解档案管理工作的内容,掌握文件归档的基本原则与基本程序。明确哪些档案是需要归档的,并按照一定的文件归档整理程序对文件进行归档。

1.1.1 档案管理工作的内容

档案管理工作的内容包括七个方面:档案收集、档案鉴定、档案整理、档案保管、档案检索、档案信息开发、档案统计。

1. 档案收集

档案收集工作具体是指为了保证单位档案的完整性和积累本单位宝贵的档案财富,实现单位档案由零散的碎片化档案转向集中归类的档案的管理。档案收集是档案管理的前期准备工作,是档案资料保存和进一步查阅的基础工作。

2. 档案鉴定

在传统档案管理工作方面,档案鉴定泛指鉴定档案的真假。但现代意义上的档案鉴定更多的是关注档案相对重要和次要的价值区分,对有重要价值的档案做到妥善保管,从而恰当分配人力、物力和财力的支出。

3. 档案整理

档案整理主要指的是按照一定的归类原则,对档案进行全宗卷的区分、排列、组合以及编目等工作。档案整理工作使档案由分散凌乱的信息转化为系统有序的信息,使复杂的、数量繁多的文档变为系统条理的档案,为档案的检索和档案系统的利用打下了坚实基础。

4. 档案保管

档案保管的目的在于保证档案信息的安全与完整。档案保管的内容涉及两个方面，一是避免各种损害档案信息的现象和行为发生，二是实现档案信息存储的有序性。档案保管工作实现了档案使用的长久性与便捷性。

5. 档案检索

档案检索是指查找存储档案信息的过程。目前，档案检索已经实现电子化检索，并且提供了查找档案的多种手段和方式。通过档案检索可以实现查找档案的多途径与多形式。

6. 档案信息开发

档案信息开发的目的在于发现档案的价值和作用。档案开发是为了满足用户的特定需求，开发特定的渠道，通过特定的方式和特定的方法将客户所需要的档案传递给客户。在我国，档案信息开发过程中的重点工作是"档案编研"。"档案编研"就是在客户具体需求的基础上，按照特定的专题、方法与体例对档案文献进行编辑的过程。档案信息开发一方面能够满足档案管理的社会需求，另一方面也有利于发现档案的内在价值，延长档案的使用期限。

7. 档案统计

档案统计指的是对档案数量进行搜集、统计、整理和分析的过程。通过档案统计可以实现档案管理人员对档案整体情况的摸底，进而总结出档案管理工作中的不足与成绩，不断提高档案管理的有效性和水平。

1.1.2 档案管理的原则

档案管理要遵循以下三个原则。

1. 统一领导，分级管理

全国性质的档案管理工作应当由各级党委和政府负责，并且各级档案行政管理机关负责档案的具体归档和保管工作。企业档案必须由本单位的档案管理部门专门集中进行保管。特别值得注意的是，如果单位档案中存在具有特殊历史意义的档案，还应当转移交付给同级地方政府档案馆，不得占为己有。

2. 确保档案的完整性和安全性

档案的完整性包括档案的数量完整和档案的质量完整两个方面。档案数量的完整指的是按照各单位不同的归档要求，各部门要将各类需要归档的材料全部移交给单位的档案保管部门，不得有任何遗漏；档案质量的完整指的是档案的归类要按照事物发展的过程，加强文档之间的关联性，切不可片面、分割地整理档案。档案的安全性主要指的是在档案保管过程中，要防止档案遭受人为或者自然的破坏。当今世界纷繁复杂，要防止档案通过不合法的途径流入境外组织，防止国家机密的泄露。只有既完整又安全的档案才能称得上是一份合格的档案。档案的完整和安全是档案管理工作得以有序进行的前提条件。

3. 档案要便于利用

档案管理的一个重要原则在于档案归档之后要方便单位或相关人士今后对档案进行查阅。档案的客观价值正是通过档案的查阅功能得以实现。单位的档案管理水平越先进，后续档案的查阅利用就越方便，越能彰显档案的真正价值。

1.1.3 文件归档的程序

文件归档是档案管理的前期工作，其基本程序主要包括十个步骤：收集材料、划分年度、分大类、确定保管期限、装订档案、排列档案、录入档案管理系统、纸质档案加盖公章、编制档案件号、装盒存档。

1. 收集档案材料

按照单位档案归档的要求，搜集单位档案的正文、底稿、附件、批复单、指示单等相关材料，特别是上级单位的收文、发文、红头文件等。单位的会议纪要也在档案材料的收集范围之内。档案材料收集要突出档案的全面性，在档案归档范围之内的所有材料都要收集，避免材料的疏漏。

2. 按年度分档归类

档案整理归档需要按照一定的顺序，这个顺序通常指的是时间顺序。档案需要按照归档文件形成时间进行归类，将发生在同一年度的档案整理在一起，以便后期查阅。

3. 按照单位职能部门分类档案

按照单位的职能部门对档案进行分类，将同一职能部门的档案统一进行归集，具有历史延续性和查阅便捷性。如果单位较小不能按照职能部门对档案进行分类，可以按照单位历史经营活动的大类进行分类。一旦单位对部门分类档案的标准确定，不要随意变动。

4. 确定档案的保管期限

根据单位档案的重要程度不同，档案的保管期限可以划分为永久、长期和短期三类。单位档案保管范围内的各类档案，在同一大类的档案中，不同档案保管的期限也不一样。永久档案要求对档案进行永久保存，长期与短期要根据单位的具体情况进行期限的设定，通常单位档案长期为30年，短期为20年。同一类档案中可以永久、长期与短期三种档案并存，也可以只存在一种或者两种期限的档案。

5. 装订档案

永久保管的档案，通常比较重要，要用专门的装订工具装订成册，例如会计档案就要逐本装订成册。而一些短期保管的档案，可以标好页码后装入档案盒，无须进行专门的装订。

6. 确定档案排列顺序

对于同一类的档案文件，要按照档案的重要程度和相似度进行排列。排列要遵循由重要到次要的顺序。同一类的档案材料要按照文件号进行排列。

7. 录入档案管理系统

整理完的档案，要在档案系统中进行录入，在录入后要注意对单位档案进行备份。录入完毕，要分别打印出总目录以及不同类下的分目录。

8. 纸质档案加盖公章

对于归档文件应在相应的文件上加盖公章。加盖单位公章的目的在于证实单位档案的真实性。

9. 对档案进行编号

加盖好公章的档案要进行编号。对档案编制件号时，要按照单位档案永久、长期、短期的保管期限依次进行编写。

10. 归档保存

将整理好的档案放入专门保存档案的档案盒中，同时在档案盒的正面、背脊处写明各项内容。这里需要注意的是档案盒上相应项应当用铅笔书写，以便于保存。在每一个档案盒中都要保留一份"备考表"，其内容包括立卷人、检查人、负责人以及立卷时间的记录，也可以记录一些说明事项。

1.2 归档文件的收集

归档文件的收集要注意归档文件收集的范围，并采用正确的收集方法。

1.2.1 归档文件收集的范围

归档文件收集的范围应当结合国家档案局的规范要求，在结合本单位自身特点的基础上，制定本单位需要归档的文件材料范围。在单位中归档文件收集的范围主要包括四大类：上级机关下发的文件、本单位形成的文件、同级单位之间往来形成的文件、下级机关报送的重要文件。

1. 上级机关下发的文件

上级机关下发的文件包括：上级单位对于本单位请示的红头文件批复，上级机关与本级机关转发的文件，上级机关对本级机关要求贯彻执行的文件，上级机关领导来本单位访问的重要讲话、照片以及录音等档案资料，上级机关针对本机单位下发的文件等。

2. 本单位形成的文件

本单位形成的文件主要包括：本单位平时开会形成的会议纪要，本单位在发展中形成的工作规划、工作总结、工作简报、重要数据的统计表等，在单位变革中形成的组织机构设置、人事档案、财务档案以及一切具有一定价值的文件等档案。

3. 同级单位之间往来形成的文件

同级单位之间往来形成的文件主要包括：非本单位主营业务、非隶属单位需要贯彻执行的文件档案，与本单位有业务往来关系的单位之间检查业务等形成的文件档案，同级单位与本单位来往、协商工作时形成的文件。

4. 下级单位报送的重要文件

下级单位报送的文件档案主要包括：下级单位报送给本单位的工作统计表、工作计划以及工作总结等文件，下级单位报送给本单位的财务预决算、法规文件、重要往来文件等。

一些临时性并且尚未生效的文件以及文件的修改稿等都不需要本单位归档。从正式文件中提取的部分摘录以及非证明性文件等也都不需要本单位进行归档。

1.2.2 归档文件收集的方法

文件归档需要对文档进行初步的整理，这就需要平时就对文档文件进行有针对性的归集，形成平时档案归集的良好习惯。

档案归集人员要及时对本单位已经处理完毕的具有一定归档价值的文

件进行归档；对于经办人已经经办完毕的档案材料要及时督促归档；在单位以正式公文对外发布文件时，要将定稿或者红头文件保留归档；对于本单位的会议纪要、外出带回文件要及时进行收集和整理，便于后续归档。

单位档案需要按照文书、归档范围以及保管期限对本单位形成的图纸、资料、声像等文件进行收集和归档。一些部门人员将档案据为己有的行为要坚决杜绝。

文件归档的方法主要包括：区分全宗、对全宗内档案进行分类、立卷、档案排列、档案编目。

档案的系统排列与编目通常由单位的档案部门对档案进行统一的分类、编号，将零散的档案变成系统的档案。

对于各个部门交上来的档案中存在质量较差、不符合档案管理要求、不利于保管的档案要进行一定程度的调整和修改。

档案的全过程调整是对一些具有一定价值的零碎档案，或者在档案的馆藏系统遭到破坏时对档案进行系统梳理的过程。全过程调整要求对档案的零碎文档进行一定排序和保管。

1.3 纸质文档的归类

纸质文档的归类对于秘书而言是一项浩大的整理归类工程。纸质文档的归类主要包括对纸质文档进行装订、分类、编号、目录书写、装盒等方面的工作。

1.3.1 纸质文档的装订

1. 装订要以件为最基本的单位

对于纸质文档的装订应注意装订要以件为最基本的单位。以件为单位的档案装订时为一份，例如，会议文件一次会议为一件、工作简报一期为一件、正文与附件为一件、大型会议手册一册为一件、正本与定稿为一件、同级或上级的来文和复文为一件。

2. 装订要遵循一定的装订顺序

对于正文和附件为一件的档案，正文在前，附件在后；正文与定稿为一件的档案，正文在前，定稿在后；来文与复文为一件的档案，复文在前，来文在后；原件与复印件为一件的档案，原件在前，复印件在后。

3. 装订档案的介质

对于长期保存和短期保存的档案，装订档案的介质也不一样。对于短期保管的档案可以以原装订方式进行装订。对于长期保存的档案要以线进行装订，避免使用金属订书钉，防止金属钉由于生锈对档案造成损坏。

1.3.2 纸质文档的分类

纸质文档通常分为三类：文书档案、科技档案与专门档案。

1. 文书档案

文书档案包括两类：党务档案与行政档案。单位的文书档案是单位在日常管理活动中或者党务活动中形成的文件材料。文书档案可以分为普通档案和一般档案。

2. 科技档案

科技档案具有很强的专业性与成套性。科技档案是在单位生产、科学研究或者设备操作管理等基本生产经营活动中形成的文字材料、图表图纸、统计数据、录音录像等档案。对于部分单位，科技档案具有一定的涉密性。

3. 专门档案

专门档案与普通档案不同，因其具有较强的专业性与特殊的管理方式，因此专门档案又称作"业务档案"或"专业档案"。专门档案的资料是单位在从事专业领域工作中形成的具有保存价值的档案。单位的会计档案、声像档案与人事档案均属于单位的专门档案。

1.3.3 纸质文档的排列

档案案卷要遵循一定的顺序进行排列。通常可以按照以下四种方式进行排列。

1. 按照时间顺序排列

按照时间顺序对档案进行排列需要注意的是，应当按照相同的事由对事件进行归类后再按照时间顺序进行排列。发生在前的事件排列在前，发生在后的事件排列在后。排列依据的时间主要指的是文件形成的时间，也可指文件的处理时间，例如会议纪要等。

2. 按照纸质文档重要程度排列

对于同一类别的档案，可以按照档案记录事件的重要程度进行排列。重要程度高的优先排列，重要程度低的排列在后。

3. 按照成套原则排列

对于具有成套性质的文件，例如会议文件、统计报表等需要集中归档，按照成套档案的重要程度进行排列。各套文件之间不可混淆。

4. 按照处理顺序排列

对于一些保管期限较短的档案，应当按照处理完毕的顺序进行排列。

在档案排列的过程中需要注意的是，对于有明确日期和没有明确日期的文档，要先排列有明确日期的文档，再排列没有明确日期的文档。如果年、月、日日期记载不全的，要按照先排列年、再排列月、日的顺序。对于没有起始日期的文档，要有优先排列终止日期在前的文档。

以上关于档案的排列方法，可以以一种方法为主，结合其他几种方法进行排列，但不能同时运用几种方法对同一类档案进行排列。

1.3.4 纸质文档的编号

档案内文件经过整理后，要按照一定的顺序进行编号。编号的目的在于为今后档案的查找、使用与保存提供方便。

纸质文档编号遵循的顺序：全宗号—年度—室编件号—保管期限。全宗号即同一级别的国家综合档案馆统一给各个立档档案的编号代码。档案年度即档案文档形成的年度，档案年度应以四位阿拉伯数字标注，例如"2017"。室编件号即对属于同一保管期限下的文件进行排序。通常情况下，同一单位同一年度同一机构的档案文件从阿拉伯数字1依次按顺序编号。档案文件的保管期限，分为"永久""长期""短期"，在纸质文档上可标注为"永""长""短"。档案文件的编号应当在档案同一卷的首页右上角或者上端空白处，按照"全宗号—年度—室编件号"的顺序写明。

1.3.5 纸质文档目录的编制

1. 纸质文档目录的编制方法

纸质文档目录的编制方法有以下五种。

（1）对于档案采用年度分类法，并且单位规模不大，档案数量较少的单位，档案目录需要囊括单位内所有机构的档案内容，因此只要编制成一本专门的档案目录。

（2）对于档案数量较多、规模较大的单位，档案目录要以年度进行区分，且每年度不同内部机构编制不同的档案目录。档案目录要采用复式结构分类法，一级目录为档案年度，二级目录为组织机构。

（3）对于单位内部机构稳定的档案，可以以单位内部组织机构为一级目录，档案年度为二级目录。

（4）对于档案采用保管期限分类法，也可以将档案目录按照保管期限各自编制成一本或者几本目录。

（5）选择单位档案目录的编制方法要依据各个单位具体的全宗大小、档案数量以及分类结构等多方面的因素综合考量。

2. 纸质文档目录的结构

纸质文档目录的结构包括三部分：案卷目录封面、案卷目录表、档案备考表。档案目录不宜采用卡片或者活页的形式，应以簿册装订为宜，并且要从左侧或者上侧进行装订。如果有必要，可以对档案目录加装保护封皮。档案目录封面模板，如表1-1所示。

表1-1 案卷目录封面

全宗号：
目录号：
XX（单位）案卷目录
（档案年度、分部门、保管期限、密级）
编制单位：
编制时间：　　年　　月　　日

档案目录的封面和扉页由全宗号、目录号、目录名称、编制单位和编制时间组成。目录封面左上角记录全宗号和目录号。档案目录名称要记录全宗名称、保管期限、密级等内容，例如"泰迪有限公司资产部（永久）案卷目录"。

档案案卷目录表要记录案卷号、案卷名称、卷内文件起止日期、档案保管期限、件数、页数、备注等内容。案卷号要用阿拉伯数字进行标注。案卷件数为档案卷内文件的数量。案卷页数为案卷内实际文件的总页数。备注中要记录档案文件的特殊情况，例如档案字迹变化、文件的移出情况等。案卷目录表，如表1-2所示。

表1-2 案卷目录表

案卷号	案卷名称	卷内文件起止时间	件数	页数	保管期限	备注

档案备考表用于记录档案的案卷目录和案卷的具体总结性的情况，例如案卷是否有分卷以及空号的情况，如表1-3所示。

表 1-3 档案备考表

本目录共　　　　页，　　包括　　　个案卷，　一共　　份。
案卷情况说明： 　　　　　　　　　　　　　　　　　　　　编制人： 　　　　　　　　　　　　　　　　　　　　检查人： 　　　　　　　　　　　　　　　　　　年　　月　　日

通常档案归档人员在移交档案目录的时候要进行备份，一式两份，一份留存档案部门，一份留存组织机构，便于日后查阅。

1.3.6 纸质文档的装盒

纸质文档要装入档案盒中，档案盒的长宽为 310mm×220mm，高度分为三种，分别为 20mm、30mm 和 40mm。档案有竖放和平放两种方式。竖放档案较为常见，方便查询和利用。平放档案主要是为了避免档案由于竖放发生扭曲。对于珍贵档案或对外形保护较为严格的档案宜采用竖放的方式。

档案装盒完毕后，在档案盒的正面要写明全宗名、档案编号等内容。同时，在档案盒脊上也要写明相应的内容。档案盒上盒号一栏由单位档案馆的工作人员进行填写。基于铅笔含有铅、碳元素，字迹的保存稳定性较强，因此档案盒上的各项内容要以铅笔书写。

在每一盒档案内，都要附有《档案备考表》，记录单位档案分部门的档案立卷人、档案检查人以及档案立卷时间等内容。在档案记录或保存过程中如果有其他要注意的问题可以一并记录在《档案备考表》中。

1.4 电子文档的归档

电子文档的应用在单位中越来越普遍，并且与纸质文档有很大的区别。电子文档通常没有物化的表现形式，而是借助于电子介质作为载体进行体现。因此，电子文档的整理与归档工作与纸质文档的归类与整理工作有不同之处。

电子文档要注重对电子文件的备份。

📂 1.4.1 电子文档的整理

随着计算机技术的成熟，电子文件在工作中运用非常普遍。对于具有重要档案价值的电子文件要及时归档。在日常工作中当具有档案价值的文件只能生成电子文件时，对于只能生成电子版的档案文件要及时进行备份并将文件保存在能够脱机保存的物质介质上。

电子文档有时候会处于流转状态，对于这种电子文档要及时采取捕获措施，将电子文档存储在电子文件存储器中，防止丢失。

1. 文本电子文件

文本电子文件有时候要经过特定的处理工具才能形成特定的文档。这种文档的格式通常为 XML、RTF、TXT 等。在对这类文件进行收集时要对文件的存储格式以及转换工具软件等予以备注，必要时对文件转换工具进行备份。

2. 扫描电子文档

对于一些重要的文件需要扫描形成电子文档，这种扫描文件要以统一的文档格式进行保存。若为其他格式，需要转换成 JPEG 或 TIFF 格式进行保存。

3. 电子图纸文档

一些在特定软硬件环境中借助特定绘图软件或者计算机辅助软件设计的电子图纸等文档，需要在存储时注明与文档相契合的相关数据和软硬件环境。

4. 音频和视频文档

对于音频和视频文件档案，存储格式为 AVI 或者 MPEG。对于非通用格式的音频和视频档案文件要注明压缩算法以及相关应用软件。音频档案文件通常以 MP3、WAV 格式为主。音频档案文件要注明文件属性、文件参数，对于非通用格式要注明播放非通用格式音频文件需要的相关软件。

在整理电子文档时，在技术允许的前提下，最好将专业软件形成的电子文件转换成通用型电子文件，如果不能转换，则应当将专业转换软件一同收集。所有的电子文档要定期进行备份，防止丢失。

1.4.2 电子文档的归档

电子文档归档要将具备打印可能性的文档打印出来，实行纸质文档与电子文档"双套"管理制度。

1. 电子文档的归档

电子文档的归档时间分为两类，分别是物理归档和逻辑归档。物理归档是指将电子文档下载并保存在可脱机保存的载体上。电子文档的物理归档，应当以电子文档的纸质文档移交给档案部门的时间为归档时间。逻辑归档指的是不能以物理方式保存的电子文档应当将其管理权限移交给档案部门，逻辑归档并不改变电子文档的存储方式和存储位置。归档的电子文档保存时要一式三份，一份要放在档案馆封存保管，一份要留备查阅使用，一份要保存在异地。加密的电子文档要解密后再进行拷贝保存。物理归档的保存介质以光盘、硬磁盘为主，软磁盘不能作为保存物理档案的载体。

2. 电子文档归档信息

电子文档归档时要在保存载体上贴上标签，标签上要记录以下信息：载体编号、全宗号、级别号、密级、保管期限、存档日期等。对于归档完毕的电子文档要禁止进行写入操作。

3. 电子文档归档移交

电子文档归档移交时，档案管理人员要对电子档案的储存载体与技术环境再次进行核查。对电子文档的载体有无划痕情况进行检查，对电子文档有无特殊格式进行检查，并对电子文档的软件版本、操作手册等内容记载是否全面进行核实。单位档案整理人员在移交电子档案时需要填写《归档电子文件移交登记表》，如表1-4所示。

表 1-4　归档电子文件移交登记表

检验项目	单位名称	
	移交单位：	接收单位：
载体外观检测		
病毒检测		
真实性检测		
完整性检测		
有效性检测		
技术方法与相关软件说明		
填表人（签名）		
审核人（签名）	日期：	日期：
单位（盖章）	日期：	日期：

1.5 档案的保护技术

单位档案工作的最后一步是要做好档案的保护工作。档案的保护工作如果没有做好，整理档案的前期所有工作都将功亏一篑。本节主要从纸质档案保护的基本内容与技术措施、电子档案保存介质的保护措施、电子档案信息的保护措施、照片档案的保护措施四个方面全面介绍档案的保护技术。

1.5.1 纸质档案保护的基本内容与技术措施

1. 纸质档案保护的基本内容

纸质档案保护的基本内容包括：防止纸质档案的损坏、延长纸质档案的保管寿命、维护纸质档案的安全。

防止纸质档案的破坏是纸质档案保护最主要的内容。纸质档案的保护要"预防为主，防治结合"，要预防文档的人为破坏，防止档案丢失。在纸质档案的保管过程中要采用一定的技术手段延长档案的使用寿命，并且要避免发生次生灾害。另外，保证档案的安全性很重要，要避免泄露一些重要机密文件，防止造成不良的政治影响。

2. 纸质档案保护的技术措施

纸质档案保护的技术措施主要包括制成材料、库房管理和虫害防治三个方面。只有这三个方面的技术保护措施都做好了，才能更好地保护纸质档案，延长档案的使用寿命。

（1）制成材料

档案字迹化学成分一般包括纯色炭黑、多色颜料和染料。这三种档案字迹以纯色炭黑保存的时间最长。纯色炭黑的物理特性稳定，耐氧化、耐光、耐酸碱，既不容易与其他物质发生化学反应，也不溶于水，是很好的档案书写原料。颜料一般用于书写有特殊价值的纸质档案。颜料又分为有机颜料和无机颜料两类。颜料具有耐光和耐碱性，不易溶于水和油，具有保存持久的特性。染料属于有机化合物，易溶于水，保存持久性差。

书写材料与纸张的结合方式分为三种：结膜式、吸收式与黏附式。结膜式即纸质档案表面覆上一层膜，将纸质档案字迹保护起来，是最耐久的一种保护方式。字迹材料是纯色炭黑的纸质档案适宜采用结膜式的结合方式。吸收式即字迹被纸吸收，这种方式虽然字迹耐磨但容易由于温度升高等因素造成书写文字的扩散，采用这种结合方式的通常有印泥、彩色油墨等。黏附式区别于结膜式与吸收式，在于书写字迹既没有被结膜覆盖又没有被吸收，而是黏附在纸张上，例如用复写纸、铅笔书写的文字档案材料等。结膜式纸质档案保存时间最长，其次是吸收式，黏附式纸质文档最不易保存。

（2）库房管理

存放纸质档案的库房技术保护措施主要包括防尘、防光与温度调节。空气中的灰尘不仅是霉菌孢子的传播介质，还能吸附空气中的酸碱分子，附着在纸质档案上，对纸质档案构成破坏。因此，为了做好防尘，档案库房应当选择远离工业区和繁华的地段，并且档案库房应当选择密闭的环境，以减少有害气体对纸质档案的破坏。档案入库前应有专人对库房进行打扫除尘，而且档案入库后也要定期采取除尘措施，可使用空调装置净化灰尘。此外，在档案库房种植一些绿植也对除尘有帮助。

为了更好地避免纸质档案由于光照造成字迹模糊，档案库房应当尽量选择窗户较少的地点，例如地下库房，库房窗户朝向尽量为南北向。如果档案库房有窗户，应当给窗户配备百叶窗或者涂抹吸收紫外线的制剂等。档案库房光源应当尽量使用能够发出紫外线较多的白炽灯。

为了更好地保护纸质档案,应当将纸质档案放置于恒温、恒湿的环境中。库房应当配备专业的温湿度测量计。档案保护的最佳温度区间为14℃～20℃。对于湿度偏大的库房应当安装排风扇进行除湿,也可定期开窗通风降低库房湿度,除此之外也可借助生石灰或者木炭等吸湿介质除湿;对于湿度偏小的库房应当采取地面洒水或者放置水盆等增加库房湿度。纸张保护的最佳湿度为7%,必要时可放置一些防霉剂,防止纸质档案表面出现霉菌。

(3)虫害防治

纸质档案防虫主要是防止一些会咬噬档案的虫类,例如白蚁、烟草甲、毛衣鱼等。档案防虫可采取化学手段和物理手段消灭虫害。化学除虫方法较物理除虫更普遍。化学除虫要借助除虫粉剂、液剂、熏蒸剂等快速灭虫害的化学制品。物理防虫主要是借助生物手段对虫害进行绝育,以达到防止虫害的目的。

档案保护要全方位、多点式,并定期对档案的库房进行管理和检查,将对档案保护的不利情况消灭在初期,避免造成更大范围的损失。

📁 1.5.2 电子档案保存介质的保护措施

电子档案保存介质要注意防水、防火、防磁、防紫外线照射。电子档案保存介质的保护主要从七个方面进行。

(1)归档介质要避免用手直接接触,防止由于擦、划、触等导致存储质记录层的破坏。所有电子档案的载体都应当做禁止写入处理,防止后期人为的对档案信息进行更改。

(2)装入盒中的电子档案存储介质应当直立放置,避免平放造成的挤压。

(3)电子档案保存介质应当远离有害气体,并避免强磁场带来的辐射,也要远离强热源。

(4)电子档案库房要保持恒温恒湿,温度控制在17℃～20℃,湿度相对范围控制在35%～45%。

(5)每年对电子档案的存储介质进行定期检查,以确保读写设备环境与存储介质之间的兼容性。如果不兼容,要将原有电子档案转移到新的存储介质中去，对于旧存储介质可按照电子档案保管要求进行处理。对于磁性载体、光盘电子档案较多的单位要每四年对光盘进行一次抽样读机检测，每两年对磁性载体进行一次抽样读机检测，并且要确保抽样率在10%以上。如果在抽样检测中发现电子档案信息不全或丢失，应当及时应用技术措施加以恢复。

（6）电子档案应当每四年重新转存一次，并且原存储介质要保存四年。

（7）保存电子档案存储介质要放入专门的装具中，防止灰尘和微生物附着在存储介质表面。灰尘和微生物会造成磁头的损坏与磁粉脱落。

所有电子档案存储介质都要进行分类管理，并且贴上分类号的标签。

1.5.3 电子档案信息的保护措施

电子档案信息本身具有一定的特殊性，即电子档案容易被复制，通过网络途径传播，容易造成电子档案信息的泄露。因此，为了更好地确保电子档案的安全性，要对电子档案信息做好五个方面的保护措施。

（1）凡是封存的电子档案一律不得外借。

（2）如需复制电子档案，需要经过上级主管机构批准。未经批准，任何人和单位均不得复制电子档案信息。

（3）经过批准查阅的电子档案查阅范围应当在权限限定的范围内，并且只能提供复制件。

（4）对于涉及保密性质的电子档案，一律不准保存在联网的设备中，防止档案信息的泄露。对于需要通过联网方式提供查阅服务的电子档案，需要采取一定的安全防护措施，例如采用密钥技术、对于访问权限进行限定等，严格遵守国家有关部门对涉密电子档案信息的保密制度。

（5）电子档案销毁时要制作《销毁文件目录》。电子档案信息的销毁要区分涉密和非涉密两类电子档案。涉密电子档案要连同存储介质一同做物理删除，非涉密电子档案可仅做逻辑删除。

在确保电子档案信息的保护措施十分到位的情况下，对于非涉密电子档案可以通过开设电子阅览室、复制以及网络服务等方式为单位或者个人提供查阅服务。

1.5.4 照片档案的保护措施

照片档案应当在装具、放置环境、定期检查等方面做好保护措施。

1. 照片档案装具

照片的底片袋应当选择不容易产生碎屑的纤维材料，化学成分稳定，中性、偏碱性，pH 值在 7.2～9.5 范围内。照片档案应当放在非木制的存储柜或者书架中，避免由于木制材料的易燃、易腐蚀性导致照片老化或褪色。如果是铁柜放置照片，应当保证铁柜表层的喷漆化学性质稳定，避免由于高温造成的脱漆对照片档案形成二次损害。

2. 放置环境

照片档案在保存时应当放置在恒温、恒湿的环境中。对于长期保存照片的环境，24 小时内湿度应当控制差值在 5% 之内，温度应当控制差值在 2% 的变化范围之内。对于由于条件限制暂时未能达到照片档案储存条件的库房，应当设置缓冲房间，并且应当将照片在缓冲房间暂时放置。

3. 定期检查

照片档案管理人员在接触照片档案时，要避免用手直接接触，应该戴上棉质手套，并且从照片边缘处拿放。照片要竖立放置保管，避免由于平放挤压导致照片之间相互黏结造成图像模糊的损坏。档案管理人员应当每两年进行一次抽样检查照片档案，每五年进行一次全面检查，对出现照片褪色、变形或霉变等情况应及时进行处理。

第2章
会务策划与管理工作

会务策划与管理是一项复杂而烦琐的秘书日常管理工作。会务策划与管理工作主要包括：会务前的准备工作、会务人员的培训、会议文字材料的准备、会务场地布置、会务住宿与会议餐饮安排等。秘书只有掌握好这些会务知识才能圆满地举办好会议。

2.1 会务前的准备工作

会议是否能够举办成功很大程度上取决于会前准备工作是否到位，会前的准备工作包括：制定会议预算、会议通知、会议议题、会议议程、会议日程、会议邀请函、会议回执与应急方案等。每一个具体环节都要求细致谨慎，并且应遵守一定的会议策划要求。

2.1.1 制定会议预算

凡事预则立，不预则废。会务前的准备工作就是为会议的举办做铺垫。制定会议预算就是一项重要的会前准备工作。制定会议预算的依据是上一年度类似会议的费用支出以及本次会议的会务内容。会议预算做得好，能够有效地避免会务资金紧张或者浪费的现象。

1. 会议预算项目

会议预算项目一般包括会议场地设备费用、住宿费用、餐饮费用、交通费用与人工成本等，如表2-1所示。

表2-1　会议费用预算内容

场地相关费用	住宿费	餐饮费用	交通费用	人工成本	其他
会议场地租金	星级宾馆住宿标准	中餐、晚餐费用	参加会议往返交通费	礼仪费用	会议资料
会议音箱相关设备租金		饮品及酒水费用	会议期间接机等费用	翻译费用	视听设备
会议布置桌签、名牌等费用		茶歇费用	欢送嘉宾交通费		通信、快递

2. 会议预算的注意事项

在制定会议预算的过程中有三个方面需要注意。

（1）住宿费用

由于酒店除了对入住客人提供住宿等条件外，还会有诸如长途通信、水果酸奶、洗衣等额外服务，因此，会议主办方提供住宿应与酒店协商不提供其他额外服务项目，以免住宿预算超支。

（2）餐饮费用

对于会议早餐通常会选择酒店自助餐，特别要注意的是预估就餐人数与实际人数最好不要相差15%，因为一旦相差太大，酒店会按照预订人数准备早餐而非按实际人数收取早餐费用。做好预估，能够节省一笔早餐会议开销。

（3）酒店酒水服务

对于晚餐，酒店一般会提供酒水服务，如果自带酒水，通常会在基本消费的基础之上再加收一定的服务费，服务费的标准比例不同酒店会不同，一般为15%，这一部分费用也要在预算时加以考虑。

在制定和执行会议预算的过程中，会议的每一步骤和环节应严格按预算执行，同时应允许会议过程中出现适度偏差。会议中的预算偏差一般应控制在会议总预算的15%左右为宜，并且要及时将变动预算记录下来，以便以后作为调整会议预算编制的依据。会议费用在使用过程中，要防止出现超支以及挪用的现象。

2.1.2 制定会议通知

在举办会议前，主办方事先要制定会议通知。会议通知的作用在于向参加会议的单位和个人发出邀请并告知相关会议信息。

1. 会议通知的内容

通常情况下，会议通知的具体内容包括七部分。

- 会议的背景、目的和名称。会议名称在会议通知里首次提到一定要用全称，后面可用简称。
- 会议时间。会议时间在会议通知中通常包括三个时间，分别是会议报到注册时间、会议召开时间和会议结束时间。
- 会议地点。会议地点应当具体到城市的哪个区、街道或者路、会场、楼层、会议室房间号等。
- 会议的主办方及组织机构。如果有其他单位协作办会，要写明协作单位。对于办会期间成立的筹备委员会、组织委员会以及学术委员会等要写明组成人员的具体情况。

- 会议参加对象。会议通知中应当列明参加会议人员的条件，如职务、年龄及所在行业等。对于规模有要求的会议，还应当对参加会议的各单位人数予以限定。对于专题工作会议，参会对象一般为各级分管领导。
- 会议联系方式。在会议通知里应当列明主办方和筹备组成员的固定电话及主要负责联络人的手机号码。
- 会议的其他事项。会议通知里的其他事项通常包括会议注册费用如何缴纳，开具发票的情况，参会回执的截止时间，会议报告或论文的提交方式及时间，午餐、住宿及交通费说明等。

2. 会议通知的规范

会议通知的正文书写规范一般包括标题、正文和落款三个部分。下面以一篇会议通知为例，说明如何书写一篇合格的会议通知。

东方集团公司关于召开 2017 年度优秀员工表彰大会的通知

集团公司所属各单位：

为了对集团优秀员工进行表彰总结，进一步发挥优秀员工的模范带头作用，经集团公司领导班子决定，召开东方集团公司 2017 年度优秀员工表彰大会。现将有关事宜通知如下：

一、会议内容：对集团所属各公司的优秀员工进行表彰奖励，并对集团 2017 年度工作进行总结分析。

二、参会人员：集团公司所属各部门代表（各部门选派两名代表参会），以及集团优秀员工。

三、会议时间、地点：2017 年 1 月 16 日，集团公司五层会议中心（510 室）。

四、要求：请参会代表佩戴参会人名牌，着正装出席。

五、联系方式：高鑫 010-43243236。

东方集团公司办公室
2017 年 1 月 6 日

会议通知的标题一般格式为《××（会议主办方）关于召开（或举办）

××会议的通知》。如果出现会议是由多个主办方联合主办的情况，或者其他情况，会议通知可简化为《关于召开（或举办）××会议的通知》。

会议通知正文部分首先要写明会议的背景以及会议目的。正文主体部分要用小序号列明会议通知的具体事项。正文结尾要写明会议联系人及其联系方式。

会议通知落款要写明会议主办方和发文日期，另外还要在主办方处盖上公章。

2.1.3 制定会议议题、会议议程、会议日程

1. 会议议题

一个会议是否能吸引人来参加在很大程度上取决于是否确定了一个好的会议议题。会议议题必须具备四个特点：必要性、重要性、明确性与可行性。会议议题应当集中简单，不能过于分散；会议议题要避免把不同范围的议题放在同一个议题中；会议议题应当将社会需求、行业需求和单位需求通盘考虑。

通常情况下，会议议题是由单位领导根据工作需要制定的。除此之外，也有先由单位秘书进行相关的调查研究，按照所需议题的轻重缓急整理成相应的书面材料，再由领导审阅。对于代表大会这种会议，会议议题通常由参会代表先提出，并交到秘书处汇总，秘书处汇总之后，统一提交"提案审查委员会"商讨，只有"审议通过"的议题才能被正式列入会议议题。

会议议题的制定要满足三个方面的条件：（1）有一定的事实依据；（2）会议议题应当紧密联系本单位的工作实际；（3）会议议题要有明确的目标。

制定会议议题要把握三个原则：（1）要将组织者的愿望反映在其中，说明一定的会议目的；（2）会议议题必须让绝大多数参会者能够接受；（3）会议议题要带有一定的社会性，要被社会认可，避免非法议题。

在制定会议议题的时候，要注意的是如果一个会议有若干会议议题，必须把最重要的议题放在最前面，避免将重要议题放在后面，出现由于参会者的疲劳导致重要议题被搁浅的现象。

2. 会议议程和会议日程

确定了会议议题之后，就要制作会议日程安排。会议日程的制定要把握一个总体原则，保证会议在最佳时间召开，按其重要程度依次排列。通常情

况下,在一天当中,上午九点到十一点、下午两点到四点是人精力最集中的时刻。因此,应当将全体人员出席的会议安排在上午,分组讨论会议安排在下午,晚上可以适当安排晚宴和一些娱乐活动。

在制定会议日程之前应当先制作会议议程。会议议程是对会议内容的简单排序,而会议日程是会议议程的具体安排。一般来说,会议议程一旦制定不允许修改,而会议日程在时间、地点与参会者等方面可做调整。要遵循制定会议议程在先、会议日程在后的顺序。会议日程是会议议程的具体体现。

会议议程通常情况下的安排顺序,如图2-1所示。

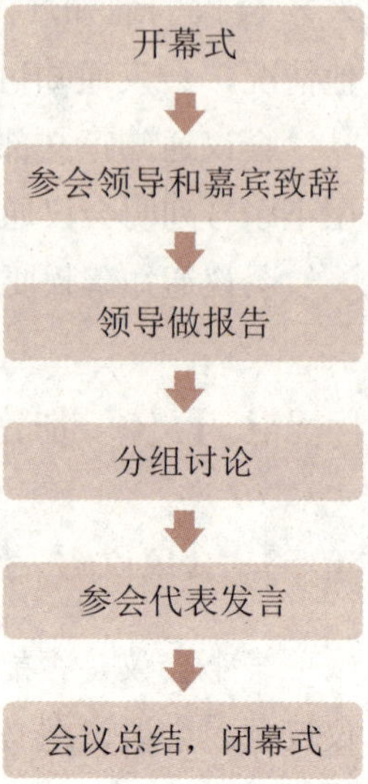

会议议程和会议日程都需要经过单位领导审批后,方可对外发布。以下是东方公司举办的第五届新产品展销会会议日程,如表2-2所示。会议议程和日程都需要在会前发布,通常为会前至少一周通过公司邮箱或者OA系统通知员工。

图2-1 会议议程流程图

表2-2 东方公司第五届新产品展销会日程表

时间:2017年1月20日　　参会人员:公司所有员工,销售部门要求全员参加

地点:东方公司五层会议室　　目的:对公司新产品进行说明,加强员工对新产品的了解

日期	时间	会议活动安排
2017年1月20日上午	9:00	参会员工签到
	9:00—10:00	销售总监对新产品做详细介绍
	10:00—10:15	茶歇
	10:15—11:15	技术总监对新产品各项性能做详细介绍
	11:15—11:45	员工对新产品进行体验
2017年1月20日中午	11:15—14:00	员工餐厅自助餐
2017年1月20日下午	14:00—15:00	销售部主管对销售广告宣传片进行讲解
	15:00—15:15	茶歇
	15:15—16:30	各部门总监和主管对新产品性能和销售方案进行分组讨论
	16:30—17:00	公司领导对会议进行总结
	17:00	散会

2.1.4 制作会议邀请函，统计会议回执信息

1. 会议邀请函

会议邀请函适用的会议范畴包括学会研讨会、贸易洽谈会、产品发布会以及咨询论证会等。由于有些会议不负担参会者往返的路费，特别是外省参会者通常需要用会议邀请函回单位报销差旅费，因此，会议主办者制作会议邀请函是十分必要的。

会议邀请函通常包括四部分内容：（1）会议名称、目的以及会议背景；（2）会议主办单位；（3）会议时间、地点以及会议内容；（4）会议的联系方式以及其他说明。

会议的邀请函的结构通常由标题、称呼、正文、落款以及成文时间五个部分构成。会议邀请函的标题要包括两个要素，一是会议名称，二是"邀请函"三个字。

会议邀请函的称呼一般有三种情况。第一种情况是发给单位的邀请函，称呼应当用对方单位的名称；第二种情况是发给个人的邀请函，通常要写"尊敬的××"，后缀可添加"先生、女士"等词；第三种情况是公开发布的邀请函，没有特定的邀请对象，则用"敬启者"称呼。

会议邀请函的落款要写明主办单位的全称，并且要加盖相应的公章。成文时间应当具体到日。

以下为会议邀请函的一般格式范本。

东方公司年度总结会议邀请函

尊敬的××（女士/先生）：

为了提高 2017 年度公司的内部运营管理能力及应对外部市场环境变化的能力，我公司拟定于 2017 年 1 月 20 日在公司总部五层会议室召开 2016 年度工作总结大会，欢迎集团下属各单位领导前来参加。

组委会联系方式：

联系人：王莹

邮箱：etddf@dongfang.com

电话：010-45323449

传真：010-45323447

东方集团公司
2017 年 1 月 17 日

2. 会议回执

在发出会议通知后，通常后面要附有会议回执。会议回执对于会务工作有着至关重要的作用。会议主办方可以根据会议回执的情况进行相应的统计，明确参会的人数以及参会者的预计到达时间，进而对酒店的餐饮和住宿进行合理的安排。会议回执的内容通常包括四个方面：参会者的姓名、联系方式、所在单位、是否协调安排住宿等。会议回执的通用格式，如表 2-3 所示。

表 2-3 "东方公司 2016 年度总结大会"参会回执

参会人员姓名	所在部门	职务	联系方式	是否安排住宿
备注：（请说明其他特殊要求，例如是否带随行家属、有无特殊饮食习惯等）				

制作会议回执时需要留出备注栏，对参会者的特殊要求进行考虑，例如：随行家属、饮食习惯以及交通代理等。对于参会者特殊要求的知悉，有利于更好地统筹安排，并提高会务服务水平。

2.1.5 制定会议应急方案

为了更好地应对会议中的各种突发情况，制定会议应急方案是十分有必要的。会议主办方应当成立会议安全防治小组，全权负责会议期间的安全工作，包括安保和应急措施等。

会议应急方案通常包括四个方面的内容：紧急医疗、餐饮安全、火灾地震以及抢劫偷盗等。

1. 紧急医疗

紧急医疗应当成立相应的紧急医疗系统，包括会场医务室或者酒店紧急救护系统。在会议宣传册上应当标明会场医务室所在位置以及紧急事件联络电话号码。对于大型会议，会议安全防治小组应当备有相应的医疗用品，例如绷带、氧气筒或者阿司匹林等紧急常用药品。对于在酒店举办的会议，应当在会议宣传册上对酒店的绿色通道给予标注。要有医务人员值班，并且安排好相应的应急车辆。

2. 餐饮安全

对于大型会议，餐饮安全是主办方应当特别考虑的问题。会议主办方可根据历年会议主办合作餐饮企业的情况，慎重选择食品质量好、信誉度高的餐饮企业进行合作。对于在酒店举办会议的，要提前对酒店的就餐环境和安全问题进行考察，并提出相关要求，确保会议期间参会人员的饮食安全，防止参会人员就餐发生食物中毒现象。

3. 火灾地震

另外，会议主办方的安全治安小组应在会议前对会场的防火情况进行考察，主要包括会场是否有火灾烟雾报警器、消防设备是否超过使用期限、安全通道是否有标识等。会议期间可以印制会议防火手册，放在参会者的手提袋中供参会者参阅。

4. 抢劫偷盗

会议期间的安保工作看似简单，但却非常重要。作为会议秘书，要在会前提醒会议安保小组加强安全检查，必要时可进行安保演练。会议期间应当加强会议的安保工作，避免在会议期间出现偷盗的情况。一方面，主办方应当加强会议期间的巡逻；另一方面可书面通知参会者避免携带贵重物品参会，这样就可以避免发生会议期间参会者财务损失的情况。

2.2 会务人员的培训

一个高水平的会议离不开一支高水平的会议服务队伍，高水平的会议服务队伍离不开高水平的会务人员培训。本节从会务人员的组成、会务人员培训目的、会务人员培训的内容与方式、会务场地席位和席次安排四个方面对会务人员如何进行培训以及会务场地如何安排进行介绍。

2.2.1 会务人员组成

大型国际会议会务组成人员包括：国际会议领导小组、本地组织委员会、学术委员会、会议秘书处、会议工作小组。

1. 国际会议领导小组

国际会议的领导小组全面负责会议期间一切重大问题的决策。国际会议领导小组成员一般由调配人、财、物权力的人员构成。领导小组的成员不允许对外公开。

2. 本地组织委员会

本地组织委员会通常是为举办有国际组织接洽的国际会议设立的机构。本地组织委员会要定期对国际组织和内部领导小组汇报会议工作进度。本地组织委员会在筹备期间一般要召开三次会议，分别在会议筹备前、会议注册之后和临近开会时。

3. 学术委员会

对于大型学术性会议要设立学术委员会。学术委员会负责大型学术会议的会议主题和会议内容的拟定。学术会议日程拟定、会议论文征集与评审、会场设备要求等均由学术委员会负责。学术委员会应设置一名主席、一至两名副主席、数名委员会成员。为了保证学术会议的权威性，学术委员会可聘请海外学者担任学术委员会成员，但是担任学术委员会成员的海外学者数量不宜过多。

4. 会议秘书处

会议秘书处负责会议的全部筹备工作。秘书处人员要求必须是专职人员。秘书处应设置一名秘书长与若干名副秘书长。秘书长负责整个会议的组织工作，副秘书长负责会议不同方面的工作。秘书处应当定期开会并向会议领导小组汇报工作进展情况。

5. 会议工作组

会议工作组包括会务组、财务组、安保组、接待组等。会务组负责会议手册发放、现场注册、会场管理等工作。财务组负责会议预算编制、会议注册费的收取、对外支付会议的场地费、餐费等。安保组负责会议期间的会场安全、车辆疏导、证件查验等工作。接待组负责接待与会嘉宾，负责特邀报告人的接机和住宿安排等工作。

会议举办之前要在会议宣传网站、会议手册上注明会议联系人的姓名、电话、电子邮箱等联系方式，以便参会人员有任何问题能够第一时间联系到会议组织人员。

2.2.2 会务人员培训的目的

为了保证会议顺利召开，确保总体协调与安排精确妥当。会议工作小组要提前对会务人员进行培训。会务组在培训之前需要做出详细的人员分工表，确保参加会议的工作人员人手一份。会议的会场布置、嘉宾接待、交通疏导、安全保卫等方面的细则都要有书面的培训文件。

1. 了解会议的整体部署

培训的目的在于让各个会议工作小组的人员不仅对本小组的工作细则和任务以及本人具体负责的事项了如指掌，更重要的是要对整个会议的总体部署与组织协调有通盘的了解。

2. 安全教育培训

大型会议前对会务人员的培训另外一个重要目的在于做好大型会议前的安全教育培训，对会务人员做进一步的定岗、定位、定责。通过会前对会务人员的培训，对一些应急情况做好会前培训，例如消防和医疗应急预案的预演。

大型会议会前培训要对会议文件材料的发放、会场布置、安全保卫、验票以及交通指挥等方面的会务人员进行全方位培训,以便更好地保证会议的顺利召开。

2.2.3　会务人员培训的内容与方式

会务人员的培训主要包括:会议接待、宣传报道与组织安排、会场准备、安全保障措施、会议通知与邀请等。

1. 会议接待

会议接待分为与会专家的接机、宾馆饭店的报到、签到接待、茶歇接待等内容。与会专家的接机,如果是外籍专家需要指定一名翻译,在接机前接机人员应当事先对参会嘉宾航班到达时间、接机车辆与接机地点做全面了解;宾馆饭店对参会人员报到应如何签到、分发会议材料以及收取会议费等都要进行事前演练;茶歇接待至少要在开会前一天对茶歇所需的糕点、饮品等进行预订,并安排好茶歇现场桌椅、餐盘的摆放。

2. 宣传报道与组织安排

会议的宣传报道与组织安排培训,主要包括会议的新闻中心人员如何与记者提供服务,内部宣传的各项措施是否能够落实,如何确保与媒体沟通的顺畅性。除此之外,新闻记者采访和报名的审批工作是否可以稳妥进行。

3. 会场准备

会场准备的培训主要针对主会场的多媒体设备如何使用、会场安全消防设备如何使用进行培训。会议桌签如何摆放、设备的安装调试等都需要对专人进行培训。

4. 安全保障措施

会场的安全保障措施培训主要是针对会场的保密、防盗、用电、消防等工作进行的培训。参与会务安全保卫工作的人员要参与培训,以防会场突发情况,做好防范准备。

5. 会议通知与邀请

会议通知与邀请的培训主要针对会议发布邀请函的人员（会议联络员）如何进行通知和邀请函的发布和传送以及如何确认发布是否到位进行培训。例如确认邀请嘉宾的参会情况。

2.2.4　会务场地席位和席次安排

会场场地席位和席次安排体现了与会各方的政治关系，例如"圆桌会议"已经成为平等对话与协商会议的主流席位安排形式。会议的座次安排是形成特定会场气氛与心理效应的重要手段。报告会设置专门的主席台，目的在于凸显报告人的主导地位，并且衬托出严肃的会场气氛。相对报告会而言，座谈会则更多地采用围坐式的座次安排，有利于突出融洽的会议气氛。除此之外，会务场地的席位和席次安排还受制于会场大小和参会人数的影响。会场小而人数多的会议尽量采用紧凑型布局，会场大而人数少的会议可适当采用分散式布局。

会议场地席次安排分为上下相对式、全围式、半围式、分散式与对等式。举办会议究竟采用哪种座次安排取决于会议的性质与特定的会议氛围需求。

1. 上下相对式

上下相对式，即主席台与参会者采取上下面对面的方式进行席次安排，如图 2-2 所示。上下相对式的席位安排体现了会议的严肃性。一般报告会、表彰总结大会等会议宜采用上下相对式的会议座席布置方式。上下相对式可分为礼堂式与"而"字式两种布局方式。

图 2-2　上下相对式席次

2. 全围式

全围式不单独设置主席台，目的在于突出会议的融洽性，如图2-3所示。全围式布局能够更好地让参会者感受到平等、尊重。全围式会议布局通常适用于座谈会、协商性会议以及小型会议等。

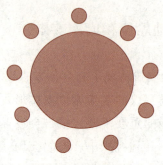

图2-3　全围式席次

3. 半围式

半围式会议布局适用于面试、述职、听证会等小型会议，如图2-4所示。半围式会议布局分为主席评委席、与会者席，两者形成半包围的席次，对与会者会形成一定的心理压力。

图2-4　半围式席次

4. 分散式

分散式席位布局适用于气氛比较轻松的会议，例如茶话会、联欢会等。分散式会议布局整个会议不止设置一个中心，而是由若干个中心组成。与会的领导并不集中坐在一桌，会议"主桌"由会议主席和与会议的主要嘉宾构成。采用分散式会议布局，要在一定程度上将"主桌"的地位凸显出来，又要营造出主桌与他桌能够良好互动的和谐氛围，如图2-5所示。

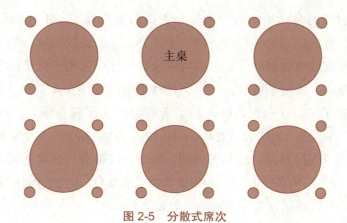

图 2-5 分散式席次

5. 对等式

对等式席次通常适用于会谈型会议，布局通常为席位的两边呈对等式形状。

2.3 会议文字材料的准备

举办一次会议离不开各种会议文字材料。秘书不仅要具备较强的文字驾驭能力，还要掌握一定的会议文稿写作技巧。本节将从会议主题材料、主持词、演讲稿、会议通知以及会议邀请函几种主要的会议文字材料着手介绍具体的写作要求与技巧。

2.3.1 主题材料

会议主题材料包括《会议日程表》与《会议报到注册表》。

1. 会议日程表

会议日程的拟定要遵循一个原则：为会议目的而准备。会议日程的安排要考虑以下因素：会议时间与场地选择、会议时间段安排、会议的具体形式与主题、发言嘉宾、活动安排等。

会议召开的时间通常有半天、一天或两天及以上。不同的会议时间决定了会议日程安排的紧凑程度。以一个举办三天的会议为例,第一天可以安排为注册和欢迎晚会时间,第二天可以安排全体会议和平行研讨会,第三天可以安排参观、游览和晚宴。第一天的注册时间安排在9:00—19:00为宜,晚宴在18:00—20:00。第二天的全体会议宜为半天,以9:00—12:00为宜。第二天可以在14:00—17:00举办2~3个平行会议。第三天白天可以安排参观、游览等活动,晚上安排晚宴。会议期间,每半天要安排15分钟左右的茶歇时间,一方面为参会者提供一定的休息时间,另一方面也为参会者提供相互交流的机会,如表2-4所示。

表2-4 会议日程表

迪赛公司华北区域公司财务与内部控制年会日程		
时间	日程安排	地点
2017年8月25日(星期五)		
9:00—19:00	参会代表注册	盛金酒店一层大厅
18:00—20:00	欢迎晚宴	盛金酒店一层餐厅
2017年8月26日(星期六)		
9:00—10:00	全体会议	盛金酒店210会议室
10:00—10:15	茶歇	盛金酒店二层大厅
10:15—12:00	全体会议	盛金酒店210会议室
12:00—14:00	午餐、午休	盛金酒店一层餐厅
14:00—15:30	平行会议	
	1. 公司治理与薪酬激励	盛金酒店201会议室
	2. 公司财务信息披露制度	盛金酒店202会议室
	3. 公司财务制度与创新	盛金酒店203会议室
15:30—15:45	茶歇	盛金酒店二层大厅
15:45—17:00	平行会议	
	1. 公司融资政策	盛金酒店201会议室
	2. 内部控制与风险管理	盛金酒店202会议室
	3. 公司财务与外部传媒	盛金酒店203会议室
2017年8月27日(星期日)		
9:00—12:00	参观总公司成本控制中心	迪赛公司总部三层成本中心
12:00—14:00	午餐、午休	迪赛公司总部食堂
14:00—17:00	参观总公司预算管理中心	迪赛公司总部六层预算管理中心
18:00—20:00	欢送晚宴	盛金酒店一层大厅

《会议日程表》需要在会前向参会者通过网络或者其他方式发出，因此，《会议日程表》要在开会前准备好。

2. 会议报到注册表

《会议报到注册表》是指参会者到达会议举办地注册办理的登记注册手续，通常每位参会者在整个会议过程中只需要注册一次。《会议报到注册表》通常由会议主办单位、会议时间、会议地点、参会者、工作单位、签到时间、备注等内容构成，如表 2-5 所示。

表 2-5　迪赛公司财务年会报到注册表

迪赛公司华北区域公司财务与内部控制年会报到注册表					
会议地点：北京盛金酒店			会议时间：2017 年 8 月 26 日—27 日		
会议内容：迪赛公司财务与内部控制制度						
序号	签到人	所属部门	职务	签到（参会者签名）	注册时间	备注
1	张三	华北一区财务科	会计			
2	李四	华北二区财务科	出纳			
3	王五	华北三区财务科	审计			
4						
5						
6						

《会议报到注册表》负责签到的人员应事先根据邀请的嘉宾代表列出明细，与会者只需要在签到一栏签名。参会者注册时间必须注明，以便及时掌握参会者到会的具体时间。

2.3.2　主持词

会议主持词指的是会议主持人宣读的文稿。会议主持词的作用在于介绍参会人员的身份、介绍会议各个环节进程、活跃现场氛围、确保会议顺利完成等。

会议主持词主要包括六个部分：宣布会议开始、介绍参会的主要领导和嘉宾、介绍会议的目的与办会宗旨、介绍会议议程、介绍发言嘉宾的职务与发言主题、宣布会议结束等。

1. 宣布会议开始

主持词的开场白作用在于宣布会议开始。对于大型的会议，通常还有专人致开幕词。对于有开幕词的会议，主持词应当追求言简意赅，不宜长篇大论。这时主持词应当突出对来宾的欢迎之意，对会议的背景以及意义做简单的介绍，避免与开幕词在内容上有重复。在开幕词中，通常会对参会的嘉宾做简单介绍，这时，开场时对嘉宾的称呼就要遵循"特称+泛称"的方式，例如：尊敬的习近平主席。对于没有开幕词的会议，开场白就起到了开幕词的作用，这时，对于与会嘉宾的称呼就要全部采用"泛称"，例如"尊敬的各位领导、各位来宾"等。

2. 介绍参会嘉宾

主持词最重要的部分之一是对参会的各位嘉宾逐一介绍。主持词中对嘉宾进行介绍的称呼之前都要加礼貌用词"请、有请或恭请"等，以表示对嘉宾的尊重。介绍嘉宾通常在会议宣布开始之后，对每个嘉宾逐一介绍。介绍嘉宾的顺序要有一定的讲究。通常情况下，对嘉宾介绍按照身份从高到低，当身份相同的时候，可以按照嘉宾的资历由高到低进行介绍。

3. 介绍会议议程

主持词中介绍会议议程不能太单调，要注意主持词应与各项会议环节有机地融合起来，能很好地烘托会议的主旨气氛，达到起、承、转、合的作用。会议上每位发言人在结束演讲之后，主持词中可以体现对发言者内容的简短总结，并对发言者表示感谢。

4. 宣布会议结束

宣布会议结束是主持词最后的一项内容。会议结束主持词要体现对会议成果的总结，对参会者表示感谢，并对主办方或者参会者提出一定的希望和祝愿。

不同会议的主持词用词风格不一，要根据会议的主题选用严肃或活泼的主持词。

2.3.3 演讲稿

演讲稿通常指的是会议领导在会议开始前的讲话稿。演讲稿是单位领导在会议上部署具体工作、发表总结性言论等的有效形式。对于一些非正式会议，领导演讲稿通常为即兴演讲稿，没有固定的格式。但对于正式会议，演讲稿通常包括首部、主体和结尾三部分。由于领导平时业务繁忙，演讲稿通常由秘书代为书写。

1. 首部

演讲稿的首部由标题、日期和称呼三部分构成。演讲稿的标题分为单标题和双标题两种写法。单标题由讲话人姓名、会议名称和文种组成，例如《马小雨同志在迪赛公司成立十周年大会上的讲话》。双标题是将会议主题概括成一句话作为主标题，而将单标题作为副标题的一种标题形式，例如《实施财务成本控制提高企业效益——王五同志在公司财务工作会议上的讲话》。

演讲稿首部的日期不能用阿拉伯数字书写，要用汉字书写，避免人为更改日期。演讲稿的日期通常写在标题的正下方。

演讲稿的称呼要根据会议的性质而采用不同的称呼。例如，如果是学术会议，多采用"各位专家学者"的称呼；如果是国际性会议，通常采用"女士们、先生们"的称呼；如果是代表大会，通常用"各位代表"称呼；如果是党的会议，通常用"同志们"称呼。

2. 主体

演讲稿的主体包括两部分：引言与正文。对于主旨在传达精神与布置工作任务的会议，引言需要开门见山地直点会议主题。例如：这次会议的主要任务是对公司新的财务成本控制制度细则进行讲解，进一步细化成本控制方案，落实公司成本控制目标……

——《××同志在公司财务会议上的讲话》

如果是上级领导出席下级部门的会议，演讲稿引言要侧重表达慰问和祝贺。例如：今天，我们在这里齐聚一堂，热烈庆祝第×个国际劳动节，在此，我代表集团公司以及所有员工向奋斗在一线的公司劳动模范表达节日的祝贺与崇高的敬意！

　　——《××同志在公司庆祝五一劳动节上的讲话》

　　对于庆祝大会，演讲稿引言部门要淡化场面描述，重点强调时间和空间。例如：在这春暖花开的季节，我们在这里欢聚一堂，共同庆祝我们公司的××项目顺利完工。我代表集团公司向所有参与项目的人员表示祝贺，对××项目顺利完工表示庆祝！

　　——《××同志在公司××项目完工庆祝会上的讲话》

　　演讲稿的核心是主体部分。主体要注意主题明确、层次清楚。主体部分的层次关系分为递进和并列两种。在部署工作的会议上，适宜采用并列式结构。并列式结构将几个话题并列起来，各个话题前后互换不会影响会议的主题。并列式主体演讲稿也适合用在总结性的发言稿中。递进式顺序适用于统一思想的会议上。递进式层次关系突出的是由表及里、由现象到本质的层次安排。

3. 结尾

　　结尾是演讲稿必须安排的内容之一。演讲人将主要内容表达完了，就应当自然结尾。演讲稿切记在主体不完整的情况下结尾。除此之外，演讲稿还可以采用交代式结尾。

2.4 会议场地布置

　　会议场地布置是最能体现秘书细心程度的地方。本节关于会议场地布置涉及的内容非常丰富，主要包括：会议场地布置的原则、会场基本设施和物品布置、会议礼品选择、场地座区划分、音响设备布置、场地灯光布置、视听设备布置、色调设计布置。

2.4.1 会议场地布置原则

　　会议场地布置要遵循四个原则：提供保障、营造氛围、体现秩序及保证中心。

1. 提供保障

会议场地提前布置，目的在于给会议提供必要的物质保障。因此，在会议场地布置时，要保证会议需要的笔、笔记本、桌椅、投影仪、音响设备、同声传译设备等到位。在会议开始前要指定专人对设备进行专业的调试，以保障会议中这些设备能够正常工作。

2. 营造氛围

会议布置要突出一定的会议主题，要起到能够烘托会议主题氛围的作用。会议氛围分为会议主观氛围与会议客观氛围两种。通常情况下，会议主观氛围决定着会议客观氛围。例如，庆典会要突出喜庆的氛围，人民代表大会要突出庄严朴素的氛围。会场的客观氛围布置，例如会议装饰、灯光效果要服务于会议的主观氛围。会场氛围营造得好，有利于对参会者形成积极的情绪与心理引导，有利于会议主题与会议内容的渲染。

3. 体现秩序

会议布置要体现一定的政治秩序与礼仪次序。例如，"圆桌会议"体现的是一种各方政治力量的平等。主席台座次的安排要体现出一定的秩序。主席台嘉宾的座次要体现出身份的高低。参会者座席根据参会对象的资格或身份进行分组来体现一定的会议秩序。

4. 保证中心

对于大中型会议，整个会场布置要突出一个会议中心。这也是现在很多会议采用半圆形或方形布局的原因。半圆形或方形的会议布局能够更好地突出会议的绝对中心。保证会议中心，能够为会议的进退场提供便利。

除此之外，会议场地布置要遵循一定的布置顺序。首先，要确定会场的具体形式，例如圆形、正方形或者是八角形等；其次，要根据会场的大小摆放好桌椅；再次，要根据会场的实际场地环境布置会议附属设备，例如音箱和笔记本等；最后，布置会议场地的装饰，例如花卉、字画、会标等。

2.4.2 会场基本设施和物品布置

会场基本设施和物品包括讲台、桌椅、背景板、易拉宝、桌签、场地指示牌、设备台或媒体采访台等。不同会议需要根据会议需求进一步对会场基本设施和物品进行细化设计，并且每一项设施和物品均要指定专人负责。

1. 会议讲台

会议讲台是供会议嘉宾发表演讲或布置工作内容的地方，会议讲台的布置需要注意一定的细节。如果会议在预订的酒店会议厅举行，会议讲台由酒店提供和准备。对于具有特殊意义的会议，会议讲台还需要单独进行设计。在设计时需要对特殊嘉宾或重要领导人的讲台高度进行量身定做。对于讲台上的话筒、笔记本、演讲稿等的位置摆放也需要合理布置。除此之外，对于会议中安排分组讨论和面对面一问答的讲台需要将桌椅和沙发指定专人在会场进行摆放。

2. 桌椅

要根据会议场地大小、能够容纳的人数与参会人数布置桌椅。通常情况下，会议场地提供方可以根据会议主办方的要求提供会议需要的桌椅并对其进行摆放。

3. 背景板或幕布

会议所需要的背景板或者幕布，要根据场地的高度以及场地内室内建筑设计情况自行设计制作，或者请专业的设计公司进行制作。如果举办会议过程中得到了赞助商的支持，那么也要制作相应的赞助商背景板。如果是专业的会场，场地提供方通常能够提供专业的 LED 显示屏背景板，画面能够在主持人和观众之间随意进行切换。如果背景板不是 LED 屏，则要事先在背景板上方布置投影屏幕，并且对背景板的图案大小等做相应的调整。

4. 易拉宝

对于学术型会议，事先要制作易拉宝，将会议名称、时间、地点、主讲人以及主题等信息在易拉宝里体现出来。对于其他商业会议，有时需要将赞助商或者参展商的商品信息显示在易拉宝上，达到宣传的目的。对于国外召开的会议，还需要制作宣传旗或者摆放宣传品，以表达对参会嘉宾的感谢。易拉宝通常摆放在会议场地门外或者会议酒店大厅，具有引导、告知和宣传会议主题与相关赞助商的作用。

5. 桌签和指示牌

会议主席台、讲台和嘉宾区需要摆放桌签。会议桌签可以由会议主办方自行设计制作，也可以由场地提供方提供。

举办会议前需要制作场地平面图以及场地指示牌。如果会议是在机关、学校等地举行，场地平面图以及场地指示牌应当摆放在门口不影响交通的地方。如果会议是在酒店举行，可以在酒店电子显示牌上显示会议举办地的楼层地点信息。

6. 设备台

对于一些不需要同声传译的会议，设备台不需要预留相应的位置，场地提供方已将会议所需要的音频视频设备安装好；对于需要提供同声传译的会议，要预留出同传间的位置。同传间可以在会议主席台旁也可以在会议座位的最后，一般一间同传间安排两名同声传译人员，对于需要翻译三种语言以上的国际会议，则应当增加同传人员，并且要增加同传间的数量。对于需要外部媒体参加的会议还要搭建媒体采访台，并且合理布置电源插座的位置。

会议场地的基本设施和物品的布置要根据会议主题的需求进行设计与布置，此项工作由会务组负责。

2.4.3 会议礼品选择

对于高峰论坛会、新年茶话会、客户交流会、周年庆典会等都需要准备会议礼品。一方面，会议礼品能够使参会者对主办单位形成一定评价；另一方面，会议礼品也是会议精神和企业形象在时间和空间上的拓展。

会议礼品应选择体积小、便于携带与实用性兼具的物品。会议礼品既要体现企业文化，同时也要突出当地的特色。不同的会议，在礼品选择上也不相同。

1. 培训、交流、总结会

培训、交流、总结会，会议礼品应以实用性、耐用性的文化办公用品为主。例如，实用的笔记本、刻有会议纪念字的签字笔、有会议标志的旅行包等。

2. 庆典与表彰大会

庆典与表彰大会，会议礼品应当注重庆典的象征与关联意义，选用保存时间长，具有一定价值的，能够摆放在桌子或挂在墙面上的物品。例如，会议周年纪念币、会议保温杯、会议纪念字画等。

3. 针对公司重要客户的会议

针对公司重要客户的礼品宜选用价值高的名牌物品。礼品应当适于个人在家庭、办公或户外使用。礼品的选择切记太贵重，引起受贿的嫌疑，避免选择现金、首饰珠宝、公司广告宣传品等容易引起误会的礼品。对于公司重要客户的礼品选择应因人因事而论。

4. 茶话会、联欢会与联谊会

茶话会、联欢会与联谊会的礼品一定要注重个人实用性，一般选择家庭的耐用品。例如：电子体温计、家庭药箱、电子体重秤等。

会议礼品的选择体现了会议主办方的"用心"，一个好的会议礼品能够对会议效果起到积极的影响，是会议精神的延续。

2.4.4 场地座区划分

会场除主席台之外需要对座区进行划分。有些会议，参会者是以单位名义组团参会，因此，很有必要将不同的代表团和小组的座位进行分区，集中就座。

1. 划分目的

场地座区划分的目的在于：

（1）便于维护会场秩序，同一单位或代表团坐在一起有利于会场交流，避免会场的杂乱无章；

（2）便于按照不同的小组发放现场会议文件；

（3）便于统计会场实到人数；

（4）便于各团体在会场的临时沟通以及会议领导与各团体的沟通。

2. 划分原则

场地座区划分应当遵循三个原则：按资划区、体现礼仪、公平合理。按资划区原因在于参会者的身份是不一样的，应当按照参会者的资格以及在会议中的角色在指定的区域就座；如果是礼仪性质的会议，座区的划分还应当符合当地的礼仪习惯和风俗；体现公平，指的是由于参会的代表团较多，必然造成各代表团与主席团之间的距离不等，有的代表团距主席团较近，有的则较远。为了保证会议座区划分的公平，可以采取轮换座区的方式，使各个代表团都有机会坐在离主席团较近的位置。

3. 参会者资格划分

在场地座区划分之前，首先要做的工作是将参会者的资格进行划分。可将参会者资格划分为正式、特邀、列席和旁听。不同的参会者，应按照参会资格在不同的座区就座。

正式代表应当坐在座区的最前一排或者前排的中部。特邀嘉宾视具体的人数定座位，如果特邀嘉宾人数较少，可以直接坐在主席台上；如果特邀嘉宾人数较多，则重量级特邀嘉宾可以在主席台上就座，其余的可以优先安排在座区的最前排。列席代表的座区通常应安排在座区的两侧或者后排。如果会议大厅是双层的，则正式代表应当安排在一层，列席代表应当安排在二层就座。旁听代表或者记者代表应当安排在座区的两侧或者在后排专门设定记者媒体采访区。

对于组团次序的排列，通常有三种方法：（1）根据代表团的汉语拼音首字母顺序排列；（2）按照代表团的笔画多少顺序排列；（3）国际会议中按照代表团的身份高低、通知代表团的时间或代表团抵达时间、代表团字母顺序等排列座次。

📂 2.4.5 场地音响设备布置

会议音响系统包括：音源、音箱、调音台与功率放大器。

1. 场地音响设备布置注意事项

场地布置音响设备要注意四个事项。

（1）扬声器要摆放安装在适当的位置，使得会场声音效果最佳，避免产生回声和杂音。

（2）会议过程中对音量的控制要适当，既要避免声音过大对参会者造成影响，也要避免声音过小以至于参会者听不清主持人或演讲者的声音。

（3）在会议入场时，可适当播放一些轻松的与会议主体相搭的背景音乐，以便参会者尽快进入会议状态。

（4）可适当使用一些美化与校正声音的特殊声音处理器材或软件，进一步美化声音，烘托会议氛围。

2. 最重要的音响设备麦克风

会议最重要的音响设备是麦克风。麦克风的类型分为几种，应当根据会议演讲者的具体需求选择不同的麦克风类型。

（1）微型麦克风。微型麦克风是别在西装衣领上或者挂在演讲者脖子上的微型话筒。对于需要四处走动做演讲的嘉宾，或者心理过于紧张的演讲者，适宜配备微型麦克风。

（2）手持麦克风。手持麦克风是传统会议常用的麦克风类型。手持麦克风要求演讲人将话筒置于嘴边才能收集到演讲者的声音。手持麦克风分为有线麦克风和无线麦克风两类。无线麦克风适用于有参会者提问的环节。在用无线麦克风前，要在会场对麦克风试音，排除会场一切对无线麦克风形成干扰的因素。

（3）桌面麦克风。桌面麦克风通常是固定在桌面上的麦克风，适宜坐着不能离开桌面的演讲者。

（4）落地式麦克风。落地式麦克风通常有一根可以伸缩的金属架，筒线很长，比较适宜需要站立发言或者在小范围内移动发言的演讲者。

📁 2.4.6 场地灯光设备布置

会场灯光设备布置得好，能够为会议创造情境，达到会议应有的效果。场地灯光设备布置要注意四个方面的内容：光线柔和度、光源选择、环境照明与演出照明的区分、避免事项。

1. 光线柔和度

会场灯光要尽量柔和，避免会场出现耀眼的强光。如果会场有阳光照射，要在窗户上加装窗纱，避免强光直射会场。如果会场是靠灯具发出光线，要尽量配置能够发出柔和光线的灯具。光线的柔和度以让参会者感到舒适为宜，并且要保证参会者能够看清会场中的人和物。

2. 光源选择

会场灯光光源选择有自然光源和人造光源两种。绝大多数会议采用的是人造光源。人造光源较自然光源更加柔和。人造光源中又可选择白炽灯、荧光灯与聚光灯。具体选择哪种灯具要根据会议的主题与情境进行细致构思与细节设计。白炽灯发出的光线具有稳定气氛的作用，通常用于讨论型的会议。对于特定情境下，有对于场景再现性的需求，需要聚光灯达到会场特有的灯光效果。

3. 环境照明与演出照明

对于环境用的照明，用自然光即可，人造照明只需弥补自然照明的不足。对于带有演出性质的会议，适用演出照明，要用下射式照明，白炽灯可用于稍微调节会场亮度，调节会场氛围。

4. 避免事项

会议照明要避免强光直射演讲人。尽量使用高性能的录像机对会议进行录制，避免参会者由于受到强光的照射而产生不适；对于需要的特定情境，可以选择将会场变成一片漆黑，达到会议的剧情效果；灯光的色调要尽量与门框、墙壁的色调一致。

好的灯光效果对于会议的开展能够起到事半功倍的效果，是会议主办方应当精心设计和布置的。

2.4.7 场地视听设备布置

举办会议离不开视听设备。会议视听设备包括：投影仪、电视屏幕墙、电子白板笔、镭射笔等。

1. 投影仪

投影仪在会场的安装位置要注意，尽量安装在能够使演讲人不用刻意抬头就能看见屏幕的角度。投影仪的光线要尽量绕开梁柱、吊灯等影响投影的物体。投影仪屏幕放置的位置要足够高，高度能够满足最后一排座位的参会者能够看到。投影仪屏幕通常应当离地面不能低于 1.22 米。投影仪分为幕后投影仪和幕前投影仪两类，幕后投影仪投放图像的清晰度不如幕前投影仪效果好。但是，如果在光线较好的房间，幕后投影仪放映更有利于参会者观看投影，并且由于投影机放在屏幕后面在一定程度上也节省了会场空间，使会场看上去更为整洁。

2. 电视屏幕墙

电视屏幕墙是近几年兴起的一种高科技会议视听设备。电视屏幕墙较传统投影仪具有很多优点，例如能够与电脑、摄像机、录像机、电视等外部设备自由连接，将画面传输在屏幕上。电视屏幕墙巨大的背景适合大型会议，能够将人像的近距离画面投影在屏幕上，并且画面能够在观众和演讲者之间切换，同步直播会场画面。另外，电视屏幕墙画面更加清晰、音效更好，画面更有质感，是会议投影视听设备中的佼佼者。

3. 电子白板笔

电子白板笔较传统的白板笔优点在于，电子白板笔借助了高科技的手段，可以在写完一页之后，按笔上的按钮决定是翻到前一页还是继续后一页，省掉了反复擦写的麻烦，更加环保。

4. 镭射笔

镭射笔通常在应用 PPT 演讲时起到提示的作用。镭射笔由于借助了激光的射程远、光线集中的优点，指向距离达到 100 多米，方便了演讲者在会场内走动演讲，并且不会阻挡视线。

会场的所有视听设备在开会前都要调试好，提前排除设备可能出现的各种故障，确保会议能够顺利进行。

2.4.8 场地色调设计布置

会场色调设计总体要讲究与会议的主题、对象与内容相适应。具体来说，就是要与季节相适应、与会议性质相适应、与公司基准色等相适应。

1. 会议色调要与季节相适应

冬季举办会议，可以在会场多布置一些暖色调，例如红色或者黄色，让参会者进入会场后不会感觉到冷清。夏季可以在会场多布置一些冷色背景，例如蓝色或者绿色，让参会者能够通过色彩感受到丝丝凉意，更有利于参会者静心地参与会议。科学研究证明，绿色在会场的应用面积超过四分之一时就能够让人的情绪更为稳定和舒适。因此，多在会议布置绿色，例如绿植等对于稳定参会者情绪有一定的益处。

2. 会议色调要与会议性质相适应

对于庆典或者表彰性的会议，会议主色调应当选红色或者粉色。红色与粉色能够衬托出喜庆与热烈的会议气氛。对于工作性会议，会议色调应以蓝色和绿色为主。蓝色与绿色是办公颜色，现在绝大多数办公室选用的色调均为蓝色或绿色。对于决策性会议，宜选用墨绿色与褐红色，这两种颜色更能烘托出庄严与隆重的会议气氛。

3. 会议场地色调还应与公司的基准色相适应

例如，公司的商标为红色，会议多采用红色作为点缀更多地体现公司的归属感。如果是一家高科技公司，会议应选择蓝色，强调稳重、严谨的公司风格。公司员工的统一服装定为橘色，会议也应多采用橘色作为基调。总之，会议的场地色调要更多地体现公司的企业文化，起到烘托企业内在价值的作用。

此外，公司的会场色调还要与会场的门窗、桌椅以及墙壁的颜色协调，尽量避免反差太大，给参会者造成不舒服的感觉。如果是晚宴或者舞会，还应更多地借助灯光，借助多彩的光线达到渲染活跃会议气氛的目的。

2.5 会务住宿

会务住宿的安排是会务策划工作中的一个重要环节。本节将从会务住宿的要求、如何选择住宿酒店、住宿安排的工作程序、如何分配住宿房间以及如何制作住宿会议单五个方面介绍会务住宿的管理知识。

2.5.1 会务住宿要求

对于一些大型会议，参会者来自不同省份，有住宿的需求。会议住宿的要求包括五个方面：距离会场不应太远、住宿地点要集中、设施齐全、价格合理、分配科学。

1. 住宿酒店与会场不应太远

会场与住宿酒店在同一家酒店是最佳选择。如果由于某些原因造成会场与酒店不是同一地点，那么住宿酒店不应离会场太远，尽量靠近会议主办地点，便于参会者节省参会时间与交通费用。

2. 住宿地点要相对集中

会议地点相对集中的安排有利于会议的组织与管理，便于集中通知与沟通。会议住宿地点相对集中，还有利于参会者利用非会议时间进行有效的沟通。

3. 设施齐全

会议住宿酒店基本设施要齐全。会议住宿的基本设施包括：生活设施、消防和安全设施。在安排住宿地点之前，会议组织者要亲自去酒店考察酒店的基本设施是否齐全。

4. 价格合理

举办会议要本着精简的原则，酒店的选择要以能够满足参会者的基本住宿需求为标准，切不可盲目追求住宿的奢华，增加会务成本。

5．分配科学

住宿房间的分配在一定程度上体现了会议主办方对于参会者的尊重与照顾。通常，年纪较大的参会者或者妇女应当尽量安排在酒店中光照充足的阳面房间。职位与身份相当的参会者，房间安排偏差不应较大，以免引起不必要的误会。对于自费办理住宿的参会者，要尽量满足他们的特殊要求。

2.5.2 住宿酒店如何选择

住宿酒店的选择要考虑五个因素：酒店星级标准、可提供的房间数量、酒店房型和配备条件、服务水平、入住与退房时间。

1．酒店星级标准

会议举办地酒店的选择体现了公司的形象，要尽量体现出一定的档次。本着节俭的原则，酒店选择以三星级到四星级为宜。三星级和四星级酒店能够满足会议举办的基本需求，又能显出一定的档次，不会显得太奢侈，是会议的最佳选择。此外，不同性质的会议对酒店标准的选择要求也不一样。对于表彰奖励型的会议，多数选择在名声较大的饭店，可是衬托出对获奖者的重视。对于一般的公司产品发布会议等，只需要选择一家合适的饭店。

2．可提供的房间数量

可提供的房间数量要以满足参会者住宿人数的需求为准。住宿安排要避免将不同公司的人分开住。许多会议举办时间都是在旺季，因此，住宿酒店会出现超额预订的问题。由于某方面的原因，预订酒店的房间数超过了酒店本身能够对外提供的酒店房间数，就会导致部门订单被取消。因此，会议主办者在会议举办前务必要与会议酒店建立良好的沟通关系，签订有效的合同，防止出现房源不足的情况。

3．酒店房型和配备条件

酒店房型应当包括最基本的三种房型：单人间、标准间与套间。自费参加会议的参会者选择单人间的比较多。标准间是绝大多数参会者选择的房型。如果会议期间有小型的讨论会、小型的商务谈判则要备有套间。

酒店配备条件要满足最基本的配置物品。例如，床上用品：被子、枕头等；洗漱用品：毛巾、香皂、沐浴液、漱口杯、拖鞋等；饮品及饮具：纯净水、茶杯子、电水壶、茶叶等；文具用品：圆珠笔、便笺等；服务提示牌：服务指南、紧急联系电话、防火指南、价目表等；其他物品：晾衣架、礼品袋、擦鞋用具等。虽然酒店基本配置看似东西虽小，但是却不可或缺，如果少了这些基本物品配置将会对参会者的心情造成不良的影响。以上这些物品都是三星级和四星级酒店必须配置的，并且在每件东西的数量上都有严格的要求。会议主办者应当事先对酒店进行考察，除了注意基本物品的配置数量，还要注重配置的质量。不同档次的酒店在物品质量上会有些差别，这些都是会议主办方应当注意的。

4. 酒店服务水平

酒店服务水平也是选择会议酒店应当考量的因素之一。会议主办方应当亲身体验，方能感知酒店服务水平的高低。通常可以根据酒店对公共空间的管理反映出酒店的真实管理水平。例如，公共区域是否整洁，垃圾是否及时倾倒，是否有服务员定期打扫。这些都是会议主办方在选择会议酒店应当考虑的。

5. 入住和退房时间

酒店的入住和退房时间在选择酒店之前，会议主办方应当与酒店进行商谈。对于一些大型的会议，参会者来自五湖四海，到达酒店的时间也不相同。目前，国内绝大多数酒店只在12点之后提供入住服务，因此，酒店尽量为这些参会者安排一定的空间，以备其能够享受短暂的休息，能够提供一些免费的饮品或充电服务等，这样能够表达对参会者的尊重。同时，会议结束也存在同样的问题，酒店应当能够提供一定的行李寄存服务，为参会者临时去购物、延缓退房提供一定的便利。

2.5.3 住宿安排工作程序

会议住宿工作安排虽然烦琐，但是找到了住宿安排工作的程序和方法，将会达到事半功倍的效果。住宿安排工作程序包括：选定酒店、初步统计住宿人数、预订房间、分配房间、分发房卡。

1. 选定酒店

住宿安排工作的第一步就是选定酒店。会议主办方在周密考量后，选出一家最适宜的住宿酒店，并制定详细的住宿方案。住宿方案中应当包括住宿酒店的星级标准、房间费用以及房间分配标准等。

2. 初步统计住宿人数

初步统计住宿人数指的是按照会议回执初步统计出需要住宿的会议人数。根据统计的住宿人数和酒店初步预订需要住宿的房间数量。但是，仅仅按照会议回执对酒店住宿人数做初步统计是不够的。还应当在会议报到的当天，对参会者的实际住宿情况进行第二次统计，这期间可能会包括随行人员或者记者提出的住宿需求的情况。因此，酒店方面应当有备用房间的提供，这需要会议主办方事先与酒店方面协商好。

3. 预订房间

在初步统计住宿人数之后，应当与酒店预订房间数量。在预订房间数量之前，应当对参会者提出的单人间还是标准间的需求有一定的数据统计。在酒店预订房间数量方面，除应满足参会者基本的住宿需求之外，还应考虑出于会议的需要，加定一到两间会客厅或者是会议室，更好地满足会议期间会客与小组讨论的需要。

4. 分配房间

房间分配要本着职务较高者、年长者与女性从优安排的原则。房间的安排要考虑到参会者的性别、职务、年龄、民族以及生活习惯等方面的因素，一般将同一公司、同一专业、同一部门的人员集中安排，如果参会者有随行人员，应当与随行人员安排在同一房间，便于沟通。

5. 分发房卡

在参会者报到注册，酒店身份登记完成之后，可以向参会者发放房卡。

在分发房卡的时候，可以将会议文件一并分发，并且向参会者提醒退卡事宜。

2.5.4 住宿房间如何分配

酒店住宿的房间分配需要考虑参会者的具体情况，一些细节的问题必须注意。如果没有注意，可能会引起参会者的误会，给参会者留下不良印象。

（1）在向参会者发出"会议回执"的时候，可以将住宿的不同房间价格等信息进行备注，以便参会者自主选择。

（2）酒店房间一定要提前预订，防止出现由于旺季酒店房间不足订不上房间的情况。主办方所定的酒店房间数也应当有富余，以便报到当天有随行人员有住宿要求，可以灵活安排。

（3）在会议主办方提供酒店住宿费用的情况下，酒店住宿应当按照职务高低分类进行安排。对于会议嘉宾和主办方领导，住宿安排应当体现一定的档次和舒适性。其他参会人员的住宿安排，同一级别应当房间档次相同。

（4）要注意不同民族的民族习惯不同，因此，尽量将汉族与有特殊风俗习惯民族的参会者分别安排在不同的房间，以体现对少数民族的尊重。

（5）身体虚弱、年龄较大、妇女应当优先安排在向阳的房间，对其体现一定的照顾。

酒店住宿房间的分配体现了会议主办方对参会者的住宿需求的精心安排，也是对参会者的一种尊重。

2.5.5 会议住宿预订单如何制作

会议住宿预订单通常由会议主办方制作，是用来确认参会者是否住宿的回执单。会议住宿预订单通常由会议主办方在发出会议通知时一并发出，通常由参会者填写后，通过电子邮件的方式返回给会议主办方，如表2-6所示。

1. 会议住宿预订单信息

会议住宿预订单作为确认参会者是否住宿的回执，通常应当包括以下信息：

（1）订房人姓名、职务、电话、邮箱；

（2）抵达、离开的日期与时间；

（3）预订房型种类及价格；

（4）是否能够支付定金；

（5）是否接受电话询问；

（6）收件截止日期；

（7）如果需要提供信用卡担保，还需要提供信用卡号等信息；

（8）酒店的具体位置及联系方式；

（9）确认函的回信邮箱。

2. 会议住宿预订单

表2-6　会议住宿预订单

××会议酒店住宿预订单

北京市海淀区学院路8号盛华酒店

联系人：王二

电话：010-23216543

传真：010-23216542

邮箱：jdln@163.com

参会人基本信息及酒店预订信息（推荐电话预订）

姓名		性别	
单位		职务	
联系电话		邮箱	
客房标准	普通大床房	¥300/晚（含1人早餐）	
	普通双人房	¥400/晚（含2人早餐）	
	高级大床房	¥500/晚（含1人早餐）	
	高级双人房	¥600/晚（含2人早餐）	
入住时间	年　　月　　日		
退房时间	年　　月　　日		
信用卡担保	信用卡类型：		
	信用卡号码：		
	持卡人姓名：		
	有效日期：		

备注：信用卡仅作为担保预订保障，不会收取任何费用。

2.6 会务餐饮安排

会务餐饮安排是讲究科学与实效的一项会务管理工作。本节将从会议工作餐式安排、自助餐式安排、中餐席位安排、中餐菜式安排、中餐音乐伴奏、西餐席位安排、西餐菜式安排以及西餐水果安排八个方面对会务餐饮安排进行介绍。

2.6.1 工作餐式安排

以工作餐式安排会议用餐，主要是提供盒饭为主的用餐方式。工作餐式餐饮安排适宜会议人数不太多的会议。

1. 选择专业的餐饮公司

工作餐式会议饮食安排应当选择专业的餐饮公司进行盒饭配送。应当选择经验丰富，具有一定饮食安全资质的餐饮公司，从食品安全、食材是否绿色健康、菜品的质量、配送的服务水平以及配送时间等方面对餐饮公司进行考量。

2. 实地考察餐饮公司

对专业的餐饮公司，还要实地到公司内部进行考察，针对一些细节进行确认。例如，公司是否有自备的化验室，对蔬菜农药残留、亚硝酸盐、瘦肉精、大肠杆菌等进行检测；公司送餐的饭盒是否用环保材料制作；厨房是否健康、无毒、安全；盒饭是否盛装在经过消毒的专用保温箱中；工作套餐是否备有环保筷、湿巾、牙签等。

3. 讲究食材的新鲜

工作餐的选择一定要讲究食材的新鲜。通常情况下，比较大型的餐饮配送公司都有自己的蔬菜供应基地，可以保证食材的环保、无污染。工作餐式会议餐饮安排还要注意菜品的营养搭配丰富。工作餐尽量选择低糖、低盐、低油与低脂肪的套餐，一般应包括荤菜、素菜、主食（米饭、馒头、烧饼、花卷）、水果（香蕉、橘子、橙子）、酸奶、汤粥等。

2.6.2 自助餐式安排

自助餐式安排是绝大多数会议选择的餐饮安排方式。

1. 自助餐的优点

自助餐相对于工作餐（盒饭式）有着独特的优点：
（1）菜品安排多样化，选择性更强；
（2）一人一套餐，公共餐具，避免了疾病传染，更加卫生；
（3）吃多少取多少，避免浪费；
（4）用餐时间短，方便参会者休息。

自助餐的菜品结构较为丰富，一般应当包括几种菜品：热菜、凉菜、主食、甜品、水果和饮料（汤）等。自助餐式会议餐有必要供应几道酒店的特色菜品，例如，沿海地带酒店尽量提供几道海鲜菜品。

2. 自助餐注意事项

会议自助餐安排时还应当注意四点：
（1）在注册报到时，要根据报到签名表上是否就餐的备注发放餐券；
（2）根据会议的主题和参会人数，合理确定自助餐的食材结构和比例，自助餐要兼具特色和主题风格；
（3）围绕会议用餐标准，在核算餐饮成本的基础上，合理进行菜品的调整；
（4）尽量选择大众化的菜品，避免奇珍野味。

在就餐前，会议主办方应当指派专人在酒店餐厅处进行引导，并对菜品的种类、热菜的温度、饮料是否提供充足等进行监督，为参会者提供更好的服务。

2.6.3　中餐宴请席位安排

中餐宴请席位安排体现了主办方对于参会嘉宾的礼仪，是参会者身份的体现，是会议餐饮安排中的一项重要工作。中餐宴请席位安排与西餐席位安排有一定的差异，具体体现在位次和桌次的安排有所不同。

1. 中餐宴请位次安排

中餐宴请位次安排要遵循四个原则。

（1）主办方的主要领导要正对门就座，并且要坐在主桌上。

（2）在大型会议中，宴请往往不止一桌，这时，每桌上都要至少安排一位主办方的代表就座。

（3）各桌的参会者身份高低体现在与该桌主人距离的远近上，离该桌主人越近则身份越高。

（4）同一桌上，在与该桌主人距离相等的位次上，以该桌主人面向的方向为准，右侧身份高于左侧。

2. 中餐宴请桌次安排

中餐宴请桌次安排也要遵循四个原则。

（1）中桌为尊。并列的三桌就餐，中间的桌位次高于两边桌的位次。

（2）右高左低。两桌并排时，右桌位次高于左桌。中式宴请，通常情况下，以顺时针方向为上菜方向，因此，右桌优势高于左桌。

（3）面门为上。两桌同时纵向排列时，面对门的那桌为上桌，背对门的一桌为下桌。

（4）最佳角度为上。在高档餐厅的中式宴请，往往伴有酒店的演出或者是室外景观，因此，能够欣赏到演出或者观赏到室外景致的最佳角度为上座。在中低档餐厅，靠墙的餐桌为上座，靠走廊过道的餐桌为下座。

2.6.4　中餐菜式安排

中餐在国内有八大菜系。川、鲁、粤、湘、浙、闽、徽、苏菜"八大菜系"各有千秋。

1. 中餐优先考虑三点

在国内举办的会议，安排中餐时要优先考虑三点。

（1）如果有外宾参加，一定要安排有中国特色的菜品。例如，G20峰会中外宾特别钟情于"宫保鸡丁"这道具有中国特色的菜。除此之外，狮子头、煮元宵、驴打滚等都是具有中国特色的菜品，可适当多加上这类具有"中国味"的菜。

（2）要尽量上具有本地特色的菜。会议举办地不同，地方菜也不一样。例如，在北京办会，餐桌上必然少不了"北京烤鸭"这道菜；在四川办会，少不了"火锅"；在新疆办会，少不了"羊肉串"。

（3）尽量上本饭店的特色菜。例如，南京大排档的"鸭血粉丝汤"与"盐水鸭"就是饭店的特色菜，是优先选择的菜肴。

2. 中餐菜式的上菜顺序

中餐菜式的上菜顺序也有一定的讲究。通常情况下，中式菜品上菜的顺序，如图2-6所示。

冷盘 ➡ 热炒 ➡ 主菜 ➡ 热汤 ➡ 甜品 ➡ 水果

图2-6 中餐菜式上菜顺序

先上凉菜，再上热菜，最后上甜点与蔬果是中餐菜式上菜的标准顺序。在中式宴席中，通常是"冷菜在前，热菜在后；咸者在前，甜者在后；浓者在前，淡者在后；无汤在前，有汤在后"的上菜顺序。在安排菜式时要通盘考虑。例如，穆斯林要安排在一桌，以清真菜品为佳。在有外宾参加的会议中式宴请，由于外宾通常不习惯将入口的食物再次吐出的习惯，因此，要避免上生冷硬啃的食物。

3. 注重菜品的营养搭配

中餐菜式在安排时，还要注重菜品的营养搭配。在餐桌上，碳水化合物占60%～70%；其次是脂肪，应占17%～25%；最后是蛋白质的比例，应为12%～14%。当前，人们普遍关注饮食健康，因此，荤素合理搭配，素菜应当占整个宴席分量的1/3左右，适当增加豆类、菌类、蔬菜和水果，有利于营养的平衡。此外，低糖、低盐也是健康饮食的要求，会议宴请应当避免太咸或太甜的菜品。

中餐宴请，酒是不可缺少的。俗话说"无酒不成席"。所以，在整个中式宴席上均应有酒相伴。通常，白酒或是啤酒是较好的选择。

在中餐菜式安排中要避免出现"不分主次，凉菜过多；简单重复，毫无风格；菜品过多，严重浪费"的现象。因此，会议餐饮组织者在点菜方面要特别注意。

2.6.5　中餐音乐伴奏

会议中中餐播放的背景音乐会对参会者在就餐中的饮食节奏以及整个会议的整体印象产生影响。因此，中餐音乐的伴奏选择是会议组织者要考虑的问题之一。

1. 音乐影响参会者的就餐速度

中餐就餐时播放的音乐，对参会者的就餐速度会产生一定的影响。经过科学实验发现，人们在就餐时，如果播放节奏较快且声音较大的音乐时，人们就餐的速度就会加快；相反，如果播放柔和一些的音乐，人们就餐速度就会慢下来。

2. 音乐影响参会者的味觉体验

背景音乐对就餐者的味觉体验也会产生一定的影响。科学家发现，当人们在音量较高的中餐厅就餐时，会感觉口中的食物更甜；在低重音的音乐背景下会感觉口中的食物更加苦涩；在嘈杂的音乐环境中，饮食者口中的甜味和咸味感会更弱。

因此，中餐中在上菜前的非餐饮时间，应当播放舒缓无歌词的古筝或者是民族音乐。在就餐期间，播放非当年的国内或国外民族音乐为宜。例如，在非餐饮时间，可以播放古筝曲《高山流水》，江南丝竹《梅花三弄》《欢乐歌》，民族音乐《春江花月夜》《梦江南》。在就餐期间可播放葫芦丝《月光下的凤尾竹》，钢琴曲《天空之城》，民族乐《良宵》等。

如果中餐性质为政府宴席，则在非就餐时间适宜播放民族乐《喜洋洋》或者《渔舟唱晚》，在就餐时适宜播放《圆舞曲》或是红色歌曲的伴奏版，或者选择更加突出党的红色背景音乐。

2.6.6 西餐席位安排

西餐席位安排与中餐一样，有一定的西方习惯。东西方文化的差异造成了中餐和西餐席位安排上的不同。西餐席位与中餐席位在席位排列和位置排法方面有很大的不同。

1. 西餐席位安排原则

西餐在席位安排上要遵循五个原则。

（1）面门为上。西餐中，面对门的位置为主位，背对门的位置为次位。

（2）以右为尊。西餐中，右侧位为尊位。因此，西餐中往往男主宾要排在女主人右侧，女主宾排在男主人右侧。

（3）越近为贵。西餐中距离主位越近的位置越尊贵。

（4）交叉排列。西餐文化在一定程度上也是交际文化的体现。因此，西餐席位排列要讲究交叉排列。男女交叉，熟人生人交叉，这样有利于促进就餐者之间的交流，扩大交际圈。

（5）女士优先。西餐座席安排要体现女士优先的原则。女主人为第一主位，而男主人为第二主位。

2. 西餐位置排法

西餐位置有三种排法，分别是长形桌排法、T形桌排法、圆形桌排法。

（1）长形桌排法

西餐中长形桌排列时，女主人和男主人分别坐在长桌的两端。面对门坐的是女主人，背对门坐的是男主人。女主人右手边是男主宾，男主人右手边是女主宾，以此类推。如图2-7所示。

图 2-7　长形桌西餐位置排法

（2）T 形桌排法

T 形桌西餐位置排法，男主人、女主人、男主宾与女主宾分别在一桌就座。其他嘉宾则在另一桌交叉就座。如图 2-8 所示。

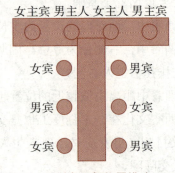

图 2-8　T 型桌西餐位置排法

（3）圆形桌排法

在圆形餐桌上，男主人和女主人要对视而坐，女主人右侧为男主宾，男主人右侧为女主宾。男女要交叉排列，方便就餐男士照顾女士。如图 2-9 所示。

图 2-9　圆桌西餐位置排法

2.6.7 西餐菜式安排

现代西餐分类多种多样,有法式、英式、意式、美式、俄式、德式等。下文以一般会议普遍适用的西餐菜式安排为例。

西餐菜式安排与中餐有一定的不同。西餐在菜的数量上没有中餐丰富。中餐热菜有 8 种左右,冷菜有 10 道左右,菜品相当丰富。西餐大体上只有六七种,并且每一种类型的菜只有一盘,相对于中餐来讲,西餐菜品要少一些。如图 2-10 所示。

图 2-10　西餐菜式安排

西餐菜式安排顺序通常是:头盘—汤—副菜—主菜—蔬菜类—甜品—咖啡、茶。相对于中餐来讲,程序上要略微简单。

西餐的头盘菜也叫作开胃菜。头盘菜要求少而精,以咸味和酸味为主。开胃菜要体现西餐的一定特色。开胃菜分为热头盘与冷头盘两种。热头盘有熏鲑鱼、焗蜗牛、奶油鸡酥盒等;冷头盘有鱼子酱、鹅肝酱、黄鱼子酱等。

西餐的第二道菜是汤。西餐的汤可以分为四类:冷汤、蔬菜汤、清汤与奶油汤。冷汤又可分为俄式冷汤与意式冷汤。西餐冷汤有番茄冷汤、黄瓜冷汤、马铃薯冷汤等。蔬菜汤有意式蔬菜汤、西芹汤等。清汤有牛肉清汤、鱼肉清汤等。奶油汤较常见的是奶油菌菇汤。

西餐的第三道菜是副菜。副菜是面包类、蛋类、酥盒与水产类菜品的总称。水产类菜品包括各种淡水、海水鱼类,海贝类以及软体动物等。由于鱼类肉质细腻,因此要在其他肉类菜之前上餐。西餐中鱼类要借助各种调味汁才能达到良好的品尝效果,调味汁通常有白奶油汁、美国汁、荷兰汁等。

西餐的第四道菜是主菜。主菜包括肉类菜与禽类菜两种。肉类菜主要以牛肉、羊肉、猪肉为主,常见的为牛排与猪排。肉排类西餐烹饪手法通常是煎、烤、铁扒,并且要配上一定的调味汁,以获得良好的口感。禽类菜通常有鸡、鸭、鹅等,以鸡肉最为常见。禽类菜有可乐鸡、火鸡、竹鸡等,并配咖喱汁、奶油汁等调味汁。

西餐的第五道菜是蔬菜类菜肴,在肉类菜之后上餐。蔬菜类菜肴是西餐中的一种配菜。习惯上以沙拉作为配菜的代表。一般用生菜、黄瓜、西红柿等配奶酪沙拉汁制作而成。此外，还有一些熟食蔬菜，例如西兰花、马铃薯条、煮菠菜等。

西餐的第六道菜是甜品，包括冰淇淋、奶酪、布丁等。

西餐最后上的是咖啡或茶。咖啡里可以加入牛奶与糖。茶里通常也加糖或者是香桃片。

2.6.8　西餐水果安排

与中餐突出山珍海味不同的是，西餐非常重视水果。西餐早餐中少不了果酱、水果以及果汁。西餐正餐中水果也是必需的。例如，正餐中的水果沙拉、葡萄酒、苹果酒、苹果烤鸭、菠萝焖火腿等都是以水果为食材的菜品。苹果泥在西餐中通常是作为配菜的。西餐的正餐中必须上一道应时的水果。

西餐中常见的水果包括：哈密瓜、橙子、杧果、草莓、樱桃。

哈密瓜具有消暑清凉、生津止渴的作用，在夏季举办会议时，是特别适合的水果佳肴。哈密瓜在西餐中以水果拼盘比较常见，一般去皮去瓤，切成均等的小块，然后用叉或水果刀食用。

橙子颜色鲜艳，在西餐餐桌上深受人们的喜爱。橙子被称为"疗疾佳果"，对食欲不振及腹胀等都有良好的疗效。橙子在西餐中通常是切掉两端的皮，分成若干块，用刀叉切开食用即可。

杧果维生素 A 含量极高，并且维生素 C 也丰富，通常在西餐中用来制作沙拉、酱汁及果盘等。杧果在西餐中可以将杧果分成两块，去掉里面的果核，用勺子挖取吃。除此之外，还可以切成小丁，用叉子叉着吃。

草莓在西餐中属于高档水果。草莓柔软多汁、酸甜可口，深受西方人士的喜爱。草莓在西餐中常被用于制作果酱、果酒或者是当作布丁、蛋糕的配料。草莓在西餐中，也经常被撒上白糖，放置于果盘中或者放在酸奶中以供品尝。

樱桃是水果中的"美白之王"，在西餐中也很受欢迎。对于樱桃这样的浆果，直接装入果盘即可摆上餐桌。在食用这类浆果时，要用勺子舀到自己的盘子中，用手拿着吃，将果核吐出放入自己盘子中。

第3章
文秘日常管理工作

秘书的日常管理工作琐碎而复杂。要想成为一名高素质、高效率的秘书，必须掌握一些文秘日常管理工作经验与技巧。本章将从文秘的日常事务处理、外事工作管理、印章的使用与管理、值班工作安排四个方面对文秘日常管理工作进行介绍。

3.1 文秘日常事务处理

文秘日常管理工作看似小事，实则是关系到单位领导工作能否顺利开展的大事。本节从文秘日常应如何处理信函、如何进行日常管理、如何安排出差、如何安排上司人员约见、如何收集信息、如何接待来访等六个方面进行介绍。

3.1.1 如何处理信函

处理信函是秘书日常工作的一部分。虽然收发邮件这件事看起来很简单，但是也有很多需要注意的地方。如果是新人，稍不注意就可能犯错误。

日常处理信函包括收信函和发信函两个部分。

1. 收信函

秘书与上司在拆信函这件事方面应当事先商定，哪些信件是秘书可以拆封的，哪些是必须上司亲自拆封的。如果没有约定，通常情况下，公事信函，秘书是可以拆封的，私人信函则不可拆封。如果公事信函封面标有"亲启""重要"或者"机密"字样的，秘书不可拆封，要亲自交到上司手中，由上司亲自拆封。如果不慎拆封，则要在信封表面写明"勿拆"的字样，并要重新粘贴好。

秘书在拆封信函时，为了避免拆封口的不规整和损坏信函内文件，切不可用手直接撕开，应当用小刀等工具沿信函的边缘慢慢拆封。在拆封后，要仔细核对所取文件是否齐全，避免落下零星文件。如果是信函上印有"加急"字样的信函，秘书应当立即拆封，并大致地浏览其内容，立即交给上司处理。

2. 处理邮件

秘书在签收邮件时一般需要签字确认。有附件的邮件，要将附件与信函夹在一起。如果是秘书自己能够处理的公事信函，例如咨询信函，秘书可以自己处理，而不必交给上司处理。如果是"亲启""机密"之类的信函，秘书则应当根据上司的工作习惯，在合适的时间交给上司。

3. 发邮件

发邮件时要核对收件人的地址、联系方式是否正确。除此之外，还要确保邮寄的文件有备份，这里的备份指的是复印件或者是留在电脑里的电子文档。

现代物流业十分发达，快递公司遍地开花。选择一家既经济实惠又服务快捷的快递公司是秘书的一项责任。通常，很多快递公司都提供上门取件的业务，十分方便。

日常的一些信函，秘书都可以借助快递公司发函。但是对于以下两类文件，则必须使用挂号信进行邮寄。因为，挂号信通常可以留下作为证据的存根，避免很多纠纷的产生。

必须使用挂号信进行邮寄的文件包括两类。第一类为受时间限定十分严格的申请专利、注册商标等的文件，由于受到截止日期的限制，因此务必使用挂号信，以便保存存根。第二类为法律文书，必须保证我方发出了以及对方确实收到了相关法律文件，因此，也应采用挂号信的方式邮寄。

📂 3.1.2　如何进行日程管理

公司领导事务繁忙，作为秘书，一项非常重要的工作内容就是协助上司安排工作日程。秘书日程管理要做的工作包括：事前沟通、制定日程表、日程表的调整与变更等。

1. 事前沟通

作为秘书，要对上司的日常工作、作息习惯以及近期的工作重点都要有一定的了解。在日程安排上，无论是重要的工作还是一般的工作，都要事前与上司进行沟通，征求上司本人的同意。这种沟通必须是定期的，有利于将上司下一阶段的工作厘清，从而做到提前计划。事前沟通还要注意优化工作方法，要积极适应上司的工作习惯与工作作风。

2. 遵循原则

（1）日程安排要体现劳逸结合的原则。公司上司的年龄有的较大，或者总会有其他临时出现的重要公务要处理。因此，日程表安排要坚持效率和健康平衡的准则，既要突出重点和效率又要照顾到上司的身体状况，给上司留出休息的时间或处理其他紧急事务的时间。只有体现劳逸结合的日程安排才是一张科学的日程表。

（2）上司审核。公司上司一般经验非常丰富，秘书在制定好日程表后要及时给上司审核，上司会根据自己的工作经验判断哪些活动需要安排特定的时间，具体采取何种处理方式更加适宜。秘书要根据上司的意见对日程表进行适当的调整。

（3）严格保密。上司日程表是上司日常工作活动的记录，对于上司特定的拜访或来访对象应当严格保密，最好不要体现在日程表上，并且在日程表旁边要适当留白，为做批注或补充留有余地。

3. 制定日程表

日程安排可以分为年度、季度、月、周、日程安排。日程表时间越跨度大应当越详细，以"日"为单位的日程表应当是最详细的，如表3-1所示。

上司的工作有日常性工作和突发性工作之分。对于日常性工作，秘书要填入日程表中；对于突发性工作，秘书也应当灵活处理。

表3-1 2017年12月12日日程表

时间	工作内容	备注
上午8点		
9	9点20开始听取财务部吴经理的工作汇报	
10	同上	
11	同上	
12		
下午1点		
2	下午2点到4点与洗点点公司王经理商谈工作	
3	同上	
4	同上	
5		
6	宴请北京陈总	纯盛酒店二层南云包间

日程表需要提前一天就制定好。秘书需要提前一天将日程表交予上司确认，在当天上班第一时间还要让上司确认一次。对于需要经常出差的上司，秘书还要给上司准备日程表的复印件。对于晚上有应酬的上司，日程表时间最好能控制在晚8点。

秘书的日程表有时候需要提供给其他部门，因此，在日程表里对于上司去医院以及私人会面等内容不便于在日程表中体现，只需在笔记本上记录下便可。

秘书在制定日程表时在时间上一定要留有余地，最好留半个小时左右的空档。预测上司开会以及会晤时间是秘书需要长期对上司的工作习惯及类似情况进行观察才能得出。

4. 日程调整

由于在日程安排中有些突发事件会对整个日程表的计划产生连锁反应，因此，一个好秘书的日程表应当能够灵活应对上司日常生活中的突发事件导致的变化。

如果由于某些原因导致日程表发生变化，秘书应当及时对日程表进行调整，并请上司再次确认。上司一旦确认日程表安排，秘书就应当通知其他部门，并且与其他部门主要领导做好沟通，便于上司下一步的工作顺利进行。

由于上司工作繁忙，难免会疏漏一些事情，这时，秘书有必要对上司的日程进行提醒。特别是对于上司拜访重要客户，一定要对上司进行提醒，避免由于上司遗忘导致工作失误。

3.1.3 如何安排出差

公司领导人由于工作需求时常会出差，例如，到外地推广公司的新产品、和外地供应商洽谈业务等。有些出差具有临时性。秘书应当安排好上司出差前、出差中以及出差后的相关事宜。

1. 出差前的安排

秘书在上司出差前需要做许多工作。例如，与对方单位联系、制定出差日程表、准备出差用品、预订火车或飞机票、预借差旅费，等等。

（1）与对方单位提前联系

无论上司是去外地参加洽谈会还是研讨会，秘书都要事先和对方的秘书进行联系和沟通。沟通的目的在于确认活动的具体时间和地点。在确定好具体时间和地点后，要针对上司的出差制作一份日程表，并请上司根据自身的工作习惯进行适度调整。

秘书还要事先对上司出差地的气候、地理环境等做大致了解。如果上司是第一次去对方所在地，则应就对方接站地点以及登门拜访的时间等细节沟通清楚，这也关乎公司以及上司本人的形象。

（2）安排上司出差日程表

秘书在制定上司出差日程表的时候，要制定由于天气或交通工具等出现问题的预案。秘书制定的上司出差日程表与工作日常日程表相似，区别在于出差日程表要将上司的具体行程时间具体到分钟，地点也要更具体，例如，××酒店678房间。

（3）准备出差用品

上司出差要提前将物品准备好。秘书可以将公私物品分别列一个单子，并交给上司，避免物品遗漏造成不必要的麻烦。秘书在为上司准备出差物品时，前提在于能少带的就少带，要带的必须是必需品。有时，上司出差的地点不只是一个地方，这时，秘书应当将每个地方上司所需要的文件单独装入相应的文件夹，不可混淆。与此同时，各个出差地点的日程安排也应当分开。

（4）预订火车或飞机票

秘书在预订火车或飞机票前要与公司财务部门进行沟通，不同的领导享受的报销级别是不一样的。在确定报销比例及金额后，再给领导订票。预订火车或飞机票可以选择旅行社，他们往往有送票上门的业务，非常方便。在网上订票也是不错的选择。预订飞机票要尽量提前，避免由于季节性原因，热门城市订不上票的情况出现。

如果上司乘坐的交通工具需要换乘，则不同交通工具换乘之间的时间最好保持在2～4个小时。如果途经上下班的高峰期拥堵地段，应预留出更多的换乘时间。

（5）预订酒店房间

秘书给上司预订出差酒店房间一定要尊重上司的个人生活习惯和爱好，征求上司本人的意见。如果公司在出差所在地有分公司，秘书可以直接联系分公司负责人安排住所。如果出差地没有分公司，要避免给经销商或是拜访的客户打电话询问住宿问题，避免给上司的工作带来不便。这时，可以借助携程等旅行社网站预订酒店房间。

2. 出差时工作安排

（1）出差用车安排

上司出差当天，秘书一定要为上司安排好用车。除此之外，秘书还要提醒上司不要有物品的遗漏。如果上司已经起飞，有文件落下，秘书应当安排快递对文件进行邮寄。

（2）与上司保持联系

上司到达机场后，秘书要及时与上司保持联系，掌握上司所乘的班机是否有延机的情况。如有飞机晚点的情况，秘书应当及时通知对方秘书，对接机工作进行调整。

（3）及时处理日常工作

如果上司出差期间，有找上司的电话，秘书应当把电话号码、对方称呼、电话的时间以及内容等信息记录下来。如果是重要的事情，秘书应当第一时间给上司打电话进行沟通；如果不是重要的事情，等上司出差回来再处理。

上司出差期间的一些待签字文件，秘书应当用专用的文件夹保管好，等上司出差回来进行专门处理。如果有紧急的文件需要上司处理，也可直接快递到上司出差地点所在的酒店。

3. 出差后的安排

（1）安排接机

上司回来，可以安排公司的司机去接机，秘书也可以亲自去接机。秘书亲自接机的好处在于，可以在接机的同时向上司汇报工作。在汇报时，不可说得过多，事先可以列一个详细的提纲。如果上司是去老客户那里出差，秘书还要给老客户打电话告知上司已平安到达公司。

（2）处理报销适宜

秘书要在上司出差回来之后，将车票、打车票等粘贴到报销单上，一些额外的支出，也要打支出报告，经上司批准，秘书方可拿到财务部门进行报销。

除此之外，如果上司是去国外出差，秘书还要对国外的安全情况以及当地领事馆的联系方式等信息了解清楚，给上司列明，以备用。

3.1.4 如何安排上司人员约见

作为秘书，为上司安排接待客户和拜访客户是一项重要工作。秘书为上司安排人员约见的时候，要将约见的时间以及约见人的详细信息列表，提前让上司审阅。

1. 安排人员约见

秘书在为上司安排人员约见的时候要注意以下六个问题。

（1）上司身体状况不太好的时候，上司比较疲惫的时候。

（2）临近下班的时候，避免安排上司与客户见面，此时，上司下班可能会有其他私人安排，不太适宜为上司安排客户见面而打扰上司的私人生活。

（3）上司刚刚从外地或者国外出差回来。此时，上司身体极度疲倦，可能时差还没有完全倒过来，因此，不适宜为上司安排约见。

（4）近期公司有连续的加班或者连续的重要会议或者活动，此时，上司可能把工作的重点放在对内的事务上，无暇顾及外部的约见。

（5）节后刚刚上班，此时，上司可能还没有立刻适应上班的节奏，也不适宜安排约见。

（6）在整个上午或下午上司有两个以上活动，如果由于安排了约见，导致上司参加下一个公司活动时间紧张，时间间隔不足十分钟时，不适宜安排约见。

2. 安排拜访客户

上司日常工作除了会见客户外，还有外出拜访客户的需求。因此，秘书也应当就上司的外出做事先安排。秘书在帮助上司安排拜访客户时要注意以下两点。

（1）上司外出拜访一定要提前安排。秘书要与拜访单位提前取得联系，告知对方秘书上司拜访的时间、目的、人数以及地点。如果上司是第一次去对方的公司拜访，秘书还要留下对方接洽人的联系方式并且将秘书本人的联系方式告知对方。

（2）秘书在安排上司拜访客户时，要避免与对方的时间相冲突。

秘书可以将上司可以拜访的时间告知对方秘书，让对方秘书根据客户可以安排会见的时间自主选择，这样就避免在双方时间上出现冲突。

3.1.5　如何收集信息

当今是信息大爆炸的年代。上司的决策需要许多信息作为支撑。一个好的秘书能够通过各种途径为上司提供决策依据的信息，并且这项工作也越来越重要。

秘书做好信息工作的前提在于对自己上司工作的熟悉程度，了解上司主管的业务范围，下属部门有哪些，最近工作上关注的重点问题是哪些等。因此，秘书在平时工作中就要对上司的工作作风与习惯多观察。

1. 收集信息的基本要求

（1）真实准确

秘书提供给上司的信息必须是真实准确的，不要过分加工，避免上司由于某些内容的忽略做出错误的判断。

（2）避免掺入主观的判断

秘书可以成为上司的眼睛、耳朵和手，不可以成为上司的大脑。有时候，秘书收集到的信息往往是碎片化的，这时，秘书切不可"自圆其说"，增加主观的判断；也要避免提供信息时的画蛇添足，有些信息可能夹杂周围人的各种议论，这时，秘书不可偏听偏信。如果有条件，秘书可以亲自和当事人对话，了解清楚后再向上司汇报。

（3）避免盲目自信

有些秘书有着多年的工作经验，在收集信息方面，往往比较自信，有着自己独特的判断。这样就容易造成秘书在听取汇报时忽略汇报人的意见，一些新问题就会被忽略。

（4）防止信息污染

秘书有时候听到的信息来源可能不止一个人，过量的信息会给秘书造成信息污染。例如，公司两个同事不和，这时，秘书在向上司汇报信息时，不必刻意汇报这些内容，如果上司问起，秘书只需将平时所见告知上司。对于这件事情的处理，秘书不必过多干涉，一切由上司定夺。

2. 收集信息的范围

（1）与上司业务有关联的信息

如果上司是市场部的经理，这时，秘书在平时就要多收集一些产品销售方面的信息以及市场对于产品的反馈等方面的信息。

（2）与公司重大活动有关的信息

秘书应当注意收集与公司重大活动有关的信息。例如，公司发布了新产品、公司公布了最新年度的财务预算、公司提拔了新的高层领导等相关的信息。

（3）公司内部部门业务流程以及职责范围信息

秘书要随时注意收集公司内部各个部门业务流程及职责范围的信息，特别是最新变化的信息。这样做的目的在于秘书能够迅速地提供上司需要的部门信息。例如，财务报销制度的变化、人事招聘、薪酬的变化、销售部客户资料的变化等方面的信息都需要秘书进行收集。

（4）公司外部的信息

与公司有关的外部信息主要指的是政府有关部门发布的当年各项经济指标和数据信息，以及上司的相关专业图书等信息，目的在于帮助上司更好地根据变化的经济情况做出科学的决策。

3. 收集信息的途径

收集信息的途径如图 3-1 所示，主要包括互联网、报纸杂志、专业咨询公司、汇报材料四种途径。

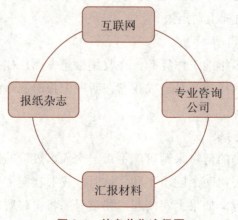

图 3-1　信息收集途径图

（1）互联网

当今互联网已经成为提供信息的主要平台。秘书利用互联网进行信息的收集，首先，要熟悉搜索引擎的使用；其次，互联网上的信息难免有虚假信息的出现，这就需要秘书提高对互联网信息"去伪存真"的能力，能够辨别出哪些信息是真、哪些信息是假。

（2）报纸杂志

一些权威的报纸和杂志会定时刊登一些与公司或者上司业务相关的信息，这时秘书可以剪下来，并整理成专题，标明出处，提供给上司作为决策的参考。

（3）汇报材料

秘书从下属部门的汇报材料中可以收集到一些信息，但秘书不能仅依靠这些汇报材料中的信息，更应当深入实践，到第一线亲自实地访谈、调查，这样得到的信息更加真实、准确。

（4）专业的咨询公司

一些业内专业的咨询公司，也可以为企业提供专业化的信息服务。如果上司特别想要某一方面的信息，而这些信息是秘书无法从互联网或报纸杂志上直接获取的，这时，选择专业的咨询公司或许是一个不错的选择。

3.1.6 如何接待来访

秘书在日常工作中难免要接待来访的客人。秘书接待来访有一定的技巧和原则。只有充分掌握接待来访的"工作要领"，才能更好地应对接待事务。

接待工作的要领分为接待的基本规范和接待的基本技巧两个方面。

1. 接待的基本规范

（1）态度热情

秘书在接待来访客人时，无论是否有预约，都要无条件的热情。无论客人是否第一次来访，客人进来时秘书都要起身迎接并问候。如果不是第一次来访的客人，秘书应尽量回忆客人的姓名。对于秘书能回忆起自己姓名这样的举动，客人会增加亲切感。

客人进门，秘书如果正在打字要停下来，如果正在接电话要一手捂住话筒，并问候客人。对于安排预约的客人来访，秘书应当主动迎接："这边请，我正在等您。"对于没有预约的客人，秘书不能直接问："请问您预约了吗？"这样的语气会导致来访客人心里不快，对于没有预约的客人，秘书也应当热情接待。

秘书在接待来访客人时要注重自己的形象，衣服要整洁得体，精神要饱满。秘书应当对来访客人一一进行登记，并请客人在登记本上签字。

（2）对客人进行筛选

由于上司的工作非常繁忙，因此，对于上司没有预约的客人，秘书要亲自向上司汇报，根据上司的意见决定是否会见，切不可凭借直观的判断进行决策。

对于上司不想会见的客人，秘书应当礼貌地拒绝对方，留有余地。秘书要时刻记住自己的形象也代表了上司和公司的形象。

对于客人要求提供上司手机号的行为，秘书应当避免直接将手机号提供给客人，特别是没有预约的客人。这时，秘书可以回应："抱歉，是否可以将您的手机号留下，回头我请上司回您电话。"这样就很好地避免了不给对方上司手机号而引发的尴尬。

（3）灵活应变

秘书对于新老来访的客人应当区别对待，并且要灵活应变。对于不同的客人，秘书也要学会用不同的方式区别对待。

当客人递给秘书名片时，秘书一定要双手接过名片，并且不要念出名片的名字。如果对方没有名片，秘书则要在对方自述之后重复一遍，以核对对方信息是否准确。

如果秘书对于名片上的个别字不认识，就要虚心向对方请教，避免叫错对方姓名。在对方述说姓名之后，秘书也要回应："××先生"。

（4）确认没有预约的客人到底找谁

对于没有预约的客人，有时候会出现客人要会见的人并不是上司的情况。秘书没有弄清楚客人到底找谁就将客人带到认为可能找的部门，有时会出现多个部门"不认"的情况。因此，对于没有预约的客人，秘书要详细询问对方来访的目的，要找的人，一旦确认，秘书就要马上与有关部门联系，并请相关部门的人员过来迎接。

（5）按照先来后到原则安排会见

上司在一天中会见的客人可能会很多，这时，秘书就要按照"先来后到"的原则安排接见，避免后来的客人先被接见，引起前面来的客人的不满。

（6）接待过程中注意电话处理

秘书正在打电话的过程中，有客人来访，秘书首先应点头示意，并在挂断电话之后，对客人回应："抱歉，让您久等了。"

当秘书接待过程中有电话，要对客人回应："对不起，失陪一下"，方可去接电话。如果是公司某个部门的电话，秘书可以尽快结束对话并告知对方稍后再打过去，回来对客人说："让您久等了。"

2. 接待的基本技巧

（1）迎客

秘书在引领客人去见上司时，秘书应让客人走在路的中央，自己在边上引领，距离不要太远，在客人前方两三步的位置即可。秘书在引路时，要手心向上指路，并且要时不时地回望客人，确认客人是否跟上。对于上楼梯等需要客人注意的地方，秘书要示意"这边请"，为客人指示方向。

如果需要乘坐电梯，秘书在电梯门开之前需要告知客人要去第几层。如果电梯里有服务人员，秘书应当让客人先进入电梯；如果没有服务人员，秘书应当先行进入电梯，并按住电梯的"开门"键，等客人进来后松手。下电梯时，应当让客人先下。

到达接待室，秘书应当先敲门确认是否有人。如果客人是直接去上司的办公室，秘书要对客人说："就是这里"，告知其已经达到了上司的办公室。如果门是向外侧开的，秘书应当先打开门，先站在门外侧，让客人进去；如果门是向里开的，秘书应当打开门之后进去，用手把门敞开示意客人进入。

在客人进入上司办公室后，秘书应主动将客人脱下的外套、帽子等衣物挂在衣架上。

（2）入座

秘书在安排客人入座时，要按照客人身份高低安排座位。一般而言，离门越远的位置为上座，其次为下座。一般而言，客人要坐上座，客人之间要按照身份高低排列。如果是圆桌，离门口最远的是上座，上座的右手边是次上座，左手边是第三上座，右手边第二位是第四上座，以此类推。

（3）上茶

秘书上茶也有一定的讲究。上茶的时间要选择上司和客人在会谈了一小会后。上茶的顺序要先从客人上起，最后是本单位的人。上茶时，秘书要避免发言打断上司和客人之间的谈话，也不可倒得太满，通常情况下，只要七分即可。

（4）介绍

秘书在客人到达上司办公室后，要对客人和本单位人员做介绍。首先，秘书应当先将本单位人员介绍给客人，并且要从职位低的开始介绍；其次，先将男士介绍给女士。秘书在介绍姓名时要慢并且清晰，采用"姓名＋职位"的方式，职位在后是称呼上的一种尊重。

（5）送客

秘书在送客时不必刻意地放下手头的工作去送客。如果客人刚好路过秘书，则秘书点头示意即可。对于腿脚不方便的年纪大的客人，秘书要上前扶一把，避免其摔倒。

秘书在上司和客人结束会谈，客人走出上司办公室后，要检查客人是否有东西遗漏，以及时给客人送去。

对于上司认为比较重要的客户，秘书在送客时要送到电梯门口。对于其他不同程度重要的客人，秘书要灵活掌握送客的距离。通常情况，秘书要送到看不见客人位置，起码要等到客人走出三步远的距离才能离开。

3.2 外事工作管理

外事工作具有一定的严肃性。秘书做好外事工作需要具备极强的保密意识，熟悉外事工作的具体内容，掌握外事工作的具体技巧。本节将从这三个方面对外事管理工作进行介绍。

3.2.1 外事工作内容

有的公司会单独设置外事秘书的岗位，如果不单独设置，需要秘书具备较强的英文水平和外事处理能力。

公司外事工作的主要内容包括以下七项。

（1）负责公司国外客户的来访接待工作；

（2）公司日常商务合同及英语资料的翻译工作；

（3）参与总经理外事接待活动，并负责翻译对话及相关的文件资料；

（4）总经理日常涉外信件的翻译；

（5）参与公司翻译团队的建设与沟通；

（6）参与公司组织的专业培训，提高商务翻译水平；

（7）公司各种翻译资料的整理与归集。

涉外秘书的工作烦琐而艰巨，需要涉外秘书具有良好的专业素养与耐心。涉外秘书在工作中应当不断培养自己在大型会议以及商务谈判中自由交传的语言翻译能力、综合协调能力以及敬业精神。

3.2.2 外事安全保密工作

外事工作中需要注意外事工作中的保密工作，秘书应当树立外事工作中保密的意识，防止国家与公司机密的泄露造成不必要的损失。

秘书在外事活动中应当遵循的保密工作基本规范有以下九个方面。

（1）对于外宾来公司参观的，秘书应当事先制定严格的参观路线和参观项目，划分好参观范围，不宜擅自扩大外宾在公司的参观范围。

（2）外宾在参观过程中，应当像外宾说明保密事宜，对于保密项目不允许外宾记录、拍照和摄影。原则上不宜安排外宾参观保密机要部门。

（3）如有外宾来公司考察学习，秘书应当按照接待方案和双方协议的要求拟定对外口径一致的介绍以及考察学习的具体细则，做到公司上下所有人员都应当严守涉外秘密。

（4）秘书不宜在有外宾的场合谈论公司的内部机密及内部事务。

（5）秘书在商务谈判中严禁将双方签订的合同递交给第三方，不允许将公司机密材料交给对方。

（6）公司对外提供的技术资料文件均应当统一立卷归档。

（7）对于公司聘请的国外专家，应当事先在双方的合同中约定外方应当遵循严格的保密规定。

（8）在涉外工作中如果出现机密泄露事件，秘书应当第一时间向公司国际部及时汇报，并会同配合有关部门处理此事。

（9）对外宣传和报道外事活动，应注意避免报道合同中双方约定的保密内容。

3.2.3 外事工作技巧

秘书在外事工作中主要是和外宾以及外文资料打交道。具备把握事务、协调组织及公共关系处理等能力，并且掌握一些外事工作的技巧，对于提高秘书的外事工作技能水平有一定的帮助。

1. 有针对性地提高自己的外语能力

外事秘书要有针对性地提高自己的外语能力，这些外语能力包括听、说、读、写、译等能力，不要仅仅局限在书本知识上，要多通过实践学习和积累，提高所涉及工作领域的专业语言能力。

2. 计划周密，作风务实

外事工作具有特殊性，稍有不慎就容易犯重大错误。因此，外事工作一定要计划周密，作风务实。在外事活动前将一切不利因素统统考虑进来，做到有计划、有步骤地开展外事工作。另外，在外事工作中讲究虚事做实，许多外事活动的背后还有丰富的内涵，例如与某些项目挂钩，这就需要外事秘书灵活处理，工作务实就变得十分重要。

3. 尊重外宾饮食习惯

在一些大型外事活动中，难免会遇到与外宾一同就餐的情况。在就餐时，尊重外宾饮食习惯显得相当重要。首先，外事秘书在安排菜肴时，菜品不可过多，通常是两菜一汤，最后上一道甜点。菜肴中应避免有动物内脏。其次，上菜之前要准备菜单。外宾有将菜单视为纪念品带走的风俗。另外，外事秘书在酒桌上切记不跟外宾劝酒。

4. 拜访外宾有讲究

拜访国外友人选择时间有讲究，一般应当选择上午十点或是下午四点。在主人没有主动邀请的情况下，不可随意参观主人的其他房间或院子，不随意翻动主人的物品。

5. 外事活动应准备一些小纪念品

外事活动中，为了表示感谢或慰问，需要准备一些小纪念品，可选择一些物美价廉的小物品。送纪念品或礼品时要注意，即使物品有包装盒，也要在包装盒上用花色礼品纸再包装一下，并用彩带打上蝴蝶结或者梅花结。国外友人有当面打开礼品并称赞的习惯，因此，应当在外国友人称赞后用简单的语言突出"礼轻情意重"的含义。如果收到外宾寄来的礼物，则要回写明信片，以表达感谢。

3.3 印章的使用与管理

公司单位印章通常留给秘书保管。印章通常作为公司对外签署法律效力文件的证明章印。秘书做好印章的保管和使用具有极大的现实意义。本节将从印章的基本概述入手，对印章的启用、管理、使用与撤销等环节做详细的介绍。

3.3.1 印章概述

秘书在工作中经常要盖章，印章的使用对于公司来说至关重要，它是直接产生法律效力的工具。

1. 正式印章

正式印章指的是单位的公章。正式印章是由单位的上级主管部门为本单位刻制的公章。单位的公章是单位整个机构权力和职责的体现。公章具有独立的法人资格效力；公章具有执行独立的法人资格和独立的预算功能。单位内部处室、科室的印章不具有独立的法人资格，只能适用于单位内部，对外不具有法律效力。

2. 专用印章

单位的专用印章只能在专用印章上所刻的范围内使用，一旦超越这个范围就没有法律效力。专用印章突出的是印章的在某一项专门业务中的法律效力。例如，"财务专用章""图书专用章""成果鉴定专用章"等都是在特定的范围使用的印章。

3. 领导手章

领导手章又叫作领导人签名章。领导手章指的是根据领导签名的字迹而刻出的印章。领导手章具有法律权威作用，与个人私章不是一个概念。领导手章是单位专用章和公务章里的一种，是领导人身份、职务的标志。在干部任免、调迁等重要事项中，领导手章具有凭证性的意义，是函件中必不可少的凭证。有些文件在单位公章和领导手章均存在的情况下才具有法律效力，例如毕业证书，不仅需要学校的公章还需要校长的手章，类似的法律文件还有合同和财务预决算等。

4. 个人人名章

个人人名章仅仅是个人替代手写签名的一种印章工具，单位的会计、出纳、秘书等都会有个人人名章。在文件中加盖个人人名章代表了加盖人对这份文件负责。个人人名章多见于银行支票以及合同协议书等文件中。

5. 钢印

钢印的雏形是契印。钢印通常盖在照片与证件的骑缝处。在一些票据的连接处也常见钢印。钢印的作用在于证明文件的吻合度，防止文件的造假。钢印不能独立使用，不能作为凭证的标志。

6. 套印章

套印章指的是公章的模印，体现为通过印刷的方式印刷在印刷品上的公章。套印章使用的目的在于替代手工盖章,在一些大量打印的邀请信或者公函等文件中较为多见。

7. 校印章

校印章用在文件校对错误之处。校印章主要用于证明错误修改处并非随意更改,而是具有法律效力的修改。

8. 戳印

戳印的目的在于减少工作人员的工作量。例如:机密文件中的"机密""绝密"章;财务工作中的"本年结余""结转下年"章。

印章主要作用在于印章的权威性以及印章的凭证作用。印章的权威性体现在它代表的是一个单位、组织以及法人的权力。印章的凭证作用在于印章起到法律证明作用。加盖印章还有防止造假的作用,例如会计凭证中的骑边章、档案中的密封章等都在于避免对原件的伪造。

3.3.2 印章的启用

单位的印章在启用之前不具有法律效率,启用之后才具有法律效力。单位印章的启用时间不是随意定的,一定是在对工作衔接时间做了通盘考虑的基础之上确定印章的启用日期。

单位印章的启用日期一旦定下来,就要向印章颁发的上级主管单位报备。同时,单位还应当向有关单位和部门发出印章正式启用的通知,在通知里需要特别写明印章的启用日期。印章的颁发单位与印章的使用单位都应当将启用印章日期相关的文件以及印模都立卷归档并进行永久保存。印章启用日期相关材料归档的目的在于辨别票据或证明的真伪,若票据印章出现在启用日期之前则无法律效力;反之,在印章启用之后的票据印章才有效力。

对于单位的业务专用章,印章的启用日期并没有这么严格,由单位领导自行决定。单位专用章在启用时需要向有关部门发布印章启用通知。

关于启用印章的通知

各有关单位：

　　根据集团总公司办公室×××（2017）××号文件精神，同意成立迪赛华北分公司，印章即日起启用。

印模

2017 年 ×× 月 ×× 日

（盖章）

3.3.3 印章的管理与使用

　　单位对于印章的使用应当建立用章批准制度，对印章的使用情况进行登记。

　　单位用印章在使用和管理过程中应当注意以下五点事项。

1. 使用前要有批准签字

　　印章在使用前都必须有单位领导的"批准用印签字"。使用印章原则上要有单位负责人的签字，经过批准后方可盖章。在工作中，许多单位负责人由于公事繁忙，往往委托秘书作为印章管理职责人。对于一些不涉及重要问题的行政性事务，秘书可以在单位负责人授权的情况下加盖印章，但对于一些超出印章使用范围的情况，秘书应当及时向单位负责人请示。

2. 审核材料是否齐全

　　秘书在加盖印章时要对材料进行审核，对于一些加盖印章的材料有必要留存一份副本。例如，合同或者协议书副本，重要领导人签批的信件草稿等。

3. 使用登记

　　对于需要印章的单位部门事项均要进行登记，登记内容包括：使用印章年月、内容摘要、批准人、使用印章单位、用印数、监印人、留存材料、归存处所等。

4. 正式印章限定在办公室内使用

通常情况下，正式印章不能被携带到单位以外的地方使用，并且不能在非管理人员监督的情况下使用印章。印章在使用过程中，如果有印刷厂套印有关文件时，单位应当派出人员进行"监印"。

5. 不盖空白凭证

单位印章不能盖在空白凭证上。但对于一些特定情况，例如加盖土地使用证。在这种特殊情况下，应当有单位领导人的特别批准，并且要注明特定用途，最好逐页编号，最后办理登记手续。

3.3.4 印章的撤销

1. 作废旧章

单位发生组织机构名称变更、样式变化或者组织机构撤销等情况都要变更印章，作废旧章。作废的印章不能长时间在原单位留存，应当及时送到上级印章主管部门进行处理。同时，单位要向有业务往来的关联单位发出"变更印章"的通知，通知中应当包括停用的原因、停用的时间以及停用的印模信息等。

2. 代章使用

在新旧印章交接的过程中，可能会出现旧印章已经停用但新印章仍然没有刻出来的情况。这时，单位可以用"代章"临时代替旧章的法律效力。在使用"代章"时应当在落款处注明"代"的字样。"代章"只限用于上级对下级或者是同级之间文件的印章，下级单位无权使用"代章"。

3. 编制清查报告

对于停用的印章，应当进行清点，并编制清查报告。单位领导根据清查报告做出不同情况的处理。有的印章需要上交印章颁发单位切角封存；有的印章需要制作"作废印章卡片"，将印章一同交到档案管理部门进行销毁；

有的印章无须上交便可自行销毁。通常情况下，对于一些具有历史价值的重要印章要做留存保管；对于一些不重要的事务性、临时性印章应当集中销毁，例如"戳记章"；对于领导人的手章应当退还给领导。旧印章销毁必须要有单位负责人的批准，并且销毁过程要指定专人监毁，通常监毁人为印章保管主管人。

印章销毁的过程中要对销毁前的印章均保存印模，以便日后相关文件的核对。

3.4 值班工作安排

安排值班工作是秘书日常管理工作的一部分。秘书值班工作安排过程中不仅要严谨，更要掌握一定的技巧和方法。本节将从值班工作概述、值班工作安排、值班工作记录与值班工作标准管理四个方面详细介绍具体的值班工作要求与技巧。

3.4.1 值班工作概述

在节假日或非工作时间，有的单位会安排工作人员进行值班。单位值班的目的在于及时处理各种突发事件，第一时间掌握现场情况，为领导的决策服务。

1. 值班工作的总体要求

单位值班工作要做到保密性、严谨性、热情性与及时性。

单位值班人员在值班过程中通常会接触到一些机要文件，例如某司长来我单位出访的信息。值班人员对于这些信息应当严格保密，并防止外部人员随意查阅"值班日志"与"值班报告"。

值班人员在值班过程中对于一些资料要善于积累，以备领导随时查阅。对于外部的来电一定要认真听记，对于一些重要的通话最好能够进行电话录音。文字记录要做到严谨性，不得擅自扩大或缩小信息的范围。信息的传达要严谨，避免在无意中泄露单位机密。

值班工作人员在值班过程中难免要接待一些外部单位或者下级系统的人员来访，此时，值班人员的热情就显得很重要。值班人员的热情度直接关系到单位的声誉，也是值班工作质量高低的表现之一。

2. 值班的主要工作内容

值班的主要工作内容在于处理突发事件，上传下达信息及各种业务指导。

值班主要在节假日，因此，值班的意义在于随时处理各种突发事件，为领导的决策提供科学可靠的信息。值班工作要建立定期综合性预测性分析，通过对大量动态信息的分析，为领导做出正确的决策提供可靠的依据。值班总协调管理部门还要与各部门协商制定出工作预案，为值班过程中的突发情况做好应急准备。

值班过程中要接收上级传达的信息，并进行适当规整加工，及时提供给领导。对于下级报告的文件，要针对事件情况的轻重缓急进行及时或暂缓规整上报。

值班工作的效率要借助一定信息技术，高效的信息系统能够将信息快速、准确地传递到目标管理者的手中。为此，值班工作领导小组就要定期对下级单位的信息报送情况进行检查、监督和业务指导，定期发布信息公报到目标下级单位。

除此之外，值班工作还承担着处理各种临时任务的工作事务。例如，发布会议通知，接待来访等临时事务性工作。

3.4.2 值班工作安排

值班工作安排可以分为专职值班与兼职值班两种方式。

1. 专职值班

专职值班分为三人轮班、三人倒班与四人轮班三种方式。

（1）三人轮班

三人轮班的形式适用于昼夜工作量比较平均的单位。需要三人轮班，每人每夜轮班八小时，除此之外还需要一人替班。替班的人主要是在三位值班人公休的时候值班。其余三天替班人员可以自行安排工作。

（2）三人倒班

三人倒班，一人带班采取大小班的形式值班。即带班者上正常班，处理单位事务性工作，值班人员可按24小时大班、8小时小班与休息三种方式轮换。值班人员在小班、大班与休息三种方式中轮换。这种值班方式适合夜间工作比较多的单位。

（3）四人轮班

四人轮班采取的是四人依次换班，每人每次值班八小时的值班方式。

2. 兼职值班

兼职值班主要是在正常办公的时间内，安排单位人员夜间值班。兼职值班分为大轮班、周末值班、法定节假日值班与司机值班四种方式。

（1）大轮班

大轮班指的是每天一人值班，依次轮换。这种值班方式适合事业单位。大轮班通常单位值班主管部门事先将值班表排好，再统一向值班人员通知，值班人员只需要按照值班表中的值班顺序进行值班。

（2）周末值班

周末值班一般一个季度或者半年安排一次。周末值班要适当安排领导和司机值班。

（3）法定节假日值班

法定节假日值班需要安排单位领导、司机以及2～3名工作人员。法定节假日值班要安排好值班表，事先与领导、司机以及工作人员要进行沟通。节假日值班还要安排好交接手续，并将打印的交接手续表发放给值班人员。

（4）司机值班

司机值班分为"等班""坐班"与"代班"三种方式。"等班"即司机不用到单位值班，而是在单位"等候"用车安排。"等班"适合与司机住所与单位距离较近的情况。"坐班"即单位司机住在单位宿舍等待用车安排。"坐班"方式会加大司机的工作量，通常会考虑一定的经济补偿。"代班"通常适用于居住在单位的"兼职司机"，即单位的非司机工作人员拥有驾驶经验，居住在单位集体宿舍，通常可以安排"代班"。"代班"要安排好值班轮流表。

3.4.3 值班工作记录

值班工作应当建立相应的值班工作记录制度。工作值班记录一方面方便日后查阅,另一方面也为向领导汇报工作提供依据。值班工作记录主要包括两项内容:值班日志与接待记录。

1. 值班日志

值班日志基本记录单元为一个工作日或者一个班。值班日志主要记录的是一个单位值班中遇到的各种情况。值班日志的用途在于保存值班期间处理问题的连续性记录,考核值班质量的记录依据,为查询过去事件提供历史资料。

2. 接待记录

接待记录主要记录值班期间单位来访情况。接待记录主要记录值班期间的来访者姓名、来访单位、来访时间、接待人、接待内容、处理意见以及处理结果等信息。如表 3-2 所示。

表 3-2 接待记录表

日期:　年　月　日

1	接待时间	
2	来访单位	
3	接待人	
4	接待内容	
5	处理意见	
6	处理结果	

3.4.4 值班工作标准管理

值班工作涉及值班人员岗位职责、交接班、保密、信息处理以及辅助性工作等方面,均要建立相应的标准工作管理制度。值班制度的建立有利于值班领导的管理,使得各项值班工作都有章可循。

1. 岗位职责

值班岗位职责需要特别强调的一点在于值班人员不得擅离职守。值班工作人员要有敬业职守的职业素养。针对值班人员,不同岗位要制定相应的岗位职责,代班员、正班与副班的职责都要制定明确。

2. 交接班制度

值班交接制度对于值班的连续性有着重要的作用。值班交接时间选择在早上一上班较为合宜。值班交接工作主要由上一班的负责人主持。在交接的过程中上一班的工作人员要将尚未处理完的事项详细地阐明。值班交接的过程最好全体值班人员均在场,有利于所有人了解上一班的情况。

3. 保密制度

值班过程中值班人员会接触和处理一些保密文件。有值班需求的单位应建立严格的值班保密制度。对于在值班过程中的外部来访、接待范围、上传下达的保密文件以及传递方式和途径均要制定详细的保密细则。单位应当指定专人担任保密员,对值班工作中的保密细则以及保密情况进行监督和检查。值班期间不得带领亲属到工作场合接触机密文件,不得泄露单位领导的个人信息,不得擅自拆阅保密文件。

4. 信息处理制度

各个渠道的信息均要建立信息处理程序。对于外部传来的每一条消息均要记录、登记、汇报事项、制定细则。对外发布的刊物,审稿、校对、发布均要建立详细的规定细则。

5. 辅助制度

值班的辅助制度主要指的是值班的"卫生制度""会客制度"以及"考勤制度"。辅助制度的建立在于更好地服务于值班的工作安排。

第4章
文秘接待工作

文秘的日常接待包括信访接待、日常工作接待与宴请接待三个方面的接待。对于不同的接待工作,在接待方式与接待技巧上也存在一定的差异。本章将从这三个方面对文秘的接待工作与接待技巧进行介绍,以期秘书能够了解到不同接待模式下接待的特点、原则、方法与技巧,并能在接待工作中运用得游刃有余。

4.1 信访工作

如何处理好信访工作是秘书日常工作中的难点之一。本节将全面介绍秘书如何做好信访工作，主要内容有：信访工作的概述、如何处理集体信访问题、如何处理重访问题、如何办理群众来信、如何接待群众来访、如何处理信访案件。

4.1.1 信访工作概述

信访工作是党政机关或企事业单位接待来访、来信、来邮件、来电话的一种事务性活动。信访活动的实质在于处理、缓和、调整社会关系与社会矛盾。信访人指的是进行信访活动的当事人。

1. 信访工作具有一定的规律性

（1）信访活动具有季节性。冬天信访高于夏季，临近春节为信访活动的高发时间。

（2）信访活动具有择机性。信访人为了引起有关部门的重视，会选择重大节日或者重要国家活动期间进行信访，体现了信访活动为了达到个人目的的择机性。

（3）信访活动具有盲目性。部分信访群众存在法律意识薄弱、盲目从众的心理。信访群众的这种盲目性在涉及群体利益时表现尤为突出。

2. 信访工作的主要内容

（1）代表党政机关、企事业单位处理本地区、本系统内的各类信访问题。

（2）处理领导或上级部门的信访事项。

（3）向下属传达信访情况或配合有关部门处理信访疑难问题。

（4）制定信访工作制度，加强信访工作制度建设。

（5）加强信访宣传工作，宣传党的各项方针政策，引导群众通过有序依法的渠道反映社会问题及社情民意。

（6）加强信访网络建设。信访工作要更多地借助科技手段掌握信访情况，处理信访问题。

4.1.2 处理集体信访问题

集体上访指的是五名以上的上访者集体到信访办公室反映问题。集体上访的小集体中有领导者，具有组织性。信访工作办公室对于集体人民群众的信访活动一定要冷静处理，认真对待。

1. 对于集体信访行为，信访办公室一定要做好信访登记

对待集体信访行为一定不要轻易许诺，不宜当面答复集体信访者的问题。通常情况下，应让信访群体选出不多于五人的信访代表反映上访的代表性问题。单位机关或企事业单位的信访工作接待人员应当面对信访代表进行接待。信访工作人员的工作重点在于疏导信访尖锐矛盾，对信访人员进行正面的教育。对于脱离工作岗位的信访行为，信访工作人员应当劝其回到工作岗位，等待信访问题的处理结果。

2. 对于集体信访反映的问题应当具体分析

对于合理的信访问题，有利于保障民生，促进生产的信访问题应当全力解决；对于不合理的信访问题，绝不纵容，绝不乱开口子。对于会造成扰乱社会秩序等不良后果的信访问题，应当进行深刻的批评教育；对于挑动闹事的信访问题，可以上报公安机关处理。

3. 针对人为集体信访活动的组织者或领导者做好教育

集体信访活动的组织者或领导者对集体信访活动的影响力较大，因此，做好"带头者"的工作显得尤为重要。对"带头者"做好教育，让"带头者"对集体信访群众产生一定的积极影响。个别极端的信访人员要绝不姑息，坚决查处。

4. 召开集体信访协调会

信访接待工作人员要将集体信访情况及时报告给上级领导。对于重大集

体信访事件，信访部门和有关部门有必要召开集体信访协调会。信访协调会应围绕上访的原因、问题的性质以及解决措施等方面进行科学分析，对于复杂情况还要去实地了解情况。领导要统一认识，处理好集体信访事件。

5. 检查落实情况

落实情况好能大大减少再次上访的次数。信访办公室要对有关领导研究决定的措施落实情况进行监督和检查。对落实情况要有督促和跟进的措施。

4.1.3 如何处理重访问题

由于一些信访问题得不到解决，重复上访就会出现。因此，信访工作者应当掌握一些处理重访老户问题的技巧。

1. 落实领导包案负责制

对于重复上访的老户，信访办公室要指定专人负责，制定专门的工作办法。个别重复上访老户在实行领导包案负责制的同时，有必要成立专门的调查小组，落实解决措施，必要时可以将相关部门聚集在一起研究商讨落实方案。

2. 做好初访工作

信访办公室对于初访工作力争达到"一次清"。信访接待人员对于平时一般性的上访问题要注意总结方法，力争在初次上访时就将矛盾解决。在做初访工作时，要将不太复杂的上访问题及时妥善处理，防止问题拖太久，造成矛盾激化，减少重复上访的次数。

3. 将问题解决在基层

信访问题多数出现在基层，因此，为了减少重复信访，要建立健全基层信访工作网络。信访工作在基层要做到"三不"，即在企事业单位中要不出本单位、不出本系统、不出本地区；在乡村基层单位，小事不出本村，大事不出本乡，疑难问题不出本县。在基层就将信访问题解决，在一定程度上也能够减少重复上访的次数。

4. 归口管理，确保落实

明确信访办公室人员职责，避免各部门扯皮推诿失职现象的发生。涉及本部门的信访事件要第一时间处理，涉及下属部门的信访事件要交办、催办。

5. 提前化解

基层单位对于党的方针、政策、路线要加大宣传力度，将矛盾的苗头提前化解。发生了信访事件要深刻反思和查找产生问题的根源，做好思想政治工作，减少重访问题。

4.1.4 如何办理群众来信

群众来信，情况复杂而特殊，需要掌握好办理群众来信的程序和方法才能提高信访工作的效率。

群众来信可以分为个人来信与集体来信两种形式。处理这两种来信的原则在于"件件有着落，事事有结果"。只有按照正确的办理来信程序对来信进行处理，才能更好地履行"分级负责，归口办理"群众来信信访职责。

1. 办理群众来信程序

（1）信件消毒

由于信件在传递过程中经手人较多，因此，信访人员对群众来信第一步要进行消毒，防止传染性病毒对工作人员造成伤害。

（2）信件拆封与装订

信访工作人员在拆封信件时，首先要核对收信人的单位、地址、姓名是否在受理单位职权管辖的范围之内，避免拆错不属于本单位管辖的来信。

在装订信件时，不能只装订来信的内容页，信封封皮也应一并装订。如果来信需要转办，则需要将转办单放在封皮前一并装订。需要特别注意的是，如果来信出现缺页，务必要备注好。

（3）盖收信戳

在装订完来信后要在来信的右上方加盖收信戳。收信戳由收件单位和收件日期两部分组成。

（4）登记来信信息

登记来信的基本信息主要包括对来信人的基本情况以及反映的问题进行登记。信访工作人员要将基本信息登记在《来信登记表》上，如表 4-1 所示。

表 4-1　来信登记表（编号：　　）

来信人姓名	
来信人单位	
来信人住址	
来信日期	
反映事件性质	
接待人	
反映的主要问题	
处理意见	
处理结果	

（5）处理

信访工作人员对来信的内容要向领导进行综合反映。经过领导批阅后的文档材料及批示文件一律要留档保存。

经过领导批阅的来信，工作人员要记录摘要，并在《来信登记表》中注明，而且要经过原批阅领导审阅后方可向上一级部门上报。对于需要查办的信件，单位要有专人负责，对于查办的经过以及结果均要进行记录，并且查办过程中形成的文字材料一律做存档处理。

（6）转办

转办信件一般指统转、函转与单转三种形式。统转是指将转给同一个单位或部门的信函统一装在一个信封里附上转办单一同转给有关单位。通常统转的来信不需要本单位领导批准，由信访工作人员直接办理。函转指的是发函转给有关部门的来信。函转的信件通常情况下重要性比较高。函转的信件一律要在摘要和登记表上注明转函日期。单转是将单一信件附上相应的转送函直接转给各地区、部门和领导办理。

2. 特殊来信的处理方法

特殊群众来信可以分为匿名信、联名信、涉外信以及特急信四种类型。

（1）匿名信的处理

匿名信通常是指不署名揭发单位、个人或者下级单位违法违纪情况的信件。信访工作人员首先要区分匿名信是如实反映情况还是诬告。对于匿名信不宜进行下传，尽量控制在本级层范围内处理。如果有必要可以转给上级单位进一步处理，通常情况下由本级单位直接处理，或者单位领导批示后转给相关单位处理。对于严重歪曲事实的情况可以交由司法机关处理。

（2）联名信的处理

联名信通常是由三名以上人员集体向本单位反映有关重大的生活生产问题。处理联名信要务必第一时间处理，因为联名信反映者通常言辞激烈，希望有关部门尽快给出答复。一旦时间上有拖延，往往会酿成后续的集体群众上访事件。

（3）涉外信件的处理

涉外来信指的是海外华人或外籍人士的来信。涉外信件，本单位要做好摘要，经领导批阅后处理。对于不需要本单位领导批阅的可直接转给外事部门进行处理。

（4）特急信件的处理

特急上访信件指的是有集体示威、集体破坏或者制造事端的信件。对于这类信件，应第一时间交给领导批阅，必要时可以告知公安部门配合工作。

4.1.5 如何接待群众来访

信访接待工作要本着"文明接待"的原则开展。接待群众来访要遵循一定的工作程序，避免由于不按程序开展造成信息的疏漏。

接待群众来访的工作程序主要包括：登记、接待、处理、编写情况反映、立案、查办与回访。

1. 登记

对于来访的群众，信访工作人员要对来访群众的姓名、职业、年龄、住址、来访内容、处理情况等信息进行登记。对于来访群众的情况处理可分为两类：第一类为本级单位能够直接处理的来访，第二类是本级单位不能处理，需要"分级负责，归口管理"的来访。通常情况下，属于哪一级的案件应有哪一级来负责，对于类似技术口、业务口的问题应当进行归口处理。

2. 接待

对于群众来访接待要奉行"一听、二问、三记、四分析"的工作方法。

（1）"一听"要求接待者对来访群众的诉求耐心听，抓住问题的重点，对谈话烦冗的来访者进行适当引导。

（2）"二问"要求接待者对来访群众反映的问题要搞明白，既要对本次来访的目的清楚，又要对过去来访的情况及处理结果有所了解。

（3）"三记"要求接待人员将来访人员反映的情况用笔记录下来，以便为后期做决断提供可靠的文字材料证据。

（4）"四分析"要求接待人员对来访群众所反映的问题做出认真分析，并进行合理判断。

3. 处理

接待人员对于来访问题的处理可分为归口办理、当面答复和转函处理三种情况。

来访群众所反映的问题属于哪个部门的问题就应当归哪个部门处理。"归口处理"有利于进一步明确信访工作各个部门的职责和权利范围。

对于重复来访，之前上级部门已经做出批示或是之前处理的方法是正确的，来访人没能提供新的证据对处理结果进行反驳，信访工作人员应当对来访者当面进行答复，并对来访者加强思想教育工作。

对于不属于本级所管辖范围内的来访事件，接待人员可以通过电话或者开具"介绍信"的方法将其介绍到有关单位配合处理。介绍信格式如表4-2所示。

表4-2　来访介绍信

编号：

×××介绍信
××访字　号
（转办至机关）
×××单位××××年××月××日来我单位反映
现介绍你处，请接洽处理。
落款（开具介绍信单位）
××××年××月××日

4. 编写情况反映

对于群众来访，接待人员要对来访情况编写"情况反映"。"情况反映"的形式可以是"信访摘报""来访反映"或"接谈报告"。经过领导审核批准后，可以按照"来信摘要"程序安排下一步的工作。

5. 立案

对于有价值的来访事件，应为其专门立案，书面交由下级机关进行调查并及时跟进处理进展。

6. 查办

查办要求调查机关指定专人对来访者所在地区所反映问题的实际情况调查处理。

7. 回访

回访要求信访工作人员对来访者所反映的情况进行实地调查，走访相关单位，对来访人所表述的情况进行针对性的访问，为进一步处理好来访问题的调查研究做好准备。

4.1.6 如何处理信访案件

对于群众来访中比较重大的问题，信访工作人员需要经过领导批示后对信访事件进行立案，进一步调查办理信访案件。

1. 信访案件的范围

不是所有的信访事件都可以被视为信访案件。通常情况下，信访案件是指比较重要的信访事件，例如：领导批示交办的案件，基层常年积压脱滞不予解决的案件，揭发干部违纪的案件，集体上访案件，对既有处分不服的案件，涉及知名人士或重要人物的案件等。对于这些案件，均要进行专门的立案调查。

2. 处理信访案件的工作程序

处理信访案件的工作程序包括四个步骤：立案、命名、交办、办案。

立案是指对于上级领导批示交办的案件，要按照交办函或者批示给予立案。对于本级案件，需要经过本级领导批准，经由受理人立案。

命名是要求信访工作人员对来信来访案件进行命名。通常情况下，命名以来访人的姓名、单位进行命名；对于匿名信则要按照反映的内容进行命名。

交办是指对于应由下级单位或其他单位进行查办的案件需要以正式函件下达的方式交给下级单位或其他单位办理。交办案件需要注明函号以及主要追查问题，并附上原件和申诉材料。

办案讲究工作方法的多样性与灵活性。例如，有的案件需要委派专人到当地实际调查，有的案件需要联合多个部门进行协商研究，有的案件需要当地协助细致研究，等等。

3. 处理信访案件的基本要求

处理信访案件有三个基本要求：认真准备材料、细致调查研究、书写结案报告。

办案人员对于已经立案查办的信访案件一定要对申诉人的基本材料认真阅读，认真分析所反映的问题实质，并进一步学习文件材料、掌握相关的政策，为确定调查的重点打下材料基础。

细致调查研究要求信访工作人员对于信访事件不要仅仅停留在表面的了解，还要对事件的全部经过做细致深入的调查研究。

对于经过调查研究后的信访案，信访工作人员要书写《信访结案报告》。报告要求事实清楚、理由充分、结论准确。《信访结案报告》应尽快交给上级机关或者交办单位，如不能按期结案的信访案件，需要及时上报查处进度。

4.2 日常工作接待

秘书日常工作中经常会出现来访者，接待工作是秘书日常工作的一部分。做好日常接待工作是秘书职业能力与素养水平的体现。本节将从秘书日常接待五原则、日常接待准备、领导不在的情况下如何接待、如何接待投诉者、接待重要宾客准备工作以及接待如何外出陪车六个方面对秘书日常工作接待进行全面的介绍。

4.2.1 日常接待五原则

秘书在日常工作中免不了要对各种来访的客人进行接待。秘书日常接待要奉行五原则：热情友好、细致周到、节约节省、保障安全、重复确认。

1. 热情友好

秘书在接待客人时通常要按照先来后到的顺序进行接待。秘书无论对于什么样的客人都要和颜悦色，做到礼貌和公平对待。秘书对待客人要热情友好，切不可皱眉头，使客人能够感觉如沐春风，受到尊重。

2. 细致周到

秘书在接待客人时要做到细致周到，处处为客人着想，尽可能地为客人提供方便。接待中要养成细致周到的工作作风，从细节见真诚，以周到的接待服务确保接待任务的圆满完成。

3. 节约节俭

由于接待活动的特殊性，接待必然伴随着接待支出的产生。无论是对内、对外接待，还是对上、对下接待，都要秉持节约节俭的原则，避免铺张浪费，树立节俭的文明接待新风。

4. 保障安全

接待工作要确保安全第一。接待安全涉及接待的饮食安全、人身安全、交通安全以及住宿安全等方方面面。秘书对于接待过程中的安全问题不容疏忽，发现隐患应及时通知安保部门，将隐患消除在萌芽状态。

5. 重复确认

当客人陈述一些重要事项时，秘书为了避免出错要与客人对有关问题进行重复确认。除此之外，对于客人的姓名模糊不清的也要再次确认。秘书要记住客人的外貌并且在接待过程中搞清其与本公司的关系。

除了以上五个基本原则外，秘书在接待过程中对于有预约和无预约的客人也要区别对待。对于有预约的客人，要快速向领导传达接见请求，避免耽误对方时间；对于没有预约的客人，秘书应当不允许其接见相关领导。

秘书在接待客人的过程中态度要郑重，说话要留有余地。对于想要探听上司是否在办公室以及上司日程安排的无预约客人，秘书要避免直接回答这些问题，而应当多询问对方的一些基本情况，便于事后向上司汇报。

4.2.2 日常接待准备

秘书对重要人物的来访要做一定的准备，主要包括五个方面的准备：环境准备、物质准备、信息准备、方案准备与人员准备。

1. 环境准备

接待的环境准备包括硬环境准备与软环境准备两个方面。硬环境准备指的是会客室以及过道走廊等外部客观环境的准备。软环境准备指的是企业文化以及礼仪接待方面的准备。

硬环境准备工作重点在于关注接待室、会议室以及办公室的环境准备。接待室一定要选择宽敞明亮的房间，避免狭小的空间使客人产生压抑和拘束的感觉。接待区域要讲究布局合理，接待室、会议室与办公室距离不要太远，方便客人走动。领导办公室最好设置出一定的接待区，摆放茶几、沙发等家具，方便领导与客人会谈。接待区要整洁美观，可以摆放一些绿植，创造自然和谐的会谈氛围。接待区要保持空气清新，要形成一定的"微气候"，温度与湿度都要达到最佳的适宜度。接待区的光线应以自然光线为主，人工光线为辅。太亮容易刺伤眼睛，太暗容易使人产生压抑感。对于有可能接收到对面高大建筑物反射光的情况，要安装纱窗。

软环境准备主要指在企业文化给客人留下的印象方面做的准备。软环境准备可以是企业良好的工作秩序、融洽的员工关系等。体现企业文化最直观的方法是悬挂体现企业精神的标语或者是企业的社会责任等愿景。礼仪接待素养也是体现企业软环境实力的重要方面。对于大型的接待活动可以事先对志愿者进行接待培训，以便更有针对性地做好接待服务。

2. 物质准备

物质准备主要包括一般物品的准备与特殊用品的准备两个方面。一般物品的准备包括会客家具、茶水饮料以及文具用品的准备。特殊用品的准备包括用车准备、接待标志、接待设备以及接待礼品的准备。用车准备要根据来客人数的多少确定用大型客车还是小型轿车。接待标志即欢迎标语与指示牌，同时，接待人员要统一着装。接待设备包括扩音器、投影仪以及录像机等设备。接待礼品一定要突出低值小额，具有企业文化特点。

3. 信息准备

秘书应当对来访者的基本信息有所了解，包括来访者的基本信息，来访的目的、性质，以往来访的情况，具体抵达的时间以及乘坐的交通工具。

秘书可以通过一定的途径对来访者的信息进行收集，例如：报名回执、以往接待的档案、有关部门提供的信息等。

秘书除了要准备以上信息外，还要对双方会谈中可能用到的文件做好材料准备。例如，专业技术性材料、以往合作协议成果材料以及企业宣传性材料等。

4. 方案准备

秘书接待的方案准备包括：接待方针、接待规格、接待日程、接待经费预算等。

秘书在接待不同团体或个人时要有一个总体的指导思想，即指导方针。秘书对于来访客人的身体做好接待规格的安排，即选择高规格接待、对等规格接待还是低规格接待。秘书在制定接待日程时要事先与来访客人沟通，在充分尊重对方意见的基础上做出合理安排。秘书在制定经费预算时要对接待经费的来源与各项接待经费的支出明细做好记录。

5. 人员准备

接待人员准备包括翻译人员、导游人员、礼仪人员以及专业技术人员的陪同。在进行人员准备时要注意，人员的规模要适当，专业要对口，政治立场要坚定。

4.2.3　领导不在的情况下如何接待

领导平日事务比较繁忙，免不了因为某些特殊情况无法按时接待访客。当遇到领导不在而有客人来访时，秘书要遵循的原则为"一切按照领导留下的指示办"。

如果是领导临时出门，时间不是很长，秘书可以先向客人说明具体情况，请求客人的谅解，并征求客人的意见："请您稍等一会儿，好吗？"此时，秘书应当引导客人在沙发上就座，并适时上一些茶或者饮料。

如果领导很久没有回来，秘书可以继续征求客人的意见，了解客人此次来访的目的，并适当推荐相关部门的业务人员先与其商谈。秘书可以这样征求客人的意见："销售部的张经理此时正好有空，您先跟张经理谈谈，您看如何？"这样一方面既可以节省客人等待领导的时间，另一方面可以为接下来的洽谈做好铺垫。

总之，秘书对待客人，无论是让客人在会客厅继续等待还是让相关部门人员接见都要按照领导临走时的安排行事。

4.2.4　如何接待投诉者

秘书在日常接待中不可避免地会接待投诉者。投诉者态度一般不会友好，他们可能是因为对产品或服务不满意或者是对公司销售部门不满意，要求接见公司领导。这种情况下，通常先由秘书出面进行接待，再进行后续处理。

秘书在遇到投诉者时要有接待策略。此时，秘书要沉着冷静，大方接待，切不可简单粗暴地以经理不在为由拒绝，这样只会让投诉者更加纠缠不休。秘书对于这些不速之客应当保持热情和周到，减少客人的不悦之感，并且解决得越快越好。

对于投诉的客人，秘书不可以推脱给其他部门，必要时请求上司直接出面。对于无理取闹的投诉者要及时报告给上司，并采取一定的积极措施。

秘书对待上门投诉的客人要做到以下三点。

1. 创造良好的接待环境

对于投诉的客人,要为其提供一个宽松整洁的环境,尽量避开嘈杂的环境,给对方心情一个缓和的空间。

2. 满足客人的情感需求

由于上门投诉的客人多半是心中积累了一定的怨气,因此,秘书应当在情感方面尽量满足他们被尊重、被同情、被理解的需求。这时,可以给投诉者沏杯茶,缓缓对方心中的愤懑之情。秘书应当培养一定的洞察力,满足投诉者最迫切的情感需求。

3. 满足客人的专业需求

投诉者投诉的原因多半是对于公司产品和服务的不满,因此,秘书应当不断提高自己对于公司产品和服务方面的专业知识,向投诉者讲解更多的专业知识,提供合理的解决方案,满足投诉者对于产品或服务方面的专业需求。

4.2.5 接待重要宾客准备工作

重要宾客的来访,要从接待的准备事项与接见环节两个方面认真准备。

1. 接待的准备事项

(1)确定接待规格

秘书在安排接站事宜时要考虑到客人的身份,依据客人身份的高低确定接待的规格。通常,接客与送客相比,出门接待人的身份和规格都要比送客高一些。单位领导可以亲自接站,也可以安排下属迎接,自己在办公室或者宾馆处迎接。

(2)布置迎接仪式

对于一些影响力较大的活动或者会议展览等应当布置一定规模的迎接仪式,对于一些经常性的访问活动则没有必要安排迎接仪式。

(3)准备迎接物品

对于迎接重要领导或者客人,应当准备鲜花。除此之外,秘书还要准备接待用车、接待欢迎语以及对讲机等设备。秘书准备接待语一定要字体醒目并能体现对客人的重视与尊重。

（4）掌握到访时间

秘书要对客人到访以及离开的时间掌握清楚，并随时留意客人的行程安排有无变化。对于抵达稍晚的客人，秘书要通知接站人员给予特别留意。

（5）安排接站人员

秘书要将客人到达本地的时间、地点以及联络方式准确无误地告知所有接站人员，以便接站人员能够准时准点地完成接站任务。

2. 接见宾客环节

接见宾客环节包括介绍、握手、献花、送客四个环节。

（1）介绍

接站人员在客人抵达接站地点时，要热情地向客人打招呼并做自我介绍。如果是领导亲自接站，并且双方从未谋面，此时，需要秘书充当中间人分别介绍对方。秘书对于客人的基本信息，例如姓名、职务、头衔等都要记得准确清楚，这就要求秘书在迎接前掌握对方的相关信息。秘书在介绍时还要注意介绍的顺序，应当由高到低，先介绍对方人员中身份最高者，以此类推。

（2）握手

握手是国内外迎客的基本礼节。握手时一定要热情主动，显示出对客人的诚意与欢迎。

（3）献花

秘书在安排献花时要注意花系、花语与献花人的选择。红色或者紫色系的鲜花多作为迎客鲜花的首选。秘书在选择迎客鲜花时要选择代表"祥和、友谊、欢迎"花语的鲜花。例如，百合、满天星与康乃馨的捧花都可作为迎客鲜花。

献花时秘书应当安排一男一女的儿童或者女青年献花。少先队员在献花时应先行向客人敬礼，表示尊重。如果客人是以夫妇的形式来访，则男童应向女客人献花，女童向男客人献花。领导人亲自献花代表了最诚挚的欢迎。

（4）送客

秘书在送客时应当挥手送别，并且只有在对方看不到时方可离去，以表示对客人的留念之情。

4.2.6 接待如何外出陪车

秘书接待外出陪车有一定的讲究。秘书在外出陪车时要注意小轿车内座次的安排。小轿车座次要遵循"前下后上，主左客右"的顺序。

1. 接待来宾小轿车的座次

如果接待来宾的是小轿车，则小轿车的后排为上座，通常安排主人和客人就座。两排小轿车左边的座位坐主人，右边为客人座位。如果是三排的轿车，则最后一排为上座，一般安排主人和客人，中间一排通常安排秘书或者翻译。无论两排还是三排的小轿车，接待人员一般都应当坐在司机旁边。

2. 陪车礼仪

秘书在陪车过程中，接待来客上车，应当请客人从车门右侧上车，自己从左侧上车，避免从客人面前穿过上车。如果客人从左侧上车，则秘书应当灵活安排，自己从右侧上车。如果客人随行带了很多行李，秘书应当协助客人将行李放在后备箱中。

当客人上车后，随行秘书应当向客人主动介绍行程安排、当地的风土人情等。当达到预定地点后，秘书应当先行下车，打开客人一侧车门，并且要用手挡住车门框，在客人下车后还应当主动帮助客人从后备箱中取出行李箱并拎到客人方便放的地方。

当客人结束行程离开公司时，秘书应当主动送客。秘书在送客时应当挥手告别，并且当客人消失于你的视线后方可离开。

4.3 宴请接待

宴请接待有很多学问，一名优秀的秘书一定是具有较高宴请接待经验的"高手"。本节将从宴请邀请、宴请餐厅选择、如何点菜、西餐宴请礼仪、宴请敬酒分寸五个方面对宴请接待中的经验和技巧进行介绍。

4.3.1 宴请邀请

宴请邀请形式有四种，分别是：电话邀请、邮件邀请、请柬邀请与登门邀请。会议邀请以邮件邀请和请柬邀请为主。商务邀请可以采用电话邀请和登门邀请的形式。会议邀请和商务邀请也不仅仅局限于这些固定形式。

1. 电话邀请

电话邀请适用于短时间内的邀请，优点在于快速、便捷。

秘书在用电话进行宴请邀请时要向对方突出此次宴请的目的和作用，例如：能够扩大客人的商业圈，能够结识更多的商业客户。秘书电话宴请要强调对客人有利的一面，这样可以增强客人赴宴的可能性。

秘书在进行电话邀请时，要将宴请的时间、地点、目的以及其他来宾赴宴的情况向邀请人说清楚，以便受邀者更好地了解宴请的具体情况。

2. 邮件邀请

邮件邀请是宴请邀请中最为常见的一种邀请形式。邮件邀请通常情况下是向邀请对象发出邀请函，并要求受邀方持邀请函赴宴。很多商业协会举办的宴请中采用这种形式。邮件邀请的方式优点在于简单、快捷、环保。

邮件邀请函的内容在措辞上有一定的讲究，既要表现出邀请的诚意，又要避免给受邀者带来参会的压力。包含邀请函的邮件中要向受邀者说明无论是否参宴都要对邮件进行回复，以降低受邀者由于准备不足带来的损失。

秘书在向受邀者发出"邮件邀请"时应当在邮件发出前给受邀者打一个电话，告知对方发送邀请函一事，在"邮件邀请"发出后要及时与受邀者确认邮件是否收到。秘书在打电话过程中应当礼貌客气，尽量传达一些与受邀者切身利益相关的宴请信息，这样能够增大受邀者参宴的概率。

3. 请柬邀请

请柬邀请属于一种比较正式的宴席邀请形式。请柬邀请的优点在于能够显示出宴席主办方对此次宴席以及宾客的重视程度。受邀者要持"请柬"参加宴请。

请柬的设计应当突出"简单大方"的特点，在请柬中要对宴请的时间、地点、主办方名称、宴请的具体安排等事项进行简要说明。一般小型宴请可以采用手写的请柬，对于较为正式的宴请在请柬中要注明服装要求。

请柬的发出时间视宴请的重要程度进行安排，通常情况下，一般宴请以宴请前两周发出为宜。中文请柬要在后面附上回单。英文请柬后面要注明"请赐回音"的字样。

4. 登门邀请

登门邀请这种形式适用于宴请主办方与受邀方有一定交情，通常由公司的业务员专程为受邀者上门发出邀请，同时赠送一些邀请小礼物，使得受邀者感觉到重视，增加参宴的概率。

4.3.2 宴请餐厅选择

商务宴请很多时候并不在意"吃什么"，而是在意"在哪里吃"。秘书在商务宴请时要选择与宾主身份档次相符的餐厅。秘书在选择餐厅时要避免由于餐厅档次太低、就餐环境不佳带给宾主不良的印象，影响公司的商务合作。

秘书在选择餐厅时要根据宴会类型、宾主性别以及宾主的熟悉程度加以区分。

1. 根据宴会类型进行选择

较为正式的商务宴请应突出隆重性。秘书应该选择正式的大型宴会场所或者宾客下榻的酒店进行宴请。

小型正式的商务宴请，秘书应当选择有休息厅的宴会场所。休息厅可供宴请主办方领导与前面到达的宾客在就餐之前进行简单的商务交谈，待所有宾客都到达之后，方可一同进入宴会厅。

2. 根据宾主性别进行选择

秘书应当根据宾主的性别对宴会场所进行选择。男性宾主要选择能够突出菜肴"量大"，富含脂肪类菜品的餐厅。女性宾主应当选择注重"质"的餐厅，突出菜品的"少而精"，并要注重菜品的清淡性。

3. 根据宾主的熟悉程度进行选择

秘书对于比较熟悉的宾主应当选择口碑好、不太熟悉的餐厅，重点要突出餐厅的新鲜感。对于不太熟悉的宾主秘书则应当选择比较熟悉的、环境佳的餐厅，突出菜品以及服务的质量，给宾主留下最佳的就餐舒适感。

秘书除了根据以上类别对餐厅进行选择外，还可根据宾主的个人习惯进行选择。例如，宾主是喜欢清静的人，秘书则可以选择农家院；宾主比较倾向于视觉享受，秘书则应选择花园式餐厅；如果是私密性的商务宴请，则应选择私密性较好的高级酒店。

4.3.3 如何点菜

秘书在进行商务宴请时如何安排宴请菜单体现了秘书的宴请职业经验与职业素养。秘书在点菜时要遵循的基本技巧是：看人点菜。

1. 宴请菜肴

单位在宴请时秘书应当优先考虑三种菜肴，分别是当地特色菜、餐馆的特色菜以及针对外宾的经典中餐菜肴。

（1）当地特色菜

公司商务宴请，有时候会有外地来宾。秘书在遇到有外地来宾的情况，点菜时一定要选择能够代表本地特色的菜品。例如，湖南的毛家红烧肉、北京的烤鸭、西安的羊肉泡馍、四川的火锅等。

（2）餐馆的特色菜

对于比较重要的来宾，秘书应当安排在当地的知名餐厅就宴。秘书要对本地知名餐厅的特色菜了如指掌。点几个餐厅的特色菜是对来宾的尊重，也体现了秘书的细心周到。

（3）经典中餐菜肴

对于有外宾参加的商务宴请，秘书应当点一些具有中国特色的菜肴。例如：宫保鸡丁、煮元宵、狮子头、蒸饺子、炸春卷等。虽然这些菜很大众，但对外宾来说是比较具有中国特色的经典菜品。

2. 点菜禁忌

秘书在点菜时还要注意一些点菜禁忌，主要包括：宗教禁忌、职业禁忌、地方禁忌以及个人禁忌等。

（1）宗教禁忌

穆斯林不能吃猪肉，不喝烈酒。秘书在点菜时应避开这些禁忌。国内的佛教徒不仅仅是不吃荤，凡是带有刺激性气味的食物也不吃，例如：葱、韭菜和蒜等，这是秘书点菜前了解的禁忌。

（2）职业禁忌

司机不能喝酒，国内公务员不能大吃大喝，这些都是秘书在点菜时要注意的职业禁忌。

（3）地方禁忌

不同地区的人在饮食方面也有一定的禁忌。例如，邀请西方人用餐时应当避免点动物内脏、动物的头和爪。西方人也不吃狗肉与马肉。

（4）个人禁忌

高血压患者不宜食用过于油腻的食品，糖尿病患者不宜上果盘等，这些都是秘书在点菜时应当注意的个人禁忌。

总之，秘书在点菜时要尊重客人的饮食习惯、民族习惯以及宗教信仰等，要做到"看人点菜，服务到位"。

4.3.4 西餐宴请礼仪

作为秘书，国际交往中的西餐礼仪知识不可不知。西餐宴请礼仪包括赴宴礼仪、餐具礼仪、酒品礼仪和用餐礼仪四个方面。

1. 赴宴礼仪

在赴宴时要根据请柬的具体要求穿着礼服或者便装出席。如果西餐宴请前有布置鸡尾酒，则一般情况下正餐开始的时间定在请柬预定时间后一个小时。如果秘书没有安排鸡尾酒，则正餐时间是在请柬规定时间后20分钟。秘书留出20分钟的空余时间目的在于给晚来的宾客喘息之机。

2. 餐具礼仪

西餐餐具包括刀、叉、盘。西餐用餐时要"右手刀、左手叉"。食物要用刀切成小块后再进食。如果有事需要暂时离开座位，可将刀叉摆成八字或者交叉置于盘内，并且刀口应摆向内侧。如果某道菜用完则应将刀叉平放在盘子内表示此道菜已用完。

3. 酒品礼仪

西餐在酒品和酒具方面比中餐讲究得多。不仅不同的菜品需要配不同的酒，并且不同的酒还需配不同的酒杯。例如，冷盘菜需饮烈性酒用烈性酒杯，喝汤时需饮雪莉酒用雪莉酒杯，吃海鲜时需饮冰镇白葡萄酒用白葡萄酒杯，上主菜时需饮香槟酒用香槟酒杯，上副菜时需饮红葡萄酒用红葡萄酒杯，上甜点时需饮波特酒用葡萄酒杯，喝咖啡时配白兰地酒用白兰地酒杯。

4. 用餐礼仪

西餐用餐前女士要将餐巾放置在膝上，男士则要塞在领口处。取食餐品时要用公筷和公勺。吃剩的骨渣应放置在餐盘的右上角，避免餐盘中有剩菜。宴席结束后，主人起身宣布散席，宾客方可离开。离席时男宾要主动帮助女宾拉凳子。等待女主人出门送客，宾客方可离开，切不可不辞而别。

4.3.5 宴请敬酒分寸

秘书在商务宴请中不可不知一些敬酒知识。商务宴请中的敬酒礼仪包括开酒礼仪、斟酒礼仪、酒量礼仪、酒序礼仪。

1. 开酒礼仪

秘书在商务宴请中应当选择本宴会中最好的酒作为款待用酒。商务宴请中，秘书应当在客人面前当场启酒，以表示对客人的热情款待。

2. 斟酒礼仪

秘书在斟酒时要确保客人的杯子放置在桌面上，一手倒酒，一手扶住酒杯。

秘书在倒酒的过程中不应使倒酒的酒杯碰到客人的杯口。秘书在倒啤酒时要双手握住啤酒瓶给客人斟酒，避免杯中泡沫溢出。

3. 酒量礼仪

秘书在倒酒时对酒量的把握要根据宴请的种类进行区分。中餐通常情况下斟酒以八分满为宜。

西餐斟酒酒量要根据酒的品种进行区分。白兰地应斟到杯子的一半；香槟酒应斟到酒杯的 1/3，待泡沫褪去再继续斟到杯子的 7/10；鸡尾酒应斟到杯子的 1/3；白葡萄酒应为七分满；红葡萄酒应为八分满；啤酒酒水和泡沫的比例应为 8∶2。

4. 酒序礼仪

秘书在宴请中敬酒要讲究一定的顺序。通常情况下秘书应从地位高的人先敬起。此外，如果有远道而来的客人或者是年长的客人，秘书要先敬这些客人。由于东西方文化的差异，在中餐中秘书应当先敬男主宾后敬女主宾，在西餐中则要相反。

秘书在商务宴请中除了要遵守这些基本的敬酒礼仪外，还应当避免对不喝酒的客人问其原因，造成对他人隐私的不尊重。在西餐中，宴请干杯只能是香槟酒，而且不能隔人干杯。

| 第5章 |

办公室环境布置与管理

办公室是秘书日常办公的场所,做好办公室环境管理,不仅能够提高工作效率同时也能保持愉悦的心情,有利于员工的身心健康。本章将从办公室环境布置与办公室环境管理两个方面对办公室环境管理进行介绍。秘书掌握了办公室环境布置与管理的技巧,一定能够将办公室布置得既科学又美观。

5.1 办公室环境布置

办公室环境布置有一定的讲究,是一门环境艺术科学。本节将从办公室如何布局、如何选择办公室颜色、如何减少办公室的噪音污染、如何摆放办公室物品、如何对办公室进行环境安全管理、如何布置办公室装饰画、如何摆放办公室桌椅七个方面对办公室环境布置进行介绍。

5.1.1 办公室如何布局

办公室布局的目的在于提高办公室职员的工作效率。办公室布局需要考虑到办公室的总面积、办公室的总人数、企业的性质以及各部门之间的工作联系这些因素。

办公室布局主要分为两种:开放式布局与封闭式布局。

1. 开放式布局

开放式布局又称为"灵活式布局"。开放式布局又可分为全开放式布局和半开放式布局两类。

全开放式布局是指整个办公区域无任何挡板,站在办公室内任何地方都能将办公区域一览无余。

半开放式布局指的是办公区域被齐胸高的挡板隔开,在各自工位上将不能看到其他工位的情况,但起身能够看到其他工位的办公位置。

开放式办公室布局中员工的位置可以随意变化,这取决于个人的工作任务,单位工作运转流程与工作信息流程决定了工位。

开放式办公室布局的优点在于:

(1)有利于上司对下属工作的监督与布置,减少了同事之间的心理距离,便于员工之间的沟通。

(2)布置成本较低,为后续的布置留下余地,减少了公共照明资源成本。

(3)办公室的空间得到充分利用,有利于后续容纳更多的人员。

(4) 有利于办公室设备的共享与集中。

开放式办公室布局的缺点在于:

(1) 员工容易感觉受人监控,难以集中精力工作。

(2) 管理层缺乏单独办公空间,权力感大大下降。

(3) 保密性差,不合适公司法务部门等保密部门的工作要求。

(4) 公共区域易产生噪音污染,影响办公人员集中注意力。

2. 封闭式布局

封闭式办公室布局指的是借助墙壁将办公区域分割成独立的房间。

封闭式办公室布局的优点在于:

(1) 提高了办公室工作的保密性,减少了噪音干扰,有利于单独办公。

(2) 有利于员工集中精力,适合专业性强、分工细致的工作。

封闭式办公室布局的缺点在于:

(1) 成本较高,对于各项办公室用品布置也有较高的要求。

(2) 费用较大,不利于加强员工之间的沟通。

总之,办公区域的布局要对本单位的组织规模、部门人数等因素进行综合考量。通常情况下,与公众接触频繁的部门办公室布局设计应以开放式布局设计为主。关联程度较高的部门办公室应当尽量安排得距离不要太远,以便于员工之间的沟通与联系。

📁 5.1.2 办公室颜色布置

公司秘书对办公室颜色布置知识要有所了解。办公室颜色布置得好能够提高办公室人员的工作效率,令人心情舒畅。

研究证明办公室颜色与人的心情有着密切的关系。红色的办公室布置能够让员工激动,而蓝色的办公室颜色布置则有利于员工心情的平静。

秘书在打点办公室颜色时可以遵循以下五点技巧。

1. 高大办公室宜选用深色,低矮办公室宜选用浅色

旧式办公大楼楼层空间较高,容易给人空旷和冷清之感,因此,秘书在

布置楼层较高的旧式办公室颜色时宜选用深色漆刷墙面，给人收缩的感觉。秘书可以将墙面刷成深棕色，同时在地面布置一些深棕色的摆设，避免给人头重脚轻的感觉。

新式办公楼应当选用浅色系布置。浅色能够给人扩张感。墙面选用浅绿或浅蓝色为宜。秘书应尽量避免选择米色作为办公室墙面颜色。米色时间过久容易让人产生陈旧之感，同时，米色还容易让人产生昏昏欲睡之感。

2. 日照少的办公室应多选用暖色

日照较少的办公室应多选用暖色，例如红色，能够带给人温暖的感觉。不宜选用反光能力强的颜色，会使人产生视觉疲劳，降低工作效率。

3. 根据工作性质进行颜色选择

不同办公室的颜色选择需要根据部门工作的性质进行抉择。例如，科研院所、研发机构需要思维严谨的环境，可以选择清淡的颜色。对于销售部门、广告公司等需要创意灵感的办公环境，应多选择鲜亮和跳跃的颜色。

4. 会议室颜色布局有讲究

会议室颜色布局总体上要与办公室颜色布局大体一致。唯一不同的地方在于会议室的桌椅要与公司中层领导的桌椅颜色一致。员工在会议室参加会议时能够通过桌椅的颜色感受到自己的身份认同，同时，领导也能够以平等的姿态听取参会者的意见和建议。

5. 以颜色区分地位与身份

办公室中可以用不同的颜色将员工进行等级区分。普通职员的办公桌为浅灰色，那么椅子最好选用暗红色，有利于领导辨别不在工位上的员工。中层管理人员的办公桌为木纹棕色，椅子最好选蓝灰色。经理等高层管理者的座椅宜选择黑色，这样能够显示出领导的权威地位。

办公室色彩的搭配是否合理关系到办公室人员工作是否高效，是每一名秘书应当具备的一门颜色搭配学问。

5.1.3 如何减少办公室的噪音污染

研究表明,办公室的噪音污染会增加办公室内人员的工作压力。通常情况下,办公室内的声音最佳控制在 40 分贝左右,不要超过 50 分贝,否则会对员工的工作状态产生影响。40 分贝左右的声音相当于人们之间正常的交谈声音。

秘书在对办公室声源管理时可以采取一些措施减少办公室的噪音污染,具体包括以下八个方面。

(1)办公室中员工手机铃声应调至中或小,应当将手机转换为震动模式。

(2)在办公室地板上或者个人桌面上放置一些小盆栽,起到吸音的效果。

(3)在噪音较多的环境中,办公室可以安装地毯、隔音玻璃、百叶窗、隔板等可以有效吸收或隔离噪音的设施。

(4)将产生噪音的办公设备集中在一起放置,并且在这些设备的下方放置地毯或橡胶,以便更好地吸收噪音。

(5)减少办公室打电话的频率,增加网络通信的利用率。

(6)同事商议工作尽量降低音量,不在办公室喧哗聊天,如有必要,可以在会议室沟通。

(7)将需要经常打电话的员工集中到一起办公,建立独立的办公空间,减少对其他部门的干扰。

(8)秘书可以购买白噪音机,放置在办公室入口处或者上司办公桌旁,能够起到很好的消音效果。

除此之外,如果有必要,秘书可以在产生噪音的部门协调签署"放噪音协议",并且要保证从自己做起,减少办公室噪音,打造安静舒适的办公环境。

5.1.4 如何摆放办公室物品

办公室物品的摆放有一定的讲究。一个好的秘书要懂得"以小见大,见微知著"。办公室图书、公告栏和垃圾桶等的摆放有约定俗成的规则。

1. 书桌靠窗摆放

办公室内书桌应当靠窗摆放,一方面可以有效地利用自然光采光,另一方面有利于办公人员开阔视野。

2. 垃圾桶靠近书桌

垃圾桶摆放尽量靠近书桌,方便办公人员扔垃圾。垃圾桶要使用不带盖的,避免使用一次踩一次脚踏。垃圾桶的位置尽量让使用人不离开座位能丢进垃圾。

3. 办公用品文具放在随手可拿的地方

签字笔、尺子等最好放在笔筒中,一方面方便办公人员取用,另一方面也增加了桌面的美观度。办公室电话旁最好放置一些"便签纸",以方便对电话内容进行记录。

4. 公告栏布置在过道中

办公室需要传达的信息要张贴在过道的公告栏中。过道是公司人员都会经过的地方,秘书将公司最新的通知与公告张贴在公告栏中,有利于向公司员工进行信息的传达。如果是办公室内部的通知,则应放置在上司的办公桌旁。

5. 台灯应放置在顺手的反方向

如果领导需要经常加班,秘书应为领导配置一盏台灯。台灯放置的位置应在领导惯用手的反方向。如果领导是"左撇子",台灯应放置在右方。

6. 办公设备放置在专用公共区域

办公设备例如打印复印机、扫描仪等应放置在公共区域,方便员工使用。公共区域的选择应以不影响人员过路为原则,并且应当放置在大家使用起来比较方便的地方。

办公室物品的摆放具有一定的科学性,秘书应当将办公用品摆放得合理、舒适、美观,同时,在摆放上司的办公用品时还要兼顾上司个人喜好与办公用品的使用频率,为公司人员创造一个良好的办公环境。

5.1.5 办公室环境安全管理

办公场所也是一个人员集中的流动场所,有时候由于办公室管理人员安全意识不强，物品使用不合理，防救知识不足等原因导致办公室出现安全隐患，造成不必要的人财物损失。因此，秘书一定要懂得一些基本的办公室环境安全管理知识。

1. 杂物、电话线远离过道

杂物避免堵塞楼梯通道，防止火灾隐患。电话线、电线等应远离通道，避免造成人员磕绊。

2. 调制热饮品要在指定的地方

秘书在调制热饮品时要在指定的地方，避免热水外溢溅烫。应避免超负荷使用电热壶，引起线路短路。秘书在离开办公室前应检查电源是否关闭。

3. 办公用品柜妥善摆放

办公室中较为锋利的办公用品，秘书应当妥善保管，并在人员使用时嘱咐其要注意安全。秘书要在人员使用文件柜后对使用人进行善意提醒，关好文件柜门，防止绊倒磕碰。办公室文件柜应避免放置重物，防止发生柜顶物品倾倒造成人员砸伤。

4. 取高处物品应配备梯子

对于放置在办公室高处不常用的物品，人员在取用时应当借助梯子，最好两人在场时取用。对于取用的人员，秘书应当提醒员工避免踩在活动的转椅、纸箱或木箱上取物品，防止由于踩踏物不固定造成人员摔伤。

5. 不可放置易燃易爆物品

办公室中不应放置易燃易爆物品，秘书应当联系保卫部门定期对公司的消防设备进行检查，组织公司人员定期进行消防演练，宣讲消防知识，提高公司人员的防火自救安全意识。

6. 设备故障先断电再处理

办公室内设备故障，秘书应对其先断电，再联系专业维修人员进行处理。秘书对于使用复印打印机等设备的女员工，要提醒其避免长发卷入机器中。

7. 带棱角的家具要进行包裹

秘书对于带棱角的办公家具要进行包裹，将有棱角的小型办公设备放置在能够防止人员磕碰的角落里。

8. 及时报修

对于办公室内出现故障的办公设备，秘书应当向维修部门及时报修。报修期间，秘书应当防止人员再次使用该设备。

秘书在平时办公时要从细处着手，防止安全隐患的发生，加强安全意识，减少危险。

5.1.6 办公室装饰画的布置

办公室装饰画一般分为三种：印刷品装饰画、实务装裱装饰画、手绘作品装饰画。装饰画在美化办公环境方面起到了积极作用，但装饰画的选择与悬挂也有一定的科学性，秘书应当对装饰画的选择和悬挂知识有一定的了解。

1. 办公室字画的选择

秘书在办公室字画的选择上应掌握以下五个小技巧。

（1）以暖色字画为主

字画摆放在办公室中应起到装饰作用，与办公室墙面颜色要相适应。现代办公室大多以白色为主色调，因此，秘书在选择办公室字画时应以暖色字画为主，避免色彩过重的字画。

（2）字画形状与办公室墙面形状一致

秘书在选择字画时，字画的形状应与办公室墙面形状吻合。例如，办公室墙面为正方形，字画也应以正方形为主。办公室字画一般应选择中规中矩的字画为主，避免选择不规则字画，使人视觉上产生混乱的感觉。

（3）字画应摆放在视线的第一落点

秘书应将办公室字画摆放在客人走入办公室的视线第一落点上，这样可以给客人带来新鲜感，同时也能避免给客人带去空旷感。

(4) 搭配一些小装饰物

秘书在摆放完字画后可以在办公室内布置一些具有一定新意的小装饰物。例如手工艺术品、根雕等，可以很好地与字画相互呼应，给人带来舒适统一的视觉效果。

(5) 适当摆放角部装饰画

对于不规整的办公室，秘书可以在办公室角落摆放一些装饰画，充分发挥字画体现的不规则美，使人拂去拘束感，增添舒适感。

2. 办公室字画的摆放

秘书除了在字画的选择上要精心挑选外，对于字画的摆放也应注意一些事项。

(1) 悬挂在主墙面

办公室字画应该悬挂在办公室主墙面的开阔处，或者摆放在写字台旁。尽量避免将字画放置在办公室阴暗的角落中。

(2) 悬挂在与窗户呈 90 度的右侧墙面上

如果办公室是朝阳的户型，秘书应将字画悬挂在室内窗户右侧的墙面上，并且要与窗户呈 90 度角。这样做的目的是让字画很好地接收自然光源的照耀，达到办公室人造光与自然光的和谐统一。秘书应当将自然光的光源方向与字画上的光源方向保持一致。

(3) 悬挂高度为离地面 2 米左右

秘书应将字画悬挂在办公室离地面 2 米左右的主墙面上，不可过高或过低，如有多幅画应避免悬挂高度错落不齐。

(4) 避免字画过多

办公室字画的布置一般数量以 1～2 幅为宜。秘书应避免在办公室悬挂过多字画，使人产生杂乱的感觉。

办公室字画选择摆放得好能够给办公室的装饰起到"画龙点睛"的作用；反之，则会使人产生压抑、混乱的感觉。因此，秘书在办公室字画的选择和摆放方面应当根据办公室的实际情况酌情选择和精心布置。

5.1.7 办公椅如何放置

小小一把办公椅的摆放都是有讲究，秘书了解办公椅的摆放科学。合理摆放能够提高办公室人员的工作效率，反之，则会降低工作效率，甚至还会对办公人员的身体健康构成一定的影响。

1. 不要放置在复印机旁

办公室复印机有着强大的外溢磁场，会对周围座椅上的办公人员本身的磁场产生不良影响。如果将复印机长久放置在办公椅旁，会对办公人员的身心产生不利的影响。因此，秘书应当避免将座椅放置在复印机旁边。

2. 办公椅靠墙或柜，避免背对门和过道

办公桌椅后应有固定的墙或柜子，如果办公椅后是门或过道，总有人来回走动会影响到办公人员的注意力，降低集中度，影响工作效率。

3. 办公椅不能正对大门

办公椅不能正对大门。办公室大门是气流与能量的入口，办公椅正对大门容易受人员进出的干扰，影响办公人员的潜意识和神经系统。

4. 办公椅摆放的其他注意点

办公椅要远离水龙头、大垃圾桶，不能正对饮水机，避免椅子上方有大梁或吊灯。除此之外，秘书还不应该将办公椅放置在光线不足或没有窗户的位置。

5.2 办公室环境管理

个人工作区域与公共区域均是办公室环境的范畴。本节将从办公室个人工作区域管理、办公室公共区域环境管理、办公室空气质量与健康管理、办公室植株种植管理四个方面对办公室环境管理进行介绍。

5.2.1 办公室个人工作区域管理

秘书的工作区域包括办公桌区域、办公家具区域、办公室地毯区域和办

公室照明区域。这些工作区域都需要秘书进行区域环境管理。

1. 办公桌区域管理

办公室秘书应当经常整理自己的办公桌，将除了手头工作之外的文件资料放入文件柜中。一些常用的工作用品，例如电话、签字笔等应放在随手可拿的地方。秘书应当经常用干净的抹布擦拭办公桌，避免用粗糙的抹布擦拭，导致办公桌上留下划痕。当办公桌上出现开水烫出的白色斑点时，秘书可以将酒精、花露水、煤油等滴在抹布上轻拭桌面。

2. 办公家具区域管理

秘书要定期用软布或者棉纱对家具进行擦拭，不可用水特别是碱性较大的肥皂水擦家具，这样会影响办公家具漆面的光滑度。秘书在擦拭家具时可蘸取几滴甘油，会使办公家具更加光亮。对于发黄的白家具秘书可在发黄处涂一些牙膏然后用抹布轻擦，即可减轻发黄的程度。

3. 办公室地毯区域管理

秘书要定期用吸尘器对办公室地毯区域进行清洁，这样才能充分发挥办公室地毯防止沙尘的功用。

4. 办公室照明区域管理

办公室照明有自然光要尽量借用自然光，但是要避免阳光直射和大面积阴影，而要让光照均匀分布。办公桌要保证光照充足，足够办公所需。

5.2.2 办公室公共区域环境管理

办公室公共区域包括电脑区域、复印机区域和传真机区域。秘书对这些公共区域进行管理也要注意一些细节问题。

1. 电脑区域环境管理

秘书在使用电脑之前可以借助杀毒软件将电脑杀一遍毒，确保电脑有一个安全的使用环境。秘书在使用电脑时应当注意公司文件的保密性，不乱登录不明网站。秘书在办公时不要偷看其他同事的电子资料，不要占用其他同事的公共存储空间。秘书要定期对电脑进行除尘，可用电脑屏幕专用"镜头试纸"擦去电脑屏幕上的灰尘，也可借助吹气球将键盘间的灰尘吹去。

2. 复印机区域环境管理

秘书人员应当保持复印机的复印板清洁无杂物，可用柔软的抹布或者清洁剂轻轻擦拭。复印机要注意防潮，不用的复印机每天也要开机几分钟，目的在于去除湿气，如有必要可以使用抽湿机进行抽湿。

秘书在办公室不要复印私人资料。如果有一沓资料需要复印，后面的同事只复印一张资料时应让同事先行复印。在遇到更换碳粉或者卡纸问题时不要默默走开而是要联系维修人员及时上门维修。使用完复印机时秘书应将复印机调试成省电的"待机模式"。

3. 传真机区域环境管理

传真机应避免放置在强磁场、多灰尘的地方。秘书应定期用柔软的抹布对传真机进行擦拭。秘书在办公室里不要发送个人传真。遇到后面同事传真一页纸而自己有很多文件需要传真时，秘书应当让后面的同事先行传真。当传真机里的传真纸用完时，秘书要及时进行更换。传真机出现故障时，秘书要及时联系维修人员上门维修。秘书在传真机使用完毕时要及时将传真文件拿走，避免泄露公司机密。

5.2.3 办公室空气质量与健康

办公室空气质量的好坏关系到办公室每个人员的身体健康状况。秘书应从以下五个方面对办公室的空气质量进行有效的管理。

1. 开窗通风

对于有窗的办公室，秘书应当每天定时开窗通风。通常情况下，秘书应在上班前通风 15 分钟，中午通风 1 小时。办公室里应尽量用活动隔门取代隔音墙，保证办公室有良好的通风条件。

2. 种植一定的绿植

绿色植株能够通过光合作用将二氧化碳转化为氧气。同时，不同的绿植还能吸附办公室中不同种类的有害气体。秘书可以选择一些可以吸附有害所体的植株，如常春藤类可以有效吸附空气中的苯，吊兰可以去除甲醛。对于办公室植株，秘书需要注意的是，办公室内不宜养过多的花，花多容易造成环境过度潮湿，滋生微生物。

3. 办公室内禁止吸烟

对于在办公室抽烟的客人，秘书应当礼貌地提醒客人禁止吸烟，并在办公室明显处设置禁止吸烟的标志。二手烟危害极大，长期受到二手烟的影响，支气管炎或者肺炎的患病概率会上升到 50%。

4. 使用空气净化器

对于雾霾天气，秘书可在办公室内开启空气净化器。近年来的空气净化器除了去除雾霾，还有除尘和除微生物的功能。秘书每天将空气净化器开启半小时左右可以去除空气中 40%～90% 的灰尘。

5. 开启除湿机

过度湿润的空气是病菌传播的媒介。秘书应当将办公室湿度保持在 40%～70% 之间。当办公室湿度过高时，秘书可以借助除湿机去除空气中的湿气。通常情况下，5.6 公升的除湿机基本能够满足绝大多数办公室除湿的需求。秘书应当对除湿机的水箱及时清理，并定期更换空气过滤网。

5.2.4 办公室植株种植管理

办公室摆放一些植株可以起到缓解视觉疲劳、舒缓心情、净化空气的作用。秘书在布置办公室植株时要注意五个问题：花器的选择、照料的技巧、色彩的搭配、植株的选择以及插花与盆栽的呼应。

1. 花器的选择

秘书在花器的选择上应能够使人产生凉意,例如,充满绿意的玻璃、浅色陶瓷或者金属为材料的花器。除此之外,藤枝编制的花器能够让人产生更加亲近自然之感,也是不错的花器选择。

2. 照料的技巧

办公室内绝大多数植株不需要秘书经常性地大量浇水。秘书在购买办公室植株时可以向花店销售员问清楚花的秉性、喜阴喜阳、多久需要浇水施肥等养花细节。不同的花由于生长的最佳环境不同,因此照料技巧也有别。但总体上,办公室植株应避免浇水过多。

3. 色彩的搭配

秘书在进行办公室绿植颜色搭配时,应尽量避免全部为绿色的单一色彩。秘书应当适当搭配一些米黄色、雪白色以及鹅黄色等色彩,这些色彩秘书可以借助一些小饰品进行点缀来达到应有的效果。多种色彩的搭配能够让办公室看上去气氛更加轻松。

4. 植株的选择

当今办公室的工作节奏通常比较快,因此,秘书在选择植株时更应当选择低光照的植株。一些宜水培宜土培的植株是不错的选择,例如,绿萝、黄金葛、绿竹等。除此之外,不需要经常浇水的多肉也是时下办公室比较流行的可栽植物。

5. 插花与盆栽的呼应

办公室除了栽种一些盆栽外,秘书还可以选择用插花与盆栽相呼应的点缀。插花的最大优点在于可以随意变换花型,对办公室起到更好的点缀作用。

秘书在办公室植株的管理方面要注意办公室植株不可栽培过多,适当点缀即可,夜晚植物具有吸氧副作用,特别是有经常加夜班的办公室,秘书应适当减少绿植的数量,避免由于植株过多造成办公室缺氧,对人员健康造成损害。

| 第6章 |

文秘人际沟通方法与技巧

人际沟通能力是文秘的职业核心竞争力之一。如何提高人际沟通能力是每个秘书密切关心的问题。本章将从文秘人际沟通的基本方法、沟通的策略、商务谈判沟通以及人际沟通中应当注意的问题四个方面对文秘人际沟通方法与技巧进行介绍。

6.1 文秘人际沟通的基本方法

在人际沟通实践中存在一定的沟通方法与技巧，掌握了这些方法与技巧将有助于秘书在人际沟通与交往中达到事半功倍的效果。本节将从秘书如何与领导沟通、如何与同事沟通、如何协调领导人之间的关系、如何协调部门之间的关系以及如何协调企业之间的关系五个方面介绍文秘人际沟通的基本方法。

6.1.1 秘书如何与领导沟通

秘书如何与领导沟通是一门艺术，有着一定的技巧性。以下七点是秘书与领导沟通时需要注意的基本点。

1. 全方位了解领导

秘书对领导的工作习惯、思想素养、性格特点、领导能力等方面的情况应当做全面了解，有利于秘书正确处理与主要服务对象的职能关系。秘书对领导的全方位了解是秘书与领导做好沟通的基础。

2. 注意职位差别

通常情况下，领导都很在乎自己的权威和地位，需要获得别人的承认。秘书在工作中对领导要有基本的尊重，避免直呼姓名，避免随意开玩笑，避免不分场合地直接发表自己的意见。

3. 按时完成工作

秘书应当及时完成领导交代的工作。秘书对于没能按时完成的工作要分析其原因，避免找理由为自己解脱。秘书要做好领导的"参谋"这一角色，帮助领导更好地做出决策。

4. 真正领悟领导的动机

秘书对于领导的动机一定要正确领悟。秘书对于领导的吩咐要严格落实；对于领导的嘱托要按照大方向执行，允许在一定范围内合理变动；对于领导的暗示要心领神会。

5. 对领导绝对忠诚

秘书对领导要绝对忠诚。首先，秘书应当对领导的命令持服从的态度，当好领导的助手，认真对待领导分派的工作，按照领导的工作计划执行；其次，秘书应当主动维护领导的个人形象。当领导取得成功时秘书要进行赞美，使领导在心理上得到满足；当领导受到挫折时不要轻慢懈怠，而是帮助领导做好各种补救工作。

6. 沟通选择好场合

秘书与领导沟通一定要注意时机和场合。沟通的地点最好选择领导的办公室。秘书在领导情绪不稳定时要避免与领导进行沟通。对领导在工作上的突发奇想要及时给予回应。

7. 发自内心地劝谏领导

秘书在劝谏领导时一定要维护好领导的自尊。秘书最好与领导建立诤友关系，有客观根据地劝谏领导，保持客观的态度，突出劝谏的重点。

📁 6.1.2 秘书如何与同事沟通

秘书在与同事相处时一定要注意沟通的方式和方法。好的沟通方式能够提高秘书工作的协调性。秘书在与同事沟通时要从感情沟通、语言沟通、行动沟通与兴趣沟通四个方面掌握一定的沟通基本技能。

1. 感情沟通

感情沟通方面，秘书要从真诚出发，主动帮助同事，避免口舌伤人。秘书沟通工作最基本的要求就是以诚为本。秘书从真诚出发主动帮助同事，能够使秘书在同事中取得最基本的信任。

秘书在同事出现困难时不能不闻不问，要主动关心、帮助同事，但在安慰困难同事时要注意场合和时间。

秘书在与同事发生口角争执时要避免出口伤人，这样容易引起同事的仇恨心理，破坏同事感情，给同事带来语言暴力的伤害。

2. 语言沟通

秘书的语言沟通主要在于秘书与同事聊天时必须要注意一些事项，如果不注意，小则引起同事的不满，大则不利于与同事合作开展工作。

秘书与同事沟通要从寒暄、打招呼开始。每天早晨上班与同事的"早安"问候会拉近与同事之间的距离。

秘书在与同事聊天时应注意一些细节问题。秘书与同事聊天时，有些话题是可以聊的，有些话题则不适宜作为聊天话题。秘书与同事可以聊天的话题范围为：旅游、健身、美容、投资等。

秘书在与同事聊天时要避免谈论一些话题：领导的隐私或者其他同事的隐私，自己或者公司其他人的工资收入，自己与领导家人的私人关系，个人的过去或自己的隐秘思想。

秘书在与同事聊天时不要背地里议论其他同事，避免在人背后说他人闲话和坏话。秘书在与其他同事聊天时要实事求是，不要信口开河，虚构造谣。

3. 行动沟通

秘书在与单位同事行动沟通时要注意的首要原则在于保持与同事之间的平衡关系，不要与公司中某个同事特别亲近或特别疏远。

领导表扬了秘书，秘书万不可在同事面前炫耀，避免引起其他同事心里不舒服。

秘书在行动上要与同事齐心协力配合完成工作。秘书应当主动承担脏活、累活，即使所做并不能给自己带来利益也要主动去做。

秘书对于同事的优点要由衷地赞赏，对于不如自己的同事不要轻蔑，避免引起同事的抵触心理。

被同事误解时，秘书应当在第一时间向其解释，若解释不通应请其他同事出面调解。秘书如果有错要勇于承认错误，请求对方的原谅。

4. 兴趣沟通

秘书与同事相处时一定要注意"投其所好",了解同事的兴趣、脾气性格,善于揣摩同事的心思,这样有利于秘书更好地与同事开展沟通工作。

6.1.3 秘书如何协调领导人之间的关系

秘书在单位的领导不止一个,由于不同领导的地位以及利益的不同,不同领导之间会出现矛盾,这时,需要秘书去协调不同领导之间的关系。

秘书在协调领导人之间的关系时重要的一点在于找到平衡点,分清关系的轻重缓急。

1. 全面了解领导集团的基本结构

秘书在协调领导人之间的关系时首要的一点在于对领导集团内部结构摸清底细。领导集团的内部结构包括领导集团每个成员的能力素养、性格特点、知识素养、思想素养。秘书对于领导集团内部基本结构了解得越充分越有利于协调不同领导之间的关系。

2. 准确判断领导人之间的关系,正确对待

秘书在平时工作中应从实际利益、工作风格、领导权威和思想状况去判断不同领导人之间的关系。

秘书要意识到领导之间的矛盾是矛盾普遍性的表现。领导人之间绝对的团结是暂时的。当领导人之间出现矛盾时,秘书万不可以消沉气馁,而应当用适当的方法协调领导人之间的关系。

3. 平衡领导人之间关系的方法

秘书在平衡领导人之间的关系时要注重六个词,即"提醒、调和、折中、回避、忍耐、保密"。

"提醒"的情况发生在同时有两位有矛盾的领导部署秘书工作、意见却不一致时,此时,秘书应当对后部署工作的领导善意提醒,是否需要两位领导之间协商一致后再做工作。

"调和"的情况发生在单位内部领导之间出现"内耗"的情形。秘书应主动"调和"当事领导之间的关系，避免领导之间因为矛盾导致感情上产生距离，不能以诚相待。

　　"折中"的情况发生在单位领导之间对于同一项工作各抒己见、互相僵持的情形。此时，秘书应当主动提出一个"折中"的方案，这个方案应当是各位领导都愿意接受的。此时，秘书万不可在领导人之间挑拨离间，造成单位内部矛盾加剧。

　　"回避"的情况发生在单位内部领导之间的矛盾已经到了秘书无法调节的程度。此时，秘书对于领导之间的矛盾应当采取"回避"的方法。

　　根据矛盾的不同情况有三种不同的"回避"方法，分别是借故离开、假装不知、搁置处理。领导人之间的矛盾已经到了无法避免的即将爆发之际，秘书可以"借故离开"，暂时不去激化矛盾。当两位发生矛盾的领导一方企图在秘书这里打探另一方的情况时，秘书可以"假装不知"，避免矛盾一方将矛盾不断放大。对于有矛盾的两个领导，秘书要避免过于"热心"，可以暂时对矛盾"搁置处理"，避免矛盾爆发。

　　"忍耐"的情况发生在矛盾一方的领导对另一方领导有意见不便于当面说，而不断指责秘书工作不当的情况，此时，秘书应当"忍耐"，避免和领导顶撞，导致两位领导矛盾激化。

　　"保密"的情况发生在秘书在调和不同领导之间的矛盾并对两位领导之间的矛盾十分清楚的情况下。此时，秘书对领导的个人情况要"保密"，不要随意散布不良言论。

6.1.4　秘书如何协调部门之间的关系

　　公司全局的工作有时需要秘书在不同部门之间进行协调。秘书在协调不同部门之间的关系时要注重沟通的方式方法以及如何解决不同部门之间的矛盾。

1. 协调不同部门关系的工作方法

　　对于需要不同部门合作完成的重大工作，秘书要注意运用正确的工作方法。秘书可以应用"三步工作法"去有效地完成不同部门之间的工作合作。

　　第一步，明确各个部门的职责范围，落实工作；

第二步，跟进不同部门的工作进度，定期向领导汇报，不断做出工作调整；

第三步，针对合作过程中出现的问题，不同部门之间要共同商量，合作解决。

2. 团队式关系的沟通

不同部门之间进行合作自然就形成了一个团队。秘书对于团队式沟通的技巧也应当掌握，有助于秘书更好地完成跨部门的工作。

秘书首先应当了解影响团队沟通的因素都有哪些。通常情况下，影响团队沟通的因素主要包括三个：团队领导人的领导风格与工作习惯、团队工作规范的要求、团队成员的角色分担。秘书不可低估团队中消极小团队对整个团队工作进度的影响。

秘书如何解决团队沟通中出现的问题要遵循以下三种工作方法。

（1）增加积极角色，削减消极角色。团队中不同的人有不同的角色分工，秘书对于团队中的"害群之马"应当不遗余力去除。

（2）规范团队工作规则。一个高效的团队运作必然离不开人人都必须遵守的工作规则，秘书应当根据团队中的新情况及时调整制定工作规则，为团队创造能鼓舞人心、有利于合作的工作环境。

（3）采用有效的沟通模式。团队沟通最有效的三种模式为：头脑风暴法、议会讨论法、冥想法。头脑风暴法鼓励团队中每个人献言献策，多多益善，避免批评与指责，最终找出最佳的适用方案。多数创意团队适合用头脑风暴的沟通模式。议会讨论法即团队指定专人进行陈述，其他人通过表决决定方案能否通过。议会讨论法的讨论模式适用于正式的商务会议沟通。冥想法通过一系列数据做出合理分析和决断。金融类公司的团队更加适合冥想法的沟通模式。

3. 部门之间冲突的解决

当公司不同部门之间工作合作出现冲突时，秘书要注意分析冲突出现的原因并找出合适的解决方法，遵循基本的团队沟通方式和方法，同时也要注重沟通的灵活性。

（1）部门沟通出现冲突的原因

部门沟通中出现冲突的原因多是沟通环节过多、语言沟通障碍、沟通方式错误、沟通边界模糊。

沟通中必然需要信息的上传和下达，有时，沟通的环节过多会造成信息的部分丢失，容易形成部门沟通冲突的"导火索"。

不同部门人员之间的语言表达能力不一，人们往往在信息传递的过程中会根据自身的经验、判断给本来客观的事实加上主观色彩，从而导致部门冲突。

不同的沟通目的需要不同的沟通方式，并没有"放之四海而皆准"的一种沟通方式。不当的沟通方式会导致信息传递的失真，导致矛盾团队沟通冲突爆发。

沟通中如果不将边界条件讲清楚只追求表达信息本身容易导致不同人出现不同的理解，进而影响团队的统一行动。

（2）解决部门冲突的方法

秘书在解决部门冲突时要运用正确的方法。解决部门冲突的方法可以概况为两个词：倾听和提问。

秘书在"倾听"时要注意一定的工作方法。首先，秘书在倾听对象前要建立相互信任的基础。倾听过程中要克服自身由于主观判断形成的"倾听障碍"。秘书在倾听过程中要表现出对"诉说者"的理解，不要只注意"诉说者"的语言信息，还要多观察"诉说者"的表情等非语言信息，边听边思考。最后，秘书要对"诉说者"的信息做出适当的反馈。反馈时要注意反馈时机，秘书要以促成顺利沟通为原则，选择合适的时机给予回应，提高倾听的效果。

秘书在"提问"前要做好准备工作。首先要对所提的问题进行全面思考，其次要提重点问题，避免向对方提出次要问题。

秘书在"提问"时要注意四个方面：提问的时机、提问的数量、提问的方式与语速控制。

秘书在提问时要注意提问的时机，并不是每时每刻都可以向"被提问者"提出问题的。不合适的时机不但不能促成沟通还会对秘书的企业形象造成不好的影响。如何选择合适的时机需要秘书根据"被提问者"的具体情况而定。

秘书在提问时要注意问题的数量和质量，避免向对方提出过多的问题造成对方心理上的反感。

提问可以分为开放式提问和封闭式提问两种方式。开放式提问即对方回答的范围没有限制，回答的空间较大。封闭式提问即对方给出的答案有限，通过提问，秘书一般能够得到明确的答案。秘书要根据具体的情境将开放式提问和封闭式提问相互结合，更好地促进双方冲突的解决。

秘书在提问时要注意控制语速，避免语速过快造成对方无法听辨，同时，秘书要借助语速将当时要表达的心情烘托出来，促成冲突的解决。

6.1.5 秘书如何协调企业之间的关系

秘书是一个企业形象的代表。秘书在协调企业之间的关系时，不仅目的在于提高企业的效益，更在于提高企业的美誉度和知名度。秘书如何协调企业之间的关系直接影响到两个企业之间或者是两个企业管理者之间的关系。

1. 协调企业关系的注意事项

秘书在协调企业关系时需要注意的事项包括：重视第一印象、耐心倾听、调动积极性、附加服务。

（1）秘书在与不同企业进行沟通时要给对方留下良好的第一印象。第一印象是秘书个人素养的体现，具体包括良好的外在形象、善用身体语言传达信息、讲话温和、精神饱满。

（2）秘书在与其他企业客户进行沟通时要耐心倾听，不要轻易打断对方的讲话。秘书在倾听的过程中要明确对方客户真正的需求。

（3）秘书应在单位内部各部门之间充分调动合作积极性去满足客户的需求。

（4）秘书为客户适当地提供一些附加服务，例如赠送一些公司的纪念品，可以提高客户的满意度，促成双方的合作。

2. 协调企业之间关系的技巧

秘书在协调企业之间的关系需要掌握一定的技巧，包括电话技巧与接待技巧两个方面。

（1）秘书在接电话时要在电话响铃三声内接起并对来电者表示问候。当秘书需要将来电者的电话转接给其他部门时，需要首先向来电者说明转接的原因以及需要等待的时间。秘书在将电话转接到其他部门时，需要确保其他部门有人接听并告知其他部门来电者的姓名以及主要需求等简单的信息。当来电者要找的人不在时，秘书应当耐心向对方做出解释并认真做好电话记录。秘书应当等客户挂断电话后再挂电话。

（2）秘书接待客户沟通时要主动接待来访客户，为客户提供饮品及杂志，饮品喝完时秘书应当及时为客户换上新饮品。对于贵宾，秘书应当主动为其沏茶，使其有受到尊重的感觉。当客户要找的领导暂时出差不在公司时，秘书应当告知客户并留下客户的姓名和联系方式，待领导回来后告知领导。对于一些情绪不良的客户上门拜访时，秘书应当首先等客户诉说完内心的不满，尽量闭口不语，但要时不时地点头并保持眼神交流。秘书应当主动向客户提出解决方案并对客户的满意度进行后续的跟踪。

6.2 沟通的策略

秘书在沟通中如果运用好一些沟通策略将会提高沟通的水平，更有利于达到沟通的目的。本节将从会议沟通策略、网络沟通策略、销售沟通策略、无障碍沟通策略、回绝沟通策略五个方面介绍秘书人际沟通中的基本策略。

6.2.1 会议沟通策略

会议沟通能够体现一个秘书的专业沟通能力和水平的高低。秘书在会议沟通中要避免因沟通造成对方的误解，同时也要防止来自竞争对手设置的沟通障碍。秘书在会议沟通中要讲究一个原则，即说"别人想听的话"。秘书所言要让对方产生"信任"和"接受"的感觉。秘书要有通过自己说话让对方希望进入沟通轨道的能力。

1. 会前做足准备工作

为了做好会议沟通，秘书在开会前就要做足准备工作。秘书要对会议将要解决的问题做充分的了解，对参会者可能出现的态度做大致的预估。秘书做好前期沟通准备工作的目的在于消除信息的不对称。

2. 做好会议策划

秘书要做好会议沟通一定要提前做好会议策划。会议策划中重要的一项内容是确定参会人数。秘书为了提高会议沟通的效率，在确定参会人数时要以"越少越好"的原则为主。参会人数越少会议的集中度就越高，会议成本就越低，沟通效率也就越高。

3. 重点放在"需要解决的问题"

会议讨论过程中的沟通，秘书应将讨论的重点放在"需要解决的问题"上而不是过去已经发生的事情上。秘书应主动将会议讨论沟通引导到解决问题的思路上，激发讨论解决内在问题的积极性。

6.2.2 网络沟通策略

现代通信技术如此发达，微信、QQ、电子邮件等成为现代秘书办公沟通的电子沟通渠道。秘书运用网络方式进行沟通也要讲究一些技巧，包括回应要及时、适应对方的打字速度、少使用网络词汇、必要时可借助网络语言沟通。

1. 回应要及时

秘书对于他人，特别是客户在网络上的提问要给予及时的回答。秘书在网络上的回答要让对方感觉到与面谈没多大的区别。秘书与客户的网络沟通要让客户通过沟通感受到企业的服务标准和服务态度，体现出企业的专业化服务水平。

2. 适应对方的打字速度

秘书与他人进行网络沟通时最忌讳的是打字速度与对方的打字速度不一致。如果对方的打字速度很慢，秘书就不能打字飞快而是要适应对方将打字速度降下来。"慢下来"是秘书在网络沟通中对打字慢者的尊重。秘书对于对方提出的不可理喻要求要合理地进行谈判，认真分析客户需求，必要时可采取网络跟踪服务。

3. 少使用网络词汇

秘书在网络沟通时要少使用或不使用网络语言。"晕""给力"等都不适宜作为秘书网络沟通时使用的语言。网络沟通中，秘书面对的另一方可能与秘书在性格、个人喜好与工作习惯等方面都不同，无意的一个网络词汇可能会给对方造成误解和伤害。秘书在网络沟通中要规范使用文字语言，以对方能够感受到自己的真诚为沟通标准。

4. 必要时可借助网络语言沟通

秘书在进行网络沟通时要在办公室配备"麦克风"等音频输入输出设备。当网络文字沟通出现障碍时可以借助专业的网络设备实现"网络语言沟通"，大大提高沟通的效率。

网络语音沟通能及时传递双方的信息与情感。秘书在沟通时的思维要不断根据对方的情况进行变化，尽量以幽默的形式与对方进行沟通。

网络沟通体现的不仅仅是秘书个人的文字语言表达能力，更体现了一个企业文秘从衣着打扮到言谈举止所传递出来的企业产品信息和企业文化。秘书只有运用正确的网络沟通策略才能向对方传递自己的专业能力和专业知识，并给客户迅速留下深刻的好印象。

6.2.3 销售沟通策略

在一些小规模企业中，秘书同时还兼任销售。秘书作为兼职销售，不仅要具备销售人员的素质，还要具备销售人员的风范，而这些都要求秘书必须掌握一定的销售沟通策略。

销售沟通要做到三点：热情、关注与喜欢。

1. 热情

秘书与销售有一个相似的地方，即工作带有服务的性质。服务性质的工作很重要的一点在于工作要有热情。热情是服务工作的根本之道。一切销售沟通中都要自始至终保持工作的热情，并将这种热情体现在工作的细节之处。一个效果良好的销售沟通必然是一种热情的销售沟通。

2. 关注

秘书无论做什么具体工作都离不开关注。秘书在销售沟通时一定要关注销售过程中的细节，尤其是人际关系的沟通。"以人为本"是一切销售沟通行为的出发点，良好的人际沟通有助于推动销售的成功。秘书在销售沟通过程中要始终关注客户的需求，所有的销售沟通和计划都要密切符合客户的需求。

3. 喜欢

销售沟通策略的核心在于让客户发自内心地接纳你的说辞，给客户带去正面的关怀，使客户真心喜欢购买你东西。

秘书销售沟通应从宽容做起，适度地赞美，真心实意地为对方考虑，给予客户很好的回应和服务，学会换位思考。

6.2.4 无障碍沟通策略

秘书在企业中有时候会接待国外的客户。来自世界各个国家的客户语言不同就可能给秘书的沟通带来一定的困难。此时，秘书要掌握一定的无障碍沟通技巧，才能更好地应对外国客户，取得一些成效。

1. 准备一本外语词典

秘书有时候会受公司指派参加一些外商的商务交流活动，如果秘书与对方沟通有障碍，秘书就应当准备一本外语词典。但外语词典只能作为秘书应急使用，提高外语能力才是根本。秘书遇到不清楚的词汇时可以顺手翻一翻词典，只需要说出关键词对方就能够领会你要表达的意思。

2. 准备一支笔和一个本

虽然随着科技的进步，办公逐渐实现无纸化，但一支笔和一个本在秘书与外国人进行沟通时有时候能够起到关键的作用。有时在外商面前虽然运用了手势和语言，但对方仍然不能听懂，这时，秘书需要通过画图的方式将所要表达的信息传递给对方，效果非常直接。

3. 准备常用词牌

对于外贸行业，秘书在外商面前准备几块常用的词牌是非常有必要的。外商对于中文有时无法理解，秘书可准备几块英文牌，具有直观性，外商一眼就能明白秘书所要表达的意思。例如，服装行业秘书可以为外商准备诸如"Silk""Cotton""Linen"等服装材质词汇牌。

4. 掌握行业词汇

术业有专攻，秘书要掌握所在行业的外文行业词汇。虽然各个行业都有不同的专业词汇，但同一个行业的经验却大同小异。秘书应当掌握尽量多的专业词汇，提高专业表达能力，并要善于运用专业词汇消除语言沟通障碍。

6.2.5 回绝沟通策略

秘书在日常工作中难免会被客户提出一些"过高"的要求，因此秘书要懂得一些"回绝"的沟通策略。

1. 拒绝客户

客户有时会对秘书提出一些超预期的要求，如果秘书满足了客户的这些要求，有时会造成不可预测的严重后果。因此，秘书对于这类客户要懂得拒绝。秘书对于要求过高的客户，在双方前期沟通时应做好项目策划。客户提出要求时秘书要及时与客户沟通，要将客户提出要求之后的改进方案与之前的方案进行比较，并将改进方案后的后果告知客户。秘书要与客户一同研究改进方案的可行性与必要性，分析结果弊大于利时要拒绝客户的要求。

秘书拒绝客户时不但需要一定的技巧，还需要良好的态度。秘书对于客户的要求要保持微笑，这样能够在一定程度上避免矛盾的激化。

2. 拒绝上司

秘书在工作中有时会遇到苛刻的上司指派非常艰巨的工作，这项工作已经远远超出秘书的能力或者工作量，此时，秘书有必要对上司的不合理要求予以拒绝，但是要讲究一定的技巧。

秘书首先要对自己过量的工作进行排序，这种排序是按照事情的轻重缓急排列的。上司提出额外工作要求时，秘书要向上司展示自己工作的优先次序表，以便让上司决定其安排的工作应当放置的顺序。

秘书运用"工作优先排序"的方法拒绝上司是非常合理的。首先，上司能够感觉到来自下属的尊重；其次，这种做法能够避免上司对秘书产生故意推脱工作的不利想法。如果秘书的优先次序表已经"行程满满"，任何其他一项额外工作都会对当前重要的工作进度造成影响，因此，上司不得不考虑撤销或者延缓部分工作的进度，以保证当前重要工作能及时完成。

有时，秘书参与一个项目时想让高层了解到自己的想法，但是上司却认为秘书的这种想法无法理解，并且会认为这是在拖延时间且毫无成效。此时，秘书应当首先制定一份总结报告，这份报告应当是有"说服力"的；其次要对这份报告做出自己的详细工作计划，让上司了解到你能够为公司做出何种成绩。秘书要对上司最关心的问题做出合理的解释、评估与规划，这样才能赢得上司的信任，让上司改变固有的想法。

3. 拒绝同事

平时工作中，总有部分同事由于某种原因对你的工作有所要求，这种要求是秘书本身很难完成的，这时，秘书要学会友好地与同事进行沟通。

秘书在拒绝同事时需要"三步走"。第一步，尊重对方；第二步，表达歉意；第三步，给出理由。第一步，当同事向秘书提出超出个人能力的请求时，秘书首先应当尊重同事。同事在提要求时秘书要耐心倾听，并弄清对方提出的具体要求。第二步，秘书无法满足同事的要求时，要对同事表示抱歉。如果无道歉会让同事感觉没有诚意。表示抱歉后秘书的神色应当保持不变，避免由于对方的说辞而打消原有的念头。第三步，秘书在拒绝同事的要求时要给出合理的理由，只有这样，才能维持跟同事的关系。秘书要注意一点，并不是所有的拒绝都需要理由的，有时候不给出理由反而会更显真诚。秘书一旦给出拒绝理由，只需要重复拒绝即可，不要与同事争辩。

任何人被别人拒绝内心难免会产生不悦。因此，秘书在拒绝别人时一定要本着"对事不对人"的原则，让对方知道拒绝这件事只是因为秘书本身能力达不到对方的要求而不是嫌弃对方这个人。

6.3 商务谈判沟通

商务谈判沟通能力强弱往往决定了商务谈判能否取得成功。本章将全方位地对商务谈判沟通中的沟通步骤与技巧进行介绍，内容包括商务谈判收集资料与组建谈判小组、协助制定商务谈判方案、安排商务谈判会场、营造商务谈判氛围以及做好商务谈判辅助性工作。

6.3.1 商务谈判收集资料与组建谈判小组

秘书在商务谈判之前应准备的工作包括两个方面：收集谈判资料与组织谈判小组。

1. 收集谈判资料

秘书在收集谈判资料环节要注意三点：资料收集的范围、资料收集的途径以及收集资料的分析方法。

（1）资料收集的范围

秘书收集谈判资料的范围包括客户资料与主要竞争者的资料。客户资料包括客户企业的背景、客户的产品需求、客户谈判心理、客户谈判风格、客户产品预期等资料数据信息。

如果谈判涉及多方，秘书还要对竞争者的资料进行收集。对竞争者资料收集的范围包括：竞争方产品的价格、产品价格弹性、产品质量、竞争策略以及顾客关系维护等。

（2）资料收集的途径

作为一名有心的商务谈判秘书，深知竞争对手的信息收集对于商务谈判的成败尤为重要。秘书要掌握一定的收集信息的途径才能在谈判时"先发制人"。秘书可通过以下途径收集竞争对手的信息：关注竞争对手谈判前发布的信息，捕捉对方的重要消息；根据对方的产品市场占有率及运营状况进行产品市场分析；收集对方的谈判记录，分析判断对方的谈判风格与谈判技术；

收集对方与客户的依存度信息，判断竞争者与客户的依存关系；通过对方对外发布的信息收集对方公司企业文化与工作作风相关信息；通过与对方有过合作的经验方收集相关信息。

（3）收集资料的分析方法

秘书在收集完对方信息资料后，要运用一定的方法分析谈判对方的优势与劣势，找到适当的谈判方法取得谈判的成效。秘书要学会运用 SWOT 分析法对双方谈判筹码的优势与劣势进行分析，寻找谈判的机会点与最佳谈判时机。

秘书要通过分析了解对方的谈判目标、谈判的风格与专业能力。秘书要分析出竞争对方谈判中最在乎的点、谈判的底线在哪里以及双方的产品地位与运营状况。

2. 组织谈判小组

秘书组织谈判小组是商务谈判的一个重要环节。秘书应当选择有强烈责任感、谈判经验较丰富、擅长思考以及气质佳的人作为谈判小组入选人员。

通常情况下，商务谈判小组离不开五类人员的分工与合作：决策者、主谈判者、技术骨干、公司法务、翻译人员。

决策者是商务谈判的核心人物，负责商务谈判各个角色的分工与协调，拥有最终决策权。

主谈判者主要负责掌控谈判的进度，领会并传递决策者的判断意图。主谈判者是具体执行谈判任务的主要角色。

技术骨干即专家技术人员，主要对谈判过程中涉及的技术指标进行分析，对于技术产品性能、设备安装、技术标准等进行专业判断，分析谈判方的谈判条件是否对本企业有利。

公司法务主要在谈判中负责合同中相关条款的法律界定，根据谈判的结果拟定合同，并且对合同中的条款从法律层面进行解释，把握好合同的合法性。

翻译人员主要负责消除双方在谈判过程中的语言障碍，传递双方的谈判信息，促成双方取得满意的谈判结果。

秘书在谈判过程中主要负责谈判资料的收集、整理、分析工作，布置谈判的现场以及一些谈判的辅助性工作。

6.3.2 协助制定商务谈判方案

秘书制定商务谈判方案要经过确定议题、制定目标、选择策略、拟定程序、敲定时间五个步骤。

1. 确定议题

商务谈判的议题指的是谈判双方需要在谈判中解决的核心问题。例如，商品交易价格、商品包装方式、商品索赔细则等。

2. 制定目标

秘书在制定商务谈判目标时要遵循一定的顺序。

（1）列出目标清单

绝大多数商务谈判的目标不止一个，秘书需要根据具体商务谈判的情况列出所有的谈判目标。

（2）确定目标优先顺序

秘书在列出所有商务谈判目标后要对目标的重要性进行排序。对于商务谈判的所有目标要分别给予一个判断衡量的标准。当谈判对方提出交换条件拟让我方主动退让时，秘书可以参考谈判目标的重要程度舍弃不重要的谈判目标。只有这样，秘书才能确保最重要的谈判目标的实现。

（3）界定双方谈判空间

秘书要对谈判对方的可谈判空间进行界定，在做决定时要"换位思考"，尽可能多做出几套对双方都有利的谈判方案，这样可以给双方留下较大的谈判空间和选择余地。

（4）制定目标阶段

秘书要根据谈判的总目标制定不同的谈判目标阶段。秘书在谈判过程中会出现一些随机变动因素，因此，在制定商务谈判阶段目标时一定要赋予其灵活性。

3. 选定策略

（1）以利益为根本

商务谈判的根本在于为企业追求更多的利润。秘书在商务谈判的过程中可适当运用一定的策略和技巧实现企业利润的最大化目标。秘书在谈判过程中需要注意的一点是，谈判过程中要避免损害对方的利益，谈判应当以实现双方共赢为前提，只有这样才能更好地达成谈判目标。

（2）灵活与常规策略相组合

秘书在谈判前虽然制订出了初步的谈判计划，但由于各种因素的影响，谈判过程中可能会出现计划外的事项。秘书要注意为谈判留有一定的余地，尽量将谈判的常规事宜做出详细计划与安排，无规律的其他事项可以做简单安排。

（3）因人制宜

秘书的谈判对象在处事方式与性格特征等方面可能与本人不太一样，此时，秘书应当"因人制宜"地采取不同的谈判策略。

（4）因国制宜

对于外宾商务谈判，秘书要充分尊重谈判对方国的商务礼仪，根据所在国家的特点制定不同的谈判策略。

4. 拟定程序

拟定商务谈判程序是秘书组织商务谈判工作的一个重要环节。秘书要学会善于制定商务谈判的先后顺序及其主要的谈判方法，才能促成商务谈判结果的达成。

（1）先难后易顺序

"先难后易"式的谈判程序要将谈判的重点放在双方谈判中的"难点问题"上，要突出商务谈判的重点。一旦重点问题得到突破，其他问题也就迎刃而解了。

（2）先易后难顺序

"先易后难"谈判顺序适用于秘书要为整个谈判营造良好的谈判氛围的目的。商务谈判先从容易的问题开始谈，一旦容易的问题谈妥，就为后续的"难题"谈判打下了很好的基础。

（3）混合型顺序

"混合型谈判"即将所有问题都一一列出进行谈判，再将第一轮没有谈成的问题继续进行讨论，以得到最终解决方案为目的。

5. 敲定时间

秘书选定一个合适的商务谈判时间对于促成谈判的成功有推波助澜的作用。

（1）己方处于谈判人员工作身心准备充分时

秘书要选定己方谈判人员谈判准备工作做得很充分时进行谈判。此外，己方谈判人员精神处于最佳状态，进行谈判将有利于己方达成谈判目标。

（2）有利于己方的自然条件

秘书要选择对己方谈判有利的自然条件，例如：选择风和日丽而非大雨倾盆；选择清风徐徐而非狂风扫地。如果事先秘书确定的谈判时间出现不利天气，秘书应当择期进行谈判。

（3）紧迫感得到缓和之时

由于时间紧、任务重等各个方面的因素导致己方谈判前急迫感很强，此时，秘书应当将谈判时间延迟，待急迫感得到缓和后再进行谈判，避免由于紧迫导致谈判给予对方乘虚而入的机会。

6.3.3 安排商务谈判会场

秘书在安排商务谈判会场时对于谈判会场的选择与布置、谈判座位的安排具有一定的技巧性，需要掌握好一些商务谈判会场安排知识。

1. 谈判会场的选择与布置

（1）会场选择

秘书要尽量将商务谈判会场选择在会议室、办公室或者谈判对方所住的宾馆。秘书在选择商务谈判会场时要注意准备一间备用谈判室，最好再准备一间休息室。备用谈判室用于主谈判室发生紧急情况时备用，休息室可以为谈判双方提供一个谈判中途休息的地方。

会场房间尽量选择光线好、宽敞明亮、户型开阔的地方，有助于达成谈判目标。

（2）谈判桌选择

对于大型正式的商务谈判应选择长方形的桌子作为谈判桌，谈判己方能坐在正对门的位置以表示对客人的礼貌。对于非正式的商务谈判应选择小型圆桌作为谈判桌以凸显谈判发起者的亲和力。

（3）谈判室布置

秘书应当将谈判室布置得舒适典雅，准备谈判所需的桌椅、笔纸，谈判室要尽量布置打印机、投影仪、笔记本等现代办公设备，以方便谈判所需。秘书可在休息室布置一些茶水、饮料、水果，如果条件允许，可布置一些音响设备，以方便谈判客人休息所需。

2. 谈判座位安排

（1）小团队座位安排

对于小型的商务谈判，为了强调谈判双方的不同立场可以选择面对面方桌的座位模式。秘书应当安排己方的主谈判者在我方谈判桌的正中央就座，这样可以对谈判对方形成一种控制局面的气势，达到削弱对方的谈判气势的效果。

如果谈判双方均有强硬派谈判者，秘书要尽量将两者错开就座。秘书可以让对方强硬者挨着己方的主谈判者就座，尽量选择圆桌。秘书也可以穿插安排双方的谈判者就座，有利于各方谈判者畅所欲言。每个谈判成员之间的座位距离要相等，秘书要为每个谈判者配备最好的座椅。

（2）大团队座位安排

对于少数几方的大团队，秘书要将座位按照小组进行区分，并尽量使各小组成员面对面就座。如果是多方商务谈判，秘书可安排每方的谈判代表以圆桌谈判的方式就座，每一队选一名代表在谈判中做代表性发言。

6.3.4 营造商务谈判氛围

商务谈判氛围受到谈判时间、空间、地点等因素的影响。秘书在商务谈判过程中要将消极因素转化为积极因素，创造融洽的谈判氛围。

1. 预测谈判氛围，做好开场白

秘书在商务谈判开场之前要对谈判的氛围进行预测，做最坏的打算，制定好谈判目标。好的开场白对于商务谈判的达成有一定的促进作用，秘书应选择合适的开场白不断促进商务谈判目标的达成。

2. 做好迎接工作

秘书在商务谈判的起初阶段不要直入谈判主题，最好与对方有5～10分钟的寒暄，目的在于在寒暄阶段调整思维，化解陌生。

秘书在商务谈判的过程中要选择双方的共同语言去交流，消除心理屏障，然后过渡到谈判主题上。

商务谈判结束后，秘书要向谈判方表达以后继续合作的愿景，促成双方的长效合作。

3. 谈判过程的协调

谈判双方刚刚开始谈判时，秘书可以谈论一些非业务性的议题，轻松的话题有利于营造良好的谈判氛围。

秘书要避免在谈判初期就提出有分歧的议题，避免直接对谈判方提出要求。秘书在谈判初期要选择一些中性的话题，最好幽默地和对方开个小玩笑。秘书要积极主动地与对方进行情绪和思想上的交流，主动握手和交谈，避免在谈判过程中"使脸色"。当谈判氛围趋于缓和和轻松时，秘书要恰当地转入谈判正题。

6.3.5 做好商务谈判辅助性工作

秘书做的谈判辅助性工作主要包括：谈判前的准备工作、谈判中的记录工作、谈判中的翻译工作以及谈判后的善后工作。

1. 谈判前的准备工作

秘书谈判前的准备工作包括：确定谈判参与者名单、确定谈判地点与时间、通知参会者。如有必要，谈判前秘书可以与谈判对方的秘书就具体问题先行沟通。

谈判前秘书要安排好谈判过程中的各种仪式，包括谈判开始仪式、领导致辞仪式、谈判签约仪式等。

谈判前秘书要安排好谈判双方的会场布置的具体工作，如果是与外国企业进行谈判，桌上还需要布置双方的国旗。

秘书谈判前还需要准备双方谈判所需要的文件资料，确保谈判中各种扩音设备能够正常运行。

2. 谈判中的记录工作

秘书在商务谈判中要做好全程的谈判记录，内容包括：谈判的时间、地点、谈判的议题、谈判双方的具体谈判内容等。

秘书在做完谈判记录后需要与单位的谈判工作小组进行确认，保证内容的全面，如有必要还需要谈判对方加以确认。

秘书对谈判期间出现的各种情况可以以"谈判简报"的形式进行记录，主要目的在于为日后的谈判研究做好资料的准备。

秘书在完成"谈判记录"工作后还需要起草一份"谈判备忘录"。"谈判备忘录"需要给谈判对方一份，并请谈判对方进行书面确认。

3. 谈判中的翻译工作

商务谈判如果涉及外国人，秘书有时要充当"翻译"的角色，如果是某些小语种国家，秘书应当请专业的翻译公司派人进行翻译。

4. 谈判后的善后工作

秘书的商务谈判善后工作包括对商务谈判各项工作的开销进行财务报账和核销；对谈判的内容进行文档的整理和归集；对整理后的材料进行上报；清理谈判会场并做好谈判结果公布之前的保密工作。

6.4 人际沟通中应当注意的问题

文秘有时在人际沟通中稍不注意就容易"得罪人"。如何避免人际交往中的"误解"，更好地消除人际沟通中的阻碍，秘书就应当在平时人际沟通与交往中注意一些问题。本章将着重介绍文秘在工作中人际沟通时应当注意的五个问题：工作要出色不要出位、恭维领导要适度、工作不越位、不给上司帮倒忙、善于制造话题实现无障碍沟通。

6.4.1 工作要出色不要出位

秘书的工作岗位具有特殊性,这种特殊性表现为秘书在职场上要始终保持低调出场,永远把聚光灯让给别人。独当一面的工作能力是秘书必须具备的基本职业素养。

1. 全面的职业素养,低调的工作作风

作为一名合格秘书,不仅需要有全面的职业素养,更需要保持低调的工作作风。秘书是领导身边工作关系最近的人,在保证完成领导布置的任务基础上还要尽可能地做一些"分内事"。

2. 秘书是单位领导的参谋

秘书是单位领导的参谋。作为一名合格的秘书,要做的工作包括:充分发挥组织中员工的长势、规避员工的短势、充分调动员工工作的积极性、使其为公司的前途努力工作。

秘书在公司所处的职位不同于普通员工,秘书的上级是单位的直接领导,下面是各部门的普通员工。秘书在单位中起到上传下达的中流砥柱作用。秘书的工作性质就决定了秘书的工作行为要保持低调,默默无闻地做好信息的传达工作。秘书在单位还要无私地培养新手,这会为秘书以后的发展甚至前途做好铺垫。秘书在工作上要出色不要出位,只有各类工作得心应手才能得到领导的信赖。

6.4.2 恭维领导要适度

职场中一提到"恭维"就容易让人与"溜须拍马"联系起来。其实,这只是人们对于恭维领导的片面之词。作为一名合格的秘书,要懂得适度地恭维领导。秘书对领导恭维好了,被认为是赞美、称颂;恭维不好,会被认为是阿谀奉承、献媚邀功。

秘书在恭维领导时要注意以下七个方面。

(1) 不要人云亦云,陈词滥调,要根据具体的情形赋予新意;
(2) 如果不是必要,最好人后恭维,这样效果更好;

（3）恭维的语言要能够令人信服；

（4）避免旧式奴才太监式点头哈腰；

（5）面不改色，不知不觉中恭维；

（6）要正中被恭维者下怀，坦诚恭维；

（7）不要轻易恭维，否则你的恭维会变得不值钱。

6.4.3 工作不越位

秘书在职场中的角色定位为领导的参谋，属于辅助性角色。秘书的职业角色决定了秘书在工作中不能自作主张替领导做决策。秘书工作决不可"越位"，一旦秘书工作"越位"就会干扰职场中的工作层级关系，影响正常的公司工作秩序。

秘书在日常工作中要注意以下五个方面不要越位。

1. 决策不越位

单位中行使决策权的只有领导。秘书只能向领导提供决策所需的信息而不能擅自为领导做出决策。

2. 表态不越位

秘书在平时工作中难免与公司不同部门的人员接触，秘书不可在"旁人"面前随意表态。单位重大事件、重大问题一律必须要领导表态。在单位表态应与职位身份相符，不在其位的表态是不负责任的表现，有时还会给秘书带来麻烦。

3. 工作不越位

公司中不同的职位有不同的分工，秘书和领导都有各自的工作职责范围。秘书虽然在工作中要主动，但是一些领导的工作，秘书不宜"揽过来"做，这样会造成秘书工作上越位。一些问题由于秘书不懂具体情况会出现错误和损失。

4. 场合不越位

在公司的一些重要活动中，秘书一定不能场合越位，要将人物重点放在领导身上，默默为领导做好"幕后工作"，切不可抢领导的"风头"。

5. 答复不越位

秘书在工作中常常要面对不同部门的人员，负责信息上传下达的工作，此时，秘书不可对公司人员的提问随意答复。秘书在工作中言语要慎重，不具有领导的层次和权威，不能越位答复。

6.4.4 不给上司帮倒忙

秘书在平时工作中要细致地为领导做好各项工作，不要"帮倒忙"。为了避免给领导"帮倒忙"，秘书要注意以下四个方面。

1. 及时汇报与请教

秘书在工作中如果遇到拿不准的问题不要自作主张，应当及时向领导汇报与请示，让领导指导决策。凡是没有经过领导授权，秘书不可以领导名义对外答复或承诺。

2. 规矩办事

秘书在工作中对于一些变化情况可以灵活处理，但是不能超越公司规定办事。超越规定办事，有时候表面看上去是为领导考虑，但实际上却帮了领导的倒忙。

3. 避免滥权

秘书是距离领导最近的职位，也是离权力中心最近的职位。秘书切记不要替领导决策，滥用手中的权力，不顾及领导的考虑，损害领导和公司的形象。

4. 做好说服工作

公司的一些员工会因为某些问题到秘书这里，请秘书代为转达他们的某些"诉求"。秘书对于这种情况要把好关口，对员工多做说服工作，让其理解领导的决策。秘书不能参与员工煽风点火之类的活动，不给领导帮倒忙。

6.4.5 善于制造话题实现无障碍沟通

领导平时工作脱不开身的时候就需要秘书接待客人。此时，秘书对各类客人要有话题"聊"，要善于制造话题实现无障碍沟通。不仅如此，秘书在领导和同事面前也要善于制造话题，友好沟通。

1. 善于观察，寻找话题

如果秘书是一个新人，对于同事或领导关心的话题可能不太了解。但是秘书可以在平时与同事相处中发现领导和同事对事情的态度，折射出的价值观，领导和同事在意、讨厌什么，围绕这些信息，秘书就可以制造出一些话题。

2. 围绕个人爱好展开话题

每个人都有自己的兴趣爱好，一旦沾上兴趣爱好的话题，一些人很容易"滔滔不绝"。因此，秘书要根据谈话者的兴趣爱好去寻找话题。如果秘书对对方的兴趣爱好不了解，那么可以在交谈中说出自己的兴趣爱好，进而引出对方的兴趣爱好，从而根据其爱好去展开沟通的话题。

3. 针对社会热点寻找话题

秘书可以针对社会热点跟客人摆谈。如果这个社会热点客人不感兴趣，那就换一个社会热点去谈。这需要秘书平时多关注时政热点、社会信息，掌握一定的信息量。

4. 善于用提问的方式展开话题

秘书在谈话中要善于运用提问的方式延续话题。关于提问，秘书可以多向记者、主持人学习。秘书要用好提问以便深入展开话题，能够达到很好的沟通效果。

5. 根据环境氛围寻找话题

秘书和交谈者谈论话题的氛围是不断变化的，包括谈话氛围、心理氛围、变化氛围等。秘书要善于根据环境氛围寻找谈话的突破口，这需要秘书具有很好的个人观察能力与为人处事水平。因此，秘书在平时工作中要练就分析以及处理矛盾的能力。

第7章
文秘商务礼仪素养

文秘在日常工作中不可避免地会参加一些商务活动。因此,懂得一些商务礼仪知识对于秘书来说是职业要求,也是个人修养的体现。本章将从商务形象的塑造、商务着装规范、商务接待礼仪、商务会议礼仪、国际商务礼仪五个方面介绍文秘商务礼仪素养。

7.1 商务形象的塑造

秘书商务礼仪素养培养的第一步就是商务形象的塑造。商务形象是秘书在商务谈判过程中的一张"公司名片"。本节将从女士仪容的塑造、男士仪容的塑造、坐姿仪态如何塑造、站姿仪态如何塑造、手势仪态如何运用、走姿仪态如何塑造六个方面介绍商务形象塑造的具体内容。

7.1.1 女士仪容的塑造

秘书的仪容塑造主要指的是对秘书的面部与头发的修饰。秘书重视仪容的塑造,可以使自己在工作中显得更加从容与自信。

秘书职场妆容应当以清丽风格为主。素雅的妆容属于秘书职业素养的一部分,既是秘书对别人的一种尊重,也是秘书自身良好心态的表现。

女秘书化妆时应注意以下两点。

1. 做好基础面部清洁

化妆的效果与基础面部清洁是否到位有直接的关系。面部清洁做得越好,上妆效果越好。面部清洁要选用适合自己的洗面奶,最好选用温水洗脸。在基础面部清洁做完后涂抹一些基础护肤品、隔离霜,对面部皮肤起到滋润和隔离的作用。

2. 基础面妆和眼妆的打造

基础面妆的第一步为打底,可以选择气垫或粉底液均匀地涂抹在面部。由于办公室通常在照明光源的环境下呈现冷色系,因此,粉底的选择宜用保湿效果好的粉底护肤品。一般亚洲人的肤色偏黄,在涂抹完粉底后要抹一些提色的腮红,粉色或者粉紫色是不错的选择。

对于气色不好、脸色苍白的人来说,在脸颊处涂抹一些胭脂能够起到很好的修饰气色的作用。胭脂的颜色很有讲究。通常情况下,白天宜选用粉色或者玫红色的胭脂，晚上宜选用曙红色胭脂，避免使用紫红色胭脂。对于长脸的人，涂抹胭脂应当以"横扫"为主；对于瓜子脸的人，宜从中间偏上的地方向四周发散涂抹；对于圆形脸的人，适宜"直式"涂抹。除此之外，在化妆时尽量选择在自然光下化妆，这样化出来的效果要比在人造光源下的效果更自然。

唇彩的选择以比自己唇色略微深一些的颜色为宜。如果唇形较薄，唇彩可以涂多一些，反之，则少涂一些。

眼部的化妆以画眉毛和眼影眼线为主。眉形的选择上，中国传统认为"柳叶眉"最适宜。画眉要突出眉毛的"立体感"，眉头和眉尾要画得比眉中淡一些。眼影一般在参加社交活动化浓妆时涂抹，眼影颜色的选择要与服饰相搭配。画眼线时可以适度将眼线的外眼角线往外延伸一些距离，注意上眼线和下眼线的粗细要有区别。

7.1.2 男士仪容的塑造

对于男秘书，在工作场合也要注意仪容的塑造。在国外，参加海外商务活动，男士一律要求修面，如果男士不修面，就会被认为是对他人的不尊重甚至是侮辱。

男士仪容塑造包括：洁面、护肤和适度使用无色唇膏。

1. 洁面

男士面部清洁包括对眼部、鼻子、口腔以及耳朵等部位的清洁。男秘书若与他人谈话前食用了辛辣刺激性气味食物，最好采用嚼口香糖或者干茶叶的方法消除口中异味。男秘书平时要少抽烟，少饮浓茶，避免牙齿变黄。如果男秘书牙齿有发黄的迹象，就要去专业的口腔机构洗牙。

男秘书在面部清洁时要特别注意对胡须经常修整，避免给他人留下不修边幅的不良印象。

2. 护肤

在清洁完面部后，可以选择适合自己肤质的男士护肤品。如果在干燥的季节，可以选择一支无色唇膏，防止嘴唇干裂。

📁 7.1.3 坐姿仪态如何塑造

1. 坐姿仪态塑造

秘书在工作中要注意坐姿。好的坐姿能够起到提升气质的作用，同时也是秘书自信的表现。秘书应从以下三个方面塑造坐姿仪态。

（1）入座

秘书入座要注意两个字：稳、轻。首先应侧身走近座椅，站在座椅前面，用右小腿确认椅子的准确位置，随后轻轻坐下。如果女秘书着的是裙装，则需要将裙子稍微提起一些再就座。

（2）落座

秘书落座要遵循两个字：立、挺。落座腰要挺直，胸要挺立，在落座时上身要微微向前倾。落座后不要东张西望，目光要保持平视，端坐为宜。落座后双膝要自然并拢，正放双腿。双肩自然放平，双臂自然下垂。女秘书可以将右手放置在左手上，男秘书可以将双手手心向下平放在双腿上。

（3）起座

秘书起座时右脚要向后方稍微收半步，然后起身离座。起座时不可将凳椅弄出很大的声响。

2. 坐姿调整方式塑造

秘书的坐姿可以分为以下五种类型。

（1）双腿斜放式

女秘书在穿裙子时可以采用双腿斜放方式就座。这种坐姿的要求是双腿自然并拢，向左或向右斜放，呈45度角。

（2）双腿内收式

双腿内收式是男女在一般场合通用的一种双腿放置方式。这种放置要求大腿自然并拢，双膝可以稍微打开，小腿分开后向内弯曲，双脚脚掌自然落地。

（3）双腿叠放式

穿短裙的女秘书就座时适合采用"双腿叠放式"的坐姿。双腿叠放式坐姿要求双腿一上一下叠放，双脚与地面呈45度角斜放，上侧脚脚尖要垂向地面。

（4）双腿交叉式

"双腿交叉式"的坐姿男女适用。双腿交叉式要求脚踝部位交叉放置，此时，双脚可以斜放，也可以内收，但要避免伸向前方太远。男秘书采取这种坐姿时手可以自然放在椅子的扶手上。

（5）前伸后屈式

"前伸后屈式"是适合女性采用的一种坐姿。"前伸后屈式"要求双腿一前一后，一条腿前伸，一条腿后屈，双脚脚掌着地，前后双脚呈直线状放置。

7.1.4 站姿仪态如何塑造

秘书的站姿是公司形象的一种代表，良好的站姿是仪态美的基础。良好的站姿要头、颈、脚、手、双臂和身躯的姿势符合要求。

1. 头部

站立时头部要正，头顶放平，双眼目视前方，下颚微收，嘴唇微闭，面部表情以微笑为宜，不宜做出夸张的表情。

2. 颈部

站立时颈部要保持挺立，双肩自然舒展，保持在一条直线上并稍微下垂。

3. 脚部

站立时双脚要紧靠，重心要放在双脚之间，双脚保持平行。男秘书双脚可稍稍分开，但不宜宽过肩膀。女秘书站立时双脚可呈"丁"字形或者"V"字形放置。男秘书在站立时可采取"V"字形的站姿。

4. 手部

女秘书站立时，双手可采取两种放置。女秘书可以将一只手放置在一侧，另一只手放置在腰部。女秘书的另一种手姿即右手放置在左手上，右手要握住左手四个手指头，并且四指不要露出来，要贴在腹部。

男秘书双手也可以采取三种姿势放置。第一种姿势是双手自然下垂，放置于身体两侧；第二种姿势是一手放置在身后，一手在身侧自然下垂；第三种姿势是双手均放置于后背，左手握住右手腕部，两手贴合于臀部。

5. 双臂

秘书站立时双臂要自然下垂，手指保持自然弯曲，虎口向前。

6. 身躯

秘书站立时要保持挺身、收腹、腰部直立，臀部收紧，挺拔向上。站立时要保持呼吸自然。

秘书在站立时要注意以下三点。

（1）站立时要突出直立感、开阔感、垂直感。女秘书要突出站立时的优雅大方与端庄稳重，男士在站立时要突出挺拔向上与精神俱佳的状态。

（2）站立时避免耸肩驼背、左右晃动、上下抖腿等不良习惯。站立时避免依靠墙、柱子等实体，正式场合不要摆弄衣角，避免将手交叉放置在胸前。

（3）长时间站立可以变换双手和双脚的姿势，重心可在左右脚之间交换。

7.1.5 手势仪态该如何运用

手势语言在秘书工作中能够传达一定的信息，起到表达意向的作用。秘书在使用手势时要注意以下三点。

1. 规范使用手势

在长期的手势使用习惯中，许多手势都是约定俗成的。秘书在使用手势时要遵循一定的规范和要求，切不可胡乱使用手势。例如，秘书在给人指明方向时要手心向上，大拇指微翘，四指并拢，前臂自然向前伸直。秘书交谈中涉及自己时要掌心轻按自己的左胸，语速适中地与对方交谈。

秘书在使用手势进行交流时要避免手势的幅度过大，手势的使用要与面部表情、口语以及其他部位的动作协调一致。

2. 避免使用的手势

在任何社交场所都不要用食指指向自己的鼻尖或者用手指头指向他人。秘书在公共场合要避免挖耳朵、揉衣服、搓泥垢等不雅手势。秘书在为人指路时不要用一个手指头为人指路。

3. 避免手势歧义

不同的国家手势的含义不一样。例如，在中国手心向下的手势一般可以用来召唤别人，而在美国这种手势是用来叫狗的。竖起大拇指的手势在中国表示称赞他人，而在澳大利亚表示骂人，在美国表示要叫车。OK 手势在中国表示同意，在巴西则是粗俗的表达。

秘书在使用手势的过程中要注意手势使用的规范性，同时也要避免在不同的国家使用手势时出现歧义。

7.1.6 走姿仪态如何塑造

秘书"走姿"的好坏直接影响自身的形象和风度。"站如松、坐如钟、行如风、卧如弓"讲的就是古人对站、坐、行、卧仪态的要求。对于秘书这个职业而言，"行如风"要求的就是行走步调稳健、轻盈并且有节奏感。

走姿的塑造要从以下六个方面进行。

1. 上身直立

秘书在走路时上身要保持直立，头要抬起，目光平视前方，挺出胸收紧腹部，腰背不能弯曲，上身始终保持直立感，双臂自然在身体两侧下垂，掌心向身体一侧。

2. 双臂摆动

秘书在行走时要以双肩为中心，双臂自然前后摆动，前摆不超过 35 度，后摆不超过 15 度。双臂在摆动时，肘弯等关节要自然，不要僵硬。双臂要尽量摆直线，不要向上摆动。

3. 起步前倾，抬脚前伸

秘书在行走起步时要保持身体前倾，要脚后跟先着地，走路时要将重心由后脚掌转移到前脚掌，同时膝盖始终要保持伸直的状态，避免弯曲。

在抬脚时，小腿要伸直，脚尖要向正前方伸出，双脚在行走时要保持在一条直线上。在行走时腰部要放松，步幅不宜过大，女秘书前后脚的距离以一脚左右为宜，男秘书前后脚的距离以一脚半为宜。

4. 根据不同场合调整步态

秘书在不同场合走路的步伐是不一样的。在拜访客人时步伐应当轻巧平稳；办事联络时要快捷稳当，体现干练的工作作风；参加喜庆活动时步伐应当轻盈，具有节奏感；在迎宾时步伐应当稳重大方。

5. 根据不同着装调整步态

女秘书穿长裙时要突出整体的和谐美，在行走时可一手轻轻托起裙摆的一侧。穿短裙时步伐要稍快，体现活泼灵巧的特点。女秘书穿平跟鞋时要保持脚后跟先着地，步伐适度大一些；穿高跟鞋时要有一种向上的挺立感，步伐不宜过大。女秘书在穿着西装时步伐可适当放大，在穿着旗袍时走路以小碎步为宜。

6. 走姿塑造的注意事项

秘书在走姿塑造的过程中，身体不可摇摆幅度过大，容易给人留下轻佻的不良印象。走路时要避免身体僵硬，步伐沉重，容易给人留下内心思想顽固的不良印象。行走时双手插于裤兜或者双手反背在身后容易给人造成小气或高傲的不良印象。除此之外，秘书在行走时还要避免弯腰驼背、左右摇摆等不良走姿。

7.2 商务着装规范

商务场合中的着装不同于日常休闲装，在服装的选择、搭配以及穿着细节方面都有一定的讲究。本节将从商务着装的基本要求、西装着装规范、套裙着装规范、佩饰着装规范以及首饰佩戴规范五个方面介绍商务着装礼仪的内容。

7.2.1 商务着装的基本要求

秘书商务着装的基本要求是与时间协调、与环境协调、与身份协调、与形体协调、与肤色协调、与色彩协调。

1. 着装与时间协调

着装与时间协调指的是与三重时间相协调，即与时代协调，与季节协调，与每一天协调。秘书的着装要与时代步伐保持一致，不可穿过于复古的服装，也不可一味追求前卫，穿过于时髦的服装。秘书的服饰应与时代格调保持一致。

秘书的服饰与季节相协调指的是秘书的服饰应随着四季变化而变化，服装的薄厚应遵循冬暖夏凉的自然气候，避免服饰的另类。

服饰的搭配与每一天协调指的是秘书应根据早、中、晚不同的时段、温度适当变换服饰。

2. 着装与环境相协调

秘书在不同的场合环境对于服饰的穿着也有不同的要求。工作场合的服饰要讲究保守端庄，休闲场合要突出舒适自然，社交场合要强调个性时尚，出席晚宴应当穿着礼服，朋友聚会应当穿着方便轻松。

3. 着装与职业相协调

不同的职业角色要遵循不同的职业规范，穿着不同的服饰。秘书要根据自身职业规范着装，讲究服饰的干净、整洁、大方、保守。在陪同外宾或领导出席重大活动时穿着宜低调，避免抢上司或外宾的风头。

4. 着装与形体相协调

秘书着装要与自己的形体相协调。一般而言，男士形体以"T"形为最佳，女士形体以"X"形为最佳。身材偏胖的秘书宜穿着颜色稍深或者竖线条服饰以便显瘦，身材偏瘦的秘书宜穿着浅色或者横条纹服饰以便显得更加丰腴一些。

5. 着装与肤色相协调

秘书在着装时要与自身的肤色相协调。肤色偏暗者，着装的颜色选择上要忌讳偏暗的黑色、褐色、深紫等颜色，宜穿着中性颜色的服饰。肤色偏黄的人在着装方面避免选择与肤色相近的暗黄色、土黄色、蓝紫色等颜色，这些颜色容易让原本皮肤偏黄的人更加没有生气，应当选择偏暖色系的服饰，例如橙、红色等，这些颜色可以增加皮肤的好气色。肤色苍白者在服饰搭配上不宜穿黑色、白色或者紫红色，宜选择暖色调的服饰，这样可以提升面部的红润感。

6. 着装与色彩协调

秘书的服饰讲究色彩协调，一般而言，同色系的服饰色彩协调性最好。着装时整体色彩不要超过三种颜色。女士切记颜色搭配过多、杂乱，这样容易给人留下俗气的不良印象。上浅下深的颜色搭配能够给人留下沉稳的印象，而上深下浅的颜色搭配容易给人留下活泼的印象。除此之外，秘书在服饰上应讲究点缀配色、颜色呼应与对比配色等配色的细节。

7.2.2 西装着装规范

西装是一种国际型服装。西装的穿着非常有讲究，在西装的套件、领子、纽扣、口袋、衬衣、领带、背心、鞋和袜子这些细节方面都有特殊的穿搭要求。

1. 西装套件着装规范

正式场合的西装套件有单件上装和西装套装两种类型。秘书出席正式场合的活动必须穿西装套装，一般情况下选择深色、单色的素雅套装。

西装上衣的长度要盖过臀部，下摆要求有垂感，避免褶皱，衣袖的长度要到达手腕处。西装上衣袖口的商标应去除。穿着西装时衣领要与后颈部贴合，以显示西装整体的匀称感。西装裤子的腰围大小应以能插进一手掌为宜。西裤的长度要抵达脚面。西裤的裤线要经过熨烫显现出来。西裤整体应当没有褶皱。

2. 西装的领子着装规范

秘书可根据自身的脸型选择西装领子的形状。通常情况下，西装的领子有平驳头和枪驳头两种类型。西装一般会搭配衬衣穿着，通常情况下，西装的领口应当低于衬底1厘米。衬衣领口应高于西装领口1厘米，一方面能够对西装领口起到保护作用，另一方面能够显示出西装与衬衣之间的层次感。

3. 西装纽扣着装规范

西装上衣的纽扣有单排扣与双排扣之分。单排扣的西装上衣又分为单粒扣、双粒扣和三粒扣三种款式。在非正式场合西装上衣通常不系扣。在正式场合西装上衣必须系扣，单粒扣与双粒扣的第一粒扣子要系上，三粒扣的第二粒扣子要系上。西装中其余的扣子可做装饰之用，不必系上。对于双排扣的西装通常情况下不要敞开穿。

4. 西装口袋着装规范

西装的口袋分为前胸口袋、上衣口袋、内侧口袋与裤子口袋四类。西装前胸口袋通常只放置折叠美观的白手帕。西装上衣口袋避免装杂乱之物，通常上衣口袋只起到一定的装饰作用。若放置物品在口袋内容易造成上衣口袋变形，影响西装的整体美感。

西装内侧口袋分为左内侧口袋与右内侧口袋。左内侧口袋宜装笔、笔记本等物品。右内侧口袋宜放置香烟、名片等物品。

西装裤子口袋内不宜放置物品，目的在于突出裤型与身材的吻合。

5. 西装衬衣着装规范

正式场合西装内通常搭配白衬衣。白衬衣应当以单薄款为主，衬衣内不可穿其他衣物，避免臃肿感。白衬衣的领口如果搭配领带，则衬衣第一颗扣子应系上，如果不搭配领带则不必系。衬衣的领口与袖口均需比西装的领口与袖口高出1.5厘米。衬衣的袖口不可向上翻起。除此之外，衬衣的下摆要塞进西裤中。

6. 西装领带着装规范

正式场合穿着西装必须佩戴领带。领带是西装的灵魂。领带的长度一般以130~150厘米为宜,以系完领带的大箭头与裤带处齐平为宜。领带的颜色、图案与款式要与西装的颜色款式相协调。通常情况下领带宜选择素雅柔和的暗色调。领带避免过细,过细容易让人产生"小气"的不良印象。如果西装内穿搭背心或者薄毛衣,领带需要搭在背心和毛衣内侧,避免露出领带尖。

7. 西装背心、鞋与袜子着装要求

对于正式场合要求西装不露腰带的情况下,需要穿着背心,背心的颜色、款式、图案要与西装上衣相协调。

西装搭配的皮鞋宜选择纯黑色三接头皮鞋,黑色皮鞋可以与任意颜色的西装相搭配。皮鞋表面忌有灰尘。

西装的袜子最好选择纯黑色的中筒袜,避免选择颜色过浅或者花色袜子外搭,这样会显得过于轻浮。

7.2.3 套裙着装规范

女秘书穿着西装套裙能够显示出职业的干练与洒脱。西装套裙穿着正确能够给人留下良好的职业素养的印象。女秘书在穿着西装套裙时应从西装套裙的颜色、面料、造型以及衣扣等方面加以注意。

1. 套裙颜色的选择

套裙的颜色选择要与"时髦"拉开距离。套裙颜色的选择要以传统的冷色调为主,以显示女秘书的端庄与大气,例如藏蓝、黄褐、雪青等颜色是很好的搭配色。如果是两件套裙装,上衣和裙子可以选择一种色调,也可以选择上深下浅或者上浅下深的颜色搭配,前者会凸显女秘书的端庄之感,后者会凸显女秘书的活泼之感。

2. 套裙面料的选择

西装套裙的面料选择要以质地精良的上乘面料为主,人字呢、薄花呢、

亚麻、丝绸、麻纱等都是较好的面料选择。在面料的选择上以不起皱、不起球为主，同时注意面料的光滑性与弹性。需要注意的是，套裙的上衣与裙子的面料应当一致。

3. 套裙造型的选择

西装套裙的造型变化多样，但主要集中在套群的长短与宽窄两个方面。对于套裙上衣与裙子的长短在西装着装规范中并没有具体的规定。通常情况下，西装套裙的上衣最佳位置应保持齐腰，套裙下摆最长不要超过小腿正中，否则会给人留下散漫的不良印象。

西装套裙的款式不能过于肥大或者紧身，避免露腰背。女秘书如果要突出端庄的线条美，套裙款式宜选择一步裙、西装裙或者筒裙；如果要突出洒脱高雅之美，可选择旗袍裙、百褶裙或者喇叭裙。

女秘书在选择套裙款式时避免选择下摆过于复杂、陪衬较多的裙款。在穿着较薄的丝麻等裙装时要搭配内穿的衬裙。

4. 套裙衣扣搭配规范

女秘书在穿着套裙时衣扣一定要扣到位。不可出现内衣外穿的"时尚"款型。套裙选择穿搭的衬衣避免过薄，内衣不可显露。除此之外，女秘书的套裙不可与牛仔裤、健美裤、凉拖、旅游鞋等搭配。套裙应当搭配连裤袜或者高筒袜，半高跟鞋或者高跟鞋。

7.2.4 佩饰着装规范

现代社会，秘书在一定的场合点缀一些佩饰已经是很常见的事情了。对于女秘书而言，常见的佩饰为胸针；对于男秘书而言，常见的佩饰为领带夹与袖扣。

1. 胸针的着装规范

胸针是女秘书的专属佩饰。胸针的形状、质地多种多样，在选择胸针的款式时要与出席的场合以及服饰相适应。秘书上班穿着西装套裙时宜选择图案庄重并相对简单的胸针。在参加音乐会、酒会等活动时，宜选择高雅精致的胸针，所选胸针应能够衬托出女秘书的美丽面容，同时也能提升视线的作用。

通常情况下，女秘书应将胸针别于上衣第二颗和第三颗纽扣之间。穿着套裙时，胸针应别于上衣领口处。脸型偏圆者，胸针应别于领口正下方，以显示脸型的清瘦。

2. 领带夹与袖扣的着装规范

男秘书在平时着西装时佩戴领带可以不搭配领带夹与袖扣，让领带随风飘动也能显示出男士的潇洒风范。但对于工作场合，为了防止由于领带飘动给工作带来的不便，男秘书需要在佩戴领带的同时佩戴领带夹与袖扣。

领带夹的选择要以工艺考究、线条挺拔的款式为主。领带夹要别于上衣第四颗和第五颗纽扣之间。

袖扣通常和领带夹一起搭配出现。袖扣的选择要与领带夹的图案、线条、颜色等相协调。

7.2.5 首饰佩戴规范

女秘书在公共场合佩戴的首饰包括项链、耳环、戒指和手镯。这些首饰的佩戴都有一定的讲究，须遵循一定的首饰佩戴规范。

1. 项链佩戴规范

项链的款式可分为珠宝项链和金属项链两大类。女秘书在参加社交活动时宜佩戴具有一定色泽性的珠宝项链。项链宜选择典雅款式，切忌过分粗大，容易给人留下俗气的不良印象。

女秘书在佩戴项链时要注意与自己的脸型与年龄相符合。圆形脸应选择细长或者带吊坠的项链；长形脸或者脖子较长的女秘书应当选择短款项链；正三角形脸宜选择具有延伸效果的长项链以弥补脸部的不足；倒三角形脸应选择圆润感较强的项链。

年轻的女秘书应选择款式新颖的项链；中年女秘书应选择质地典雅、工艺感较强的经典项链；年龄偏长者应当选择质地优良、精工细作的项链。

项链的佩戴还应当与季节、服饰相符。春夏季节，人们穿着的衣服普遍轻薄、飘逸，因此，应当佩戴精致轻巧的项链。秋冬季节天气较冷，宜佩戴端庄较粗的项链以便与厚服饰相映衬，凸显出服饰的温暖。

女秘书穿着素色衣服时可选择色彩艳丽的项链佩戴，例如红玛瑙项链、绿翡翠项链，这样可以增加服饰的色彩感。穿着花色衣服时可选择佩戴素色的项链，例如景泰蓝项链、珍珠项链等，这样可以显示女秘书的端庄典雅之感。

2. 耳环佩戴规范

女秘书在耳环的佩戴上要注意与脸型相符。方形脸不宜佩戴方形或者棱角突出的几何形状耳环，这样会显得脸更方。方形脸宜佩戴线条较圆润的圆形、螺旋形耳环以削弱面部的方形感。长形脸不宜佩戴长坠形耳环，而应佩戴圆形耳环，以中和脸部的长形线条。圆形脸不宜佩戴圆形耳环而应佩戴长方形、泪形垂吊式耳环，以显示脸更长。除此之外，佩戴眼镜的女秘书不宜再佩戴耳环，以避免显示眼镜加耳环的金属套感。

3. 戒指佩戴规范

戒指在首饰的佩戴中最为讲究。不同手指佩戴戒指有不同的含义，女秘书不应随意混搭佩戴。通常情况下，戒指应佩戴在左手。戒指佩戴在小指表示独身；佩戴在无名指表示已婚或有配偶；佩戴在中指表示已有意中人；佩戴在食指表示正在求偶，大拇指通常不佩戴戒指。佩戴戒指要避免一次佩戴多枚戒指，容易给人留下炫耀之感。

戒指佩戴要注意与场合、指形相协调。女秘书在工作场合可不佩戴戒指，如果佩戴可选择白金、白银或者黄金材质的戒指。出席社交活动时宜佩戴珠宝戒指。

如果女秘书的指形纤秀，可以选择任意一款戒指。如果指形短胖，则可选择不对称的梨形戒指佩戴。指形修长者宜佩戴方戒这种粗线条的戒指。

4. 手镯佩戴规范

手镯的佩戴在中国也有一定的讲究。通常情况下，中国人习惯将手镯佩戴在右手。西方人习惯将手镯佩戴在左手。如果仅右手佩戴手镯则表示是自由不受约束的，如果左手或者双手均佩戴手镯则表示已婚。通常情况下，佩戴手镯的同时不宜佩戴手表。

手镯的选择要根据手臂的长短加以选择，手臂较长者宜佩戴宽边手镯；反之，手臂较短者宜佩戴窄边手镯或不佩戴手镯。

7.3 商务接待礼仪

良好的开端是成功的一半。秘书做好商务礼仪接待工作有助于达成预期的商务谈判结果。本节将从商务接待的准备工作，商务接待的安排，商务接待的迎客、宴请、送客五个方面对商务接待礼仪进行介绍。

7.3.1 商务接待的准备工作

商务接待之前要做好准备工作，具体包括：掌握来宾情况、制定接待方针、拟定接待规格、选择接待形式、编制接待日程、安排接待人员、安排住宿地点及出行工具、制定接待预算。

1. 掌握来宾情况

掌握来宾情况包括掌握来宾的个人基本情况、来访的具体时间、目的及意图。

掌握来宾的个人基本情况包括掌握来宾的国别、姓名、职务、宗教、人数以及生活习俗等信息。

掌握来宾来访的具体时间包括对来宾抵达时间、离开时间、行程路线以及日程安排等信息。

掌握来宾的目的及意图是秘书制定接待方针的前提。秘书可以通过与对方的交谈、收集到的有效资料以及接待通知等方面掌握来宾的到访目的及意图。

2. 制定接待方针

接待方针指的是秘书根据来宾的不同性质制定有所侧重的接待要求。例如，如果来宾为外籍人士，接待方针则应侧重遵循国际礼仪规范；如果来宾为少数民族人士，接待方针应强调遵循少数民族风俗习惯；如果来宾为重要高级领导人物，接待方针则要强调安保措施到位。

3. 拟定接待规格

接待规格分为高规格接待、对等接待以及低规格接待。

高规格接待适用于三种情况：上级领导到下级单位口授意见，兄弟单位到本单位商量重要事宜，下级单位人员上访汇报重要事宜。

对等接待适用于重要的来访客人需要本单位领导全程陪同，来宾初到或离开时需要人员陪同。

低规格接待适用于上级领导到本单位视察、调研，外地的参观学习旅游团，上级领导路过等情况。

4. 选择接待形式

秘书可根据来宾的目的与接待任务选择相应的接待形式，具体包括：引见式、协办式、迎接式、会见式、座谈式、陪同式。

引见式接待方式指的是秘书直接将来宾引见给单位领导或单位有关部门。

协办式接待方式指的是接待工作由单位专门的外事部门负责，秘书只负责协助办理相关事项。

迎接式接待方式指的是秘书负责来宾的接待和迎送。

会见式接待方式指的是秘书直接负责来宾的接待和会谈有关事项。

座谈式接待方式指的是秘书同领导一起与来宾座谈协商有关事项。

陪同式接待方式指的是秘书陪同来宾参观、会谈以及协助某些事项的处理。

5. 编制接待日程

秘书在编制接待日程时要注意将四点囊括其中：接待的具体日期、接待的具体内容、接待的具体地点、接待的具体工作安排。

6. 安排接待人员

秘书安排的接待人员要包括两类人：第一类人为陪同的主要领导、相关职能部门的领导以及相关的技术人员；第二类人包括秘书人员与后勤人员。

7. 安排住宿地点及出行工具

秘书要根据来宾的人数、身份、性别等详细信息预订酒店客房，如有必要可将酒店客房平面图提供给对方，以供选择。如果对方是自费住宿，秘书则要事先询问对方住宿的基本要求，尽可能预订符合对方预期的酒店房间。

秘书应当对来宾的交通出行需求给予一定的协助，特别是需要联络交通出行工具时，秘书人员应积极配合。如果对方来宾是自备交通工具出行，秘书应尽可能与来宾在出行便利性方面做好沟通。

8. 制定接待预算

秘书应对来宾访问期间的招待做好一定的预算。预算费用的列支主要包括八类：工作经费、劳务费、交通费、食宿费、礼品费、宣传费、参观费以及其他费用。秘书要在相应经费类别后注明经费的详细来源。

📁 7.3.2　商务接待如何安排

商务接待安排通常情况下包括五个步骤：安排接待来宾次序、布置接待环境、准备接待场所物品、准备来宾礼品、通知陪同接待人员。

1. 安排接待来宾次序

秘书在安排接待来宾次序时通常从三方面考虑：第一，可以按照致电来宾代表团日期先后次序接待；第二，可以按照英文字母顺序排序；第三，可以按照来宾身份职务的高低进行排序。

2. 布置接待环境

秘书在布置接待环境时要注意六个方面的布置：确保电源以及照明设备的接通；将空调调试到最佳状态；音响和视频设备提前调试；桌椅摆放整齐，确保人人有座；确保桌签放置于座位的正前方；保持接待场所的清洁卫生。

3. 准备接待场所物品

秘书需要准备的接待场所物品包括：茶水、饮料，文件资料，水果，烟、烟灰缸，报纸杂志等。

秘书应提前将茶杯放置于桌子的右前侧，并提前半个小时确保饮水机能正常工作。文件资料尽可能装入文件袋并摆放在来宾的桌面上。水果应提前洗净并分盘摆放。报纸杂志应为最近日期的，避免过旧的杂志。

4. 准备来宾礼品

秘书在准备来宾礼物时要注意礼物应轻重得当，并应符合来宾的心意，同时要了解来宾所处地区的风俗习惯，选择尊重来宾民族习惯的礼品。

5. 通知陪同接待人员

秘书在全程陪同来宾时对于各个项目安排也要指定相应的陪同人员，并及时通知陪同人员提前等候来宾。

7.3.3 商务迎客礼仪

秘书做好迎接准备工作之后就要着手进行商务迎客了。商务迎客应遵循的次序为：确定规格、接机、见面、介绍、讲话与陪同。

1. 确定规格

秘书在确定接待规格时需要综合考量来宾的身份、地位以及来访的目的。将这些情况掌握之后，秘书应确定接待的规格，对于重量级别的来宾，秘书应当组织专门的欢迎队伍迎接。

2. 接机

对于来自外地的宾客或者外宾，秘书还应当安排接机工作。在安排接机工作时应注意以下五点。

（1）秘书在接机前应当提前与航空公司取得联系，询问航班是否能够准时到达。

（2）秘书在迎宾时要避免迟到。

（3）秘书应当根据来宾的身份、地位安排职务相当的人员去迎接。

（4）秘书第一次接待陌生来宾应准备来宾的照片，避免认错来宾，同时要准备一块接站牌，并且站在醒目的位置。

（5）秘书在接机前应提前安排接机的交通工具并做好来宾的住宿安排。

3. 见面

秘书与来宾见面要遵循三个步骤：问候、献花、送见面礼。

（1）秘书与来宾见面，首先应当对来宾表示问候，例如："欢迎来到我们美丽的××城市""一路辛苦了"。

（2）对于重量级来宾，秘书可以安排献花的环节，注意保持鲜花的新鲜与整洁。

（3）对于初次见面的来宾，秘书要准备一份见面礼，见面礼要备有手提袋。

4. 介绍

秘书与来宾初次见面时，双方的人员要互相做简单的介绍。秘书在做介绍时要注意介绍的次序，首先对我方人员按照职位高低向来宾做介绍，其次由主宾对来宾方人员做介绍。

5. 讲话

当来宾到达目的地后，秘书要在欢迎宴上邀请主人与主宾做简短的讲话。

6. 陪同

秘书人员要陪同来宾到住宿地点或者欢迎仪式现场。在陪同的过程中秘书应注意以下四点。

（1）秘书应注意来宾的乘车座次安排。通常情况下，小轿车的乘坐次序遵循"后为上，前为下；右为上，左为下"的次序。秘书应当坐在副驾驶的位置，单位领导坐在司机后面的位置，来宾应坐在后排靠右的位置。

（2）秘书应当协助来宾做好住宿登记工作。秘书应主动将入住的酒店硬件设施情况向来宾做简单的介绍，并将日程安排、活动计划以及地图等资料给来宾。

（3）秘书在来宾到达住宿地点后不要马上离开，应向来宾简单介绍一下活动安排的背景、当地的风土人情、特产以及生活物价等信息。

（4）秘书在与来宾交谈之后，鉴于来宾路途上的颠簸需要更多的休息，应尽早离开。离开前应提醒来宾注意明日的行程和活动安排。

7.3.4 商务宴请礼仪

商务宴请礼仪主要包括商务宴请的形式礼仪、商务宴请的程序礼仪以及商务宴请的细节礼仪三个部分。

1. 商务宴请的形式礼仪

商务宴请的形式包括国宴、便宴、茶会、酒会、客饭、自助餐、工作餐等。

国宴以国家元首或者政府首脑的形式举办。国宴是最高规格的商务宴请。国宴通常要在举办地大厅悬挂双方的国旗。国宴要安排专业的乐队演奏国歌和席间乐。在国宴中双方还要互敬致辞，相互敬酒。

便宴属于一种非正式的宴请，除主人和主宾以外的其他人通常不讲究座位的席次安排，双方不需要做正式的发言，气氛随和，通常用于日常的交往和一般性工作接待。

茶会是国内最为常见的一种商务宴请形式。茶会对茶品和茶具的选择有一定的讲究，如果有外宾在场，茶也可以咖啡代替。在国内，搭配饮料和水果的茶会也有另外一个别名，即茶话会。

酒会适用于国内的商业开张、合作签字以及其他的商业庆典活动。酒会又可以称为鸡尾酒会。在酒会上参会人员可以随意走动，形式较为随意，席间不设置座席。

客饭是国内企事业单位采取的一种较为简朴的商务宴请形式。

自助餐是商务宴请招待客人人数较多的情况下的一种商务宴请形式。自助餐一般情况下不设置座席，以冷食为主。

工作餐是由于时间太紧张而采取的一种较为省时的商务宴请形式。工作餐商务宴请形式的好处在于能够边吃饭边交谈，并且选择早餐、午餐与晚餐均可。

2. 商务宴请的程序礼仪

商务宴请的程序礼仪包括由谁邀请、邀请范围、邀请时间、邀请地点等环节的内容。

商务宴请通常情况下由单位领导个人或者以单位的名义对来宾发出邀请。

秘书应根据主宾的身份、宴请的性质等因素考量邀请人数的范围。值得注意的是，商务宴请在国内要减少主办方的参加人员。

秘书在确定邀请时间时要提前与来宾进行协商，并且要尊重来宾的生活习惯、民族习惯等。

商务宴请的邀请地点通常选择在酒店，而酒会形式的商务宴请也可安排在露天场所举行。

3. 商务宴请的细节礼仪

商务宴请要从商务宴请的氛围、订菜、乐队以及休息室等方面加以注意。

越正式的商务宴请气氛越严肃，酒会、茶话会等形式的商务宴请气氛则要强调轻松。

秘书在对商务宴请的来宾发出邀请时对所有来宾邀请的形式都要一致，体现公平的原则。

秘书在定制商务宴请的菜肴时要充分考虑来宾的民族饮食习惯，例如回民不能点带猪肉的菜，印度教徒不宜点带牛肉的菜，佛教徒不应点荤菜。

秘书在安排乐队演奏时要注意乐队不能离饭桌太近，演奏的乐曲以轻音乐为主。

对于重量级的来宾在宴请的同时要准备休息室，休息室内要有同等身份的人员陪同。休息室内应放置水果、茶点等食物。

📂 7.3.5　商务送客礼仪

商务送客礼仪是比商务迎客礼仪更为重要的一种礼仪。俗话说："出迎三步，身送七步"，讲的就是这个道理。商务送客礼仪要在送客的程序和送客的细节两个方面加以注意。

1. 送客的程序

秘书在送客前首先要知悉来宾离开的准确时间。秘书可以在宾馆陪同来宾一同前往机场、车站，也可以提前来到机场、车站等候进行送客。来宾离开之前，秘书要安排送行人员一一与来宾握手送别。

对于重要来宾，秘书要安排欢送队伍，在门前列队欢送，表示出对来宾此次来访的重视。

2. 送客的细节

秘书在送客的一些细节上应当加以注意，因为如果在细节上疏忽了礼仪，很可能会给来宾留下不好的印象。

首先，当来宾向秘书告辞时，秘书应当将眼神转移到来宾身上，并停止手头的工作，并且要对来宾表示出"下次再见"的意思。

其次，秘书要等来宾起身后再起身。如果来宾还没有起身秘书就先起身，就会让来宾感觉到自己不受欢迎。

再次，当来宾起身时，秘书要帮助其取来衣帽，并握手道别。如果来宾有许多随行的行李，秘书应当主动帮忙拎行李。秘书要将来宾送到车上，并挥手告别，直到来宾消失在视线中，方可离开。

除此之外，秘书在迎送客人时，目光不要随意乱扫，要保持一直目视来宾。秘书要根据公司以往接待规格的惯例来接待来宾。

7.4 商务会议礼仪

商务会议参会角色很多，秘书有时作为普通的参会人员，有时作为参会主持人，有时作为参会发言人。不同角色适用的商务礼仪也不尽相同。本节将从与会人员礼仪、参会主持人礼仪、参会发言人礼仪，以及茶话会、发布会会议礼仪介绍商务会议礼仪的基本知识。

7.4.1 与会人员礼仪

企业上下级单位之间或者企业之间会举办一些商务会议。秘书首先要明确自己参会的身份，然后按照身份遵循一定的参会礼仪。

1. 贵宾礼仪

贵宾通常会被邀请到主席台就座。贵宾应大方地接受邀请并就座，需要注意的是主宾在开会中途不可退场，并且要自始至终保持聚精会神的状态听会。如果会议主办方邀请贵宾发言，贵宾应当首先对主宾表示感谢，然后做言简意赅的发言，避免拖泥带水的长篇大论。

2. 列席代表礼仪

如果参会者以列席代表身份参会，应按照主宾安排人员的引导就座。列席代表在参会期间可以自由发言，但由于列席代表没有决定权，因此，在做表决时列席代表应当注意回避。

3. 一般代表礼仪

如果作为一般代表参会，在遵从主宾工作人员安排就座时应尽量往前排就座，避免出现前排无人坐的现象，以表示对主办方的尊重。

4. 严格遵守会议纪律

在参加商务会议时一定要遵守会议纪律。按时参会，有事请假。会议上不要随意走动、聊天、看报。会议期间如果有参观项目，要有时间观念，避免由于自己参观时间过长而耽误了其他人的时间。

7.4.2 参会主持人礼仪

会议主持人是整个会议的灵魂所在，代表着企业形象。会议主持人一定要衣着得体、精神饱满，具有一定的礼仪素养。

1. 端庄大方

会议主持人的仪态应端庄大方，表情自然。主持人走路应根据会议性质的不同调整步速。对于严肃的会议，主持人步伐应当缓慢；对于气氛活跃的会议，主持人步伐应当轻快并且适当加快步速。主持人在主持会议时，应当挺直腰板，避免出现挠头、揉眼、抖腿等不雅动作。除此之外，主持人在主持会议的过程中还要避免与他人寒暄。

2. 清晰表述

主持人在主持时语速应当适中，避免过快导致台下的听众听不清或过慢导致台下的听众反感。主持人在表达时应当咬字清晰，使用普通话。在承上启下的发言时，主持人应迅速引入下一个发言者，避免发言过长，有喧宾夺主之嫌。

3. 掌控进程

会议主持人对会议进程的掌握包括会议时间的掌控、对会议讨论的掌控以及对会议氛围的调整。

秘书对于会议时间的掌控首先要做到的一点是在没有发生特殊事件的情况下，会议均应按时开始，如有特殊情况则应向参会者当场委婉解释。会议中途茶歇时间一定要准时，时间一过立即恢复开会。主持人要对每项会议议程的时间进行掌控，对于个别超时的发言者，主持人应当进行善意的提醒。

秘书对于会议讨论的掌控包括两个方面：一是，避免会议讨论偏离会议主题；二是，当会议讨论出现灼热化的矛盾时要及时休会，缓解紧张气氛。

秘书应根据会议的性质调整或严肃、或紧张、或活跃的会议氛围，努力为参会者营造出畅所欲言的良好会议氛围。

7.4.3 参会发言人礼仪

会议发言人通常会以两种形式被邀请进行发言：正式发言与自由发言。作为参会发言人，要遵守以下五个方面的礼仪。

1. 神态自然

正式发言通常要求发言者走向讲台发言。此时，参会发言者应当以稳健的步态走向主席台，神态自然，避免紧张。如果台下观众鼓掌欢迎，则发言人应当微笑向观众招手。发言人要避免目光游离，表情呆滞，避免给人留下不自然或高傲的印象。

2. 言简意赅

发言人应当语言清晰，突出讲话的重点，同时注意台下观众的表情变化，以调整语速。发言人要避免讲话过于冗长。对于重点内容，可以适当重复强调，但要避免使用一些重复词语"呃""啊"等。

3. 礼貌致谢

发言人在发言过程中，如果台下观众鼓掌，则应对观众的支持礼貌致谢。如果发言人做的是书面发言，应注意在发言的过程中不要一直低头念稿，而要注意时不时地与观众进行目光交流，因此，发言人在做书面发言前务必熟悉发言稿。

4. 讲究秩序

如果发言人是自由发言，虽然形式上比较自由，但也要讲究秩序，不能随意打断别人的发言，避免抢话。发言内容要简单明了。即使其他人有不同的观点也应表现出友好的态度，以理服人。

5. 礼貌答问

无论正式发言与自由发言，一旦有参会者对发言人进行提问，发言人都应礼貌地予以回答。对于不便于回答的问题，发言人应当礼貌地说明理由。提问人如有批评或者提问不当的错误，发言人都应礼貌倾听，避免失态。

7.4.4 茶话会礼仪

茶话会是一种比较活跃自由的社交性会议。茶话会在发请柬、时间安排、举办地、茶点准备、场地布置以及发言顺序等方面都有一定的礼仪要求。

1. 发请柬

正式的茶话会要提前向参会者发请柬。茶话会的请柬要提前半个月向受邀者发出，受邀者可以选择回柬，也可以选择不回柬。

2. 时间安排

茶话会时间安排应选择在重大节日举办，以起到"借题发挥"的作用。通常，五一、十一与中秋节比较适合举办茶话会。茶话会举办的时间宜选择在上午十点或者下午四点，时间不宜持续太久，一个小时到两个小时为宜。

3. 举办地

对于大型茶话会宜选择在主办方的会议厅、宾馆的茶话厅或者专业的茶楼、茶室。对于小型的茶话会宜选择在私家客厅、私人庭院或者露天花园等场所。

4. 茶点准备

茶话会的重点在于"谈话"，茶点只是配角。茶话会不仅要准备茶叶，还要准备一些水果、点心以及地方特色小吃。茶叶最好各个品种都准备一些。最常见的茶叶品种有绿茶、红茶、乌龙茶和花茶。

茶话会的茶具选择有讲究，最好选用"陶瓷"质地的。茶具、茶壶与茶碗讲究配套原则。通常情况下，泡茶一般不加其他东西，但如果有少数民族参加的茶话会应当准备一些"牛奶、砂糖或者柠檬片"。蒙古族喜欢在茶叶中加入牛奶，喝奶茶。如果有外国嘉宾参加的茶话会还应当准备一些咖啡。

5. 场地布置

为了突出茶话会自由交流的特点，通常情况下，茶话会不安排座次的排列。茶话会现场场地的布置通常有四种：圈座式、散座式、圆桌式、主席式。

圈座式是茶话会最为常见的一种场地布置方式。圈座式场地布置不体现座次的卑尊次序，不设置主席台。圈座式场地安排将座椅、沙发与茶几以画圈的方式摆放在场地四周。参会者入场后随意就座即可。

散座式会场布置是露天茶话会常见的一种布置方式。散座式茶话会对于茶几、茶座、沙发等的摆放不要求固定的组合，以散落的方式放置。有时候为了刻意营造自由的交流气氛，座椅的摆放位置甚至可以自由设定。

圆桌式场地安排主要是在场地中央放置若干张圆桌。圆桌的数量由参会者的人数而定。参会者入场后可以自己选择就座或者自由组合就座。

主席式场地布置是一种比较严肃的场地布置方式。主席式场地布置要求将主人、主宾与主持人等主要人物安排在一起就座，并设置发言的主席台。主席式场地安排座位按照常规安排。

6. 发言顺序

茶话会开始时，一般主持人先发言，然后是主宾发言，最后是参会者发言，结束时主持人要稍做总结。通常情况下，茶话会对参会者的发言顺序不做要求，而是要强调参会者的即兴发言。参会者在参与过程中可以多次发言，对发言者的发言时间不做限制。

7. 主持人礼仪

主持人在发言者发言前要对发言者身份做简要的介绍，并在发言者发言后带头鼓掌致谢。主持人在主持时注意不要冷落了任何一个参会的人员。

主持人要有把控大局的能力，在主持过程中注意将话题引到大家都感兴趣的话题上来，避免冷场。当现场发言氛围十分活跃时，主持人要礼貌地及时决定发言的先后顺序。

8. 参会者礼仪

参加茶话会的人员避免坐在某一个单独的角落，而要积极参与发言与讨论，中途不得退场。在倾听他人发言时不要打断对方发言，即使有不一致的观点也不要抨击他人，避免流露出不满的情绪。茶话会结束后，参会者要一一与其他参会者道别。

除此之外，茶话会的服饰没有硬性规定，以便装为主。

📁 7.4.5　发布会礼仪

召开新闻发布会是时下一些企业会举办的一种会议。发布会在主办方人员仪表、现场发言以及会议态度方面都有一定的礼仪要求。

1. 主办方人员仪表礼仪

主办方人员的仪态往往在一定程度上决定了媒体对单位和组织的态度，因此，对于将要召开新闻发布会的单位主持人、新闻发言人要特别注重自己的会议礼仪。

发布会的主持人与发言人都要化淡妆，服装和发型要展现出端庄的仪态。女士要着西装套裙，肉色丝袜，穿高跟鞋。男士要穿着深色西装套装，内搭白色衬衫，打领带，黑色袜子与黑色皮鞋。参加发布会的男士女士均要避免佩戴首饰，服装要干净无褶皱。

在新闻发布会上，无论男士、女士都要自然大方，避免挠头抓耳，玩弄手机，表情呆滞。

2. 现场发言礼仪

发布会上主持人与发言人均代表着单位的形象，在发布会前，两者应做好沟通，对外在口径上保持一致。

发布会上主持人与发言人的分工不同。主持人主要负责会议主持与引导提问；发言人主要负责主旨发言与回答问题。主持人与发言人要做好提问环节的配合，当记者提出尖锐的问题，发言者难以回复时，主持人应主动帮助发言人"解围"。当主持人接过记者提问的话题后，发言人应及时回答，展现企业良好的形象。

对于重要的发布会，单位要安排多名发言人进行发言，对于提问环节，只需一名发言人进行发言。多名发言人在发言前要做好工作分工，避免在会场出现"冷场"的现象。

3. 会议态度礼仪

发布会对于主持人和发言人的态度要求为始终保持真诚的态度。对于一些棘手的问题，发言人应做巧妙的回答或者直接说明无可奉告，避免恶语相向。对于记者的其他合理要求，主持人和发言人应当尽量满足，例如给出记者一个合适的上镜角度。

7.5 国际商务礼仪

秘书参加的商务会议不仅包括国内商务会议，有时还会包括国外商务会议。因此，秘书掌握一定的国际商务礼仪知识是职业要求之一。本节将从东方国家商务礼仪、北美大洋洲国家商务礼仪、西欧国家商务礼仪、非洲国家商务礼仪四个方面介绍国际商务礼仪的基本知识。

7.5.1 东方国家商务礼仪

东方国家商务礼仪在不同地域也是不相同的。下文以日本、韩国、泰国与印度为例进行介绍。

1. 日本商务礼仪

日本是一个礼仪之邦。日本人在初次见面时，只有老朋友的关系才一定要握手和拥抱，如果是第一次见面通常是向对方行90度的鞠躬礼。如果是女宾，在对方没有主动伸手表示要握手时是不可以握手的。日本人通常情况下不以香烟作为待客的物品，如果要吸烟必须先征得主人的同意。主客之间的交谈地点一般选择在房间或者休息室。

对于日本人的称呼要避免用"先生"一词，因为"先生"一词在日本只用作对医生、教师、上级以及有特殊贡献的人的尊称。日本人非常讲究衣着得体，在正式场合即使天气非常炎热，也不能脱去外衣，如果要脱衣，必须首先征得主人的同意。

日本人在商务谈判中非常重视建立长期的合作关系，因此在谈判过程中应当注意给对方留足面子。日本人有着很强的阶层等级观念，因此，在赠送礼品时不能选择太贵重的礼品，否则将被认为是送礼者身份地位比自己高。

日本人在吃的方面也有一定的讲究。日本人不喜欢吃松花蛋，因此，商务谈判会餐时要避免点这道菜。日本人喝茶一般要倒在茶壶里，不将茶叶直接倒入杯中泡饮。日本人餐桌上忌讳同一双筷子大家轮流夹菜的做法，并且有"忌八筷"的礼仪要求，即不能舔筷、迷筷、移筷、扭筷、插筷、掏筷、跨筷、剔筷。

日本社会不提倡付小费的做法，认为收现钞是一件令人难堪的事情。

2. 韩国商务礼仪

韩国人喜欢饮大麦茶、咖啡，并且里面加点淡牛奶或者糖，这种饮料客人必须接受。韩国人初次见面一般要交换名片，因此在与韩国人初次见面时最好准备名片。

韩国人选择商务谈判的地方通常是咖啡厅。如果是去韩国人家里做客，进门时应将鞋子脱在门外，并且要带上一份小礼物，小礼物可以是一束鲜花或是小特产。送礼物时一定要双手奉上，并且接受礼物者不可当面拆开礼物。

韩国人饮食习惯以吃米为主，泡菜是最爱。韩国人早餐不讲究喝粥，一般也是吃米饭。韩国人每餐必上的一道菜品就是汤，因此，商务宴请无论是午餐还是晚餐均应点一道汤。除此之外，韩国人就餐时一般忌讳边吃边谈。

韩国社会中妇女很尊重男性，通常女方会先向男方行鞠躬礼表示问候。公共场合，通常也是男士就上座，女士就下座。

3. 泰国商务礼仪

泰国是一个信奉佛教的国家，商务礼仪举手投足之间都要显示出对于这种文化的尊重。泰国朋友间见面通常要双手合十，互相问候。晚辈向长辈行礼要双手合十，举过头顶。双手合十举过头顶的高度越高表示对对方的尊敬程度越高。泰国人在特殊的场合，例如拜见国王时要行跪拜礼。

泰国人对于头部非常重视，认为头部是不能侵犯的。因此，在泰国，千万不要抚摸小孩的头部，这样会被认为是对小孩的不尊重。在泰国，避免将脚底对准他人，这么做会被认为是将他人踩在脚底。进门也不要踩踏门槛，路过坐着的人时要略躬身表示礼貌。

泰国星期几通常有代表的一种颜色。例如，星期一是黄色，星期二是粉红色，星期三是绿色，星期四是橙色，星期五是蓝色，星期六是紫红色，星期日是红色。

4. 印度商务礼仪

印度信奉印度教，将月亮视为神圣的象征。印度官方语言是英语，在第一次见面时也讲究交换名片，因此，商务会面前应先准备好自己的英文名片。印度人会面时要双手合十放在胸前。男子不能与妇女握手。

到印度人的家里做客或者庙宇祭拜要脱鞋。在印度，点头表示不同意对方的观点，摇头表示同意对方的观点。

印度饮食习惯中不吃牛肉、猪肉，讲究吃素食，并且等级越高的印度人越吃素。蔬菜中，印度人也是不食菌菇类、笋类与木耳类的蔬菜。印度人一般不喝酒，原因在于饮酒与印度的宗教习惯相冲突。

在印度，1、3、7被认为是不吉利的数字。与印度人交谈要避免谈论与巴基斯坦、工资有关的话题。

7.5.2 北美、大洋洲国家商务礼仪

北美和大洋洲主要包括美国、加拿大和澳大利亚三个国家。这三个国家的商务礼仪在很多方面也不尽相同。

1. 美国商务礼仪

美国人性格开朗且乐于交际。登门拜访美国家庭务必要提前电话预约，否则将被视为是不礼貌的行为。美国人见面不讲究行握手礼，最常见的见面礼是微笑或者一声"Hi"。公共场合美国人称呼他人要用全名，口头语一般只称呼姓，关系好的一般称呼本人名。美国人初次见面也不用互换名片，只是在后期想要保持联系时才交换名片。

到美国人家里做客一般要带上一份小礼物，鲜花是最好的选择。美国人不喜欢去餐馆就餐而喜欢在家里待客。美国人的饮食习惯偏甜，喜欢吃中国的川菜、粤菜与苏菜。可口可乐、威士忌、白兰地是美国人喜欢喝的饮品。

美国社会偏爱白色，认为白色是纯洁神圣的象征。向美国女士赠送礼品要避免赠送香水、衣服或者化妆品。在公共场合避免向美国人伸手指头，会被认为是侮辱他人的行为。

2. 加拿大商务礼仪

加拿大很多居民都是北欧国家的后裔。加拿大人的礼仪习惯与英国、法国差不多。如果被加拿大人邀请到家里做客，最好准备一束鲜花作为礼物。

加拿大人非常重视晚餐，口味偏爱法式菜肴。加拿大人以肉食为主，对于奶酪和黄油尤为喜爱。面包、牛肉、土豆、西红柿等是加拿大人日常饮食中不可或缺的食品。加拿大人喜欢吃中国的沪菜、苏菜和鲁菜，口味偏甜；喜欢吃煎、烤、炸的食品，主食以米饭为主，并且有饭后吃水果与喝咖啡的习惯。加拿大人不吃动物内脏，也很少吃肥肉。

3. 澳大利亚商务礼仪

与澳大利亚人见面时一定要热烈握手，称呼名字，这被视为礼貌的行为。到澳大利亚人家里做客，最好的礼物是鲜花和葡萄酒，但要避免赠送杜鹃花。如果澳大利亚人邀请客人外出游玩则被视为加深关系的表现，如果拒绝外出游玩则被认为是不给对方面子。

澳大利亚人口味偏淡、不吃辣椒。在澳大利亚最受欢迎的菜是野牛排。啤酒在澳大利亚很受欢迎。煎蛋、火腿、熏肉都是澳大利亚人喜爱的菜品。

如果邀请澳大利亚人进行商务谈判最好避开周日这一天，因为澳大利亚人有周日做礼拜的习俗。除此之外，澳大利亚人有很强的守时观念，因此，赴约不能迟到，否则将被认为是对对方的不尊重。与澳大利亚人谈论"跑马"是一个很好的话题，避免谈论澳大利亚比较忌讳的不祥物"兔子"。澳大利亚人最喜欢的运动项目是游泳和日光浴。

7.5.3 欧洲国家商务礼仪

欧洲国家主要介绍英国、俄罗斯和法国。虽然它们都是欧洲国家，但商务礼仪方面也有不同的地方。

1. 英国商务礼仪

英国人很讲究绅士风度。英国是一个非常讲究礼仪的国家。初次见到英国人，称对方为"英国人"是非常不礼貌的一件事。因为接待你的主人可能是北爱尔兰人、威尔士人或者苏格兰人。因此，称英国人为"不列颠人"最合适。

在英国人称呼前通常要加上先生、小姐或者职称、头衔等称呼。英国人对衣着非常有讲究，注重衣着要适应一定的场合要求。与英国人谈话时不要将手插入衣袋。如果当面捂嘴对英国人笑会被认为是在讥笑对方，是一种不礼貌的行为。英国人经常使用礼貌词语"请""谢谢""对不起"等。

英国人在饮食方面偏爱甜、酸、微辣的食物，中国的川菜、粤菜、京菜都是英国人比较喜爱的菜系。英国人不喜欢吃带蘸汁的食物，菜里不放味精，忌讳吃狗肉。

英国人非常喜爱喝下午茶。英国人泡下午茶的次序非常讲究。通常情况下要先放柠檬汁或者冷牛奶，随后加点糖，最后放入茶叶。如果颠倒了泡茶顺序则被认为缺乏教养。英国人喜欢喝威士忌、葡萄酒和香槟，啤酒和烈性酒也是桌上能够见到的饮品。英国人没有劝酒的习惯。

赠送英国人鲜花应避免送百合花。英国人衣着图案以及商品包装比较忌讳大象和孔雀，前者被大众认为是愚笨的象征，后者被认为是吹嘘的象征。

2. 俄罗斯商务礼仪

俄罗斯人性格豪爽，有极强的集体观念。与俄罗斯人见面时要行握手礼。拥抱也经常用在俄罗斯人之间的见面礼上。俄罗斯人有施吻礼的风俗，吻礼在不同辈分的人之间是不同的。通常情况下，长辈对晚辈一般吻面颊或者额头，男士对已婚女士通常行吻手礼。

去俄罗斯人家做客最适宜带的礼品是鲜花或者烈性酒。送给女主人单数鲜花为宜，男主人则要选择茎长、鲜丽的大花。对于俄罗斯女性，要避免询问其年龄和服装的价格。与俄罗斯人交谈最好选择艺术之类的话题，因为俄罗斯人普遍比较喜欢艺术。

俄罗斯人最喜爱吃的食物是面包和盐。如果去俄罗斯人家做客，主人为你准备了面包和盐，则被认为是最高待遇。俄罗斯人喜欢吃中餐，食物通常炖得又酥又烂，并且就餐时间都很长。俄罗斯人不吃木耳、墨鱼、海参和海蜇。

"7"是俄罗斯人最喜欢的数字，意味着幸福和美满。红色是俄罗斯人最喜爱的颜色。

3. 法国商务礼仪

法国是一个注重时尚的国家。法国人比较热情开朗，见面交谈能够口若悬河。法国是全球行吻礼频率最高的国家。鲜花是法国人最好的见面礼。在公共场合，法国人讲究不做懒散动作，避免大声喧哗。

法国人在吃方面很讲究。法国大餐全球闻名。法国人不吃辣的菜，注重菜品的鲜美和营养。法国人喜欢吃烧制得不太熟的菜品，肉七八分熟即可，水鸭三四分熟便可食用。法国人喜欢用酒作为烹饪的调料。洋葱、胡萝卜、香菜是法国人喜欢用的做菜辅料。

在法国社会里，比较忌讳黄色的鲜花，被认为是不忠的表现。黑桃图案被认为是不吉利的图案。法国人不喜欢墨绿色，墨绿色被认为是德国纳粹军服的颜色，法国人很忌讳这种颜色。

7.5.4 非洲国家商务礼仪

非洲较为发达的国家主要是南非、埃及与尼日利亚。这三个国家在商务礼仪方面有着各自的特点。

1. 南非商务礼仪

南非的官方语言是英语和南非荷兰语。南非的商务社交礼仪可以概括为八个字"英式为主，黑白分明"。在南非，黑人和白人遵从的社交礼仪不一样。南非白人遵从英式社交礼仪，目前在南非也是比较流行的社交礼仪。南非人称呼他人前要加"先生、小姐"等敬辞，见面一般行握手礼。

在南非社会，与南非人交谈，不要夸赞白人，也不要贬低黑人，避免谈论黑人之间的派别矛盾。如果去黑人家里做客，主人会赠送孔雀毛或者鸵鸟毛给客人，此时，客人应当将鸟毛插在帽子或者头发上，以示礼貌。

南非白人的服饰基本西化了，正式场合穿着西装套装。南非黑人则会穿着具有本民族特色的服饰。

南非的白人饮食以西餐为主，喜欢吃面包、牛肉和鸡蛋，爱喝红茶与咖啡。南非黑人喜欢吃牛羊肉，将豆类、玉米、薯类作为主食。黑人喜欢吃熟食。南非黑人家里待客经常用自制的啤酒或者刚挤出的牛羊奶作为待客佳品，此时，客人应将饮品一饮而尽，表示对主人招待的尊重。在南非，最受欢迎的饮品是"如宝茶"。

2. 埃及商务礼仪

埃及人信奉伊斯兰教，有一天内数次祈祷的习惯。在进入清真寺时要脱鞋。埃及人通常情况下要与家人同享晚餐，因此，如果与埃及人邀约晚餐是失礼的行为。到埃及人家里做客不可谈论中东政局、宗教纠纷等事宜，不要夸奖埃及人家里的东西好，不然会被认为有索要东西的嫌疑。埃及人忌讳下午三点以后在商店买卖针。

到埃及人家里做客，主人通常喜欢拿出自家做的甜点招待客人。此时，客人应当品尝一点，如果一点都不品尝将被认为是失礼的行为。埃及人饮食偏清淡不油腻，喜欢香甜的口味。埃及人最喜欢吃烤全羊。吃饭时用右手取食，接受赠送礼物均要用双手或右手，绝不允许用左手接物。埃及人用餐时要避免交谈。

埃及人喜欢喝红茶，并且喜欢在饭后喝红茶聊天。埃及人忌讳喝酒，不吃猪肉和狗肉，不吃虾蟹，动物内脏中只吃肝，不食用奇形怪状的鱼类，例如鳝鱼和甲鱼。

埃及人忌讳蓝色和黄色，忌讳熊猫，不要喜欢数字 13。

3. 尼日利亚商务礼仪

非洲黑人最多的国家是尼日利亚。在尼日利亚分散着许多部落，各个部落之间的风俗习惯也不完全相同。

尼日利亚人在交往中习惯行跪拜礼、击掌礼、屈膝礼。与尼日利亚人聊天忌讳谈宗教或者与南非有关的事宜。选择将工业发展成就作为话题是最佳的选择。

尼日利亚人在交谈中忌讳双方互相盯视。用左手拿东西在尼日利亚被认为是不礼貌的行为。尼日利亚的已婚妇女是不食用鸡蛋的，吃了鸡蛋会被认为将不会生育。

在尼日利亚社会，用食指指向别人被认为是不礼貌的行为，特别是五指张开对向自己是令人无法容忍的行为。

尼日利亚人一般用手抓饭，但是在较为正式的场合他们也要使用刀叉。

| 第8章 |

文书工作

秘书日常工作中很重要的一项工作就是"文书工作"。文书的种类分为很多种,如公文文书、事务文书、礼仪文书等。本章将从公文文书写作、事务文书写作、传播记事类写作、礼仪文书写作四个方面介绍不同种类文书的写作规范与注意事项。秘书掌握这些最常见的文书写作技巧即可触类旁通,游刃有余地应对"文书工作"。

8.1 公文文书写作

办公室公文写作是秘书最常见的工作任务之一。公文文书包括请示、通知、公告、决议等。本节具体介绍请示、批复、通知、通告、公告与决议等公文的写作方法与技巧。写好公文文书是秘书的"硬实力"体现,也是秘书必备的职业素养之一。

8.1.1 请示、批复

1. 请示

请示是向上级请示、请求批准时经常要用的一种公文。请示的特点在于内容单一、具有一定的请求性。请示公文包括五个部分:标题、受文单位、正文、附件和落款。

(1)标题

请示的标题形式分为完全式公文标题与不完全式公文标题两种形式。完全式公文标题由三部分构成:发文单位、事由、文种;不完全式公文标题由两部分构成:事由和文种。

(2)受文单位

受文单位要写在标题之下,正文之前。受文单位指的是答复或者审批单位。

(3)正文

请示的正文包括三个部分:请示的依据、请示的事项和请示的结语。

请示的依据是请示能够得到批复的基础和重要条件。请示的依据要用陈述性语言说明请示的理由和原因。请示的依据可采用一定的过渡词汇,例如:请示如下。

请示的事项是请示的正文主体。请示的事项应具体说明需要请示批复的事情和问题,要求语言简洁、条理清晰。如果请示的事项单位内部具有分歧,秘书在请示中应当给予说明并提出建设性建议,以便上级做出决定。

请示的结语应当提出明确与肯定的请求。在结语中应出现如下词汇：指示、批准、批示等。

（4）附件

附件是为了更好地说明正文所请示的事项而附加的图标、报表、照片或其他材料。附件应注明名称以及数量。

（5）落款

落款处应写明请示单位的名称、请示的日期，并且要加盖单位公章。

范例

北京市东方公司关于组织部分技术人员到杭州进行培训的请示

集团公司人力资源部：

自2018年我公司引入杭州吉亚公司一套技术设备以来，公司的生产效率显著提高，但在生产率提高的同时，部门仍有部分人员对于该设备的技术操作不熟练，需要前往吉亚公司总部对相关内容进行学习与培训。现将有关事宜请示如下：

一、培训人员费用

拟从技术部门选拔骨干10人参加培训学习。培训费用为3000元/人。

二、时间安排

培训时间初步定为2018年6月6日—7月7日。

三、拟培训内容

（1）LOS新设备新技术的应用；

（2）LOS循环系统的操作应用。

（3）LOS系统维护技术应用。

四、其他相关问题

为切实组织好此次培训，我部门特派项目经理马力同志带队参加培训并负责培训过程中的通信汇报工作。

当否，请批准。

东方公司北京第二分公司技术部
2018年5月27日

2. 批复

批复是上级单位对下级单位请示的一种回复。批复具有明确性、及时性和针对性的特点。

批复由四部分构成：标题、批复日期、正文以及落款和日期。

（1）标题

批复的标题有三种形式，可以由四部分构成，也可以由三部分构成。由四部分构成的标题通常包括：发文单位、请示机关、事由以及文种。由三部分构成的标题通常包括：发文单位、事由和文种，或者发文单位、原件标题、文种。

（2）批复日期

批复日期位于标题下方正中央的位置。批复的字号要与正文字号一致。

（3）正文

批复的正文包括三个部分：批复的依据、批复的意见以及批复的结语。

批复的依据部分包括下级单位来文的标题、发文字号、发文内容以及发文日期。批复的依据部分要简短明确，主要目的在于告知对方已收到"请示"。

批复的意见是针对请示的内容所做出的针对性较强的指示或者答复。批复意见中避免使用含糊不清或者有歧义的语句。

批复的结语要言简意赅，表达出批复的嘱咐与期望。

（4）落款和日期

批复的落款和日期。需要注意的是，如果标题正下方出现过日期，则落款处可省略。

商务部关于东方公司从事出口外贸商品的批复

东方公司：

你公司申请的出口外贸商品业务，现批复如下：

一、同意你公司从事出口外贸商品业务。

二、坚持贯彻"走出去"发展战略，希望你公司对外贸业务做好规划，注重效益。

三、你公司从事出口外贸商品业务请按照有关规定严格执行。

商务部
2018 年 12 月 18 日

8.1.2 通知、通告

1. 通知

通知是上级单位向下级单位转达规章、事项、任免或者聘用干部时使用的一种公文。通知一般由以下五个部分构成：标题、受文单位、正文、落款与主题词。

（1）标题

通知的标题由发文单位、事由和文种三部分构成。如果通知标题只写文种，可直接用"通知"二字。如果通知很紧急，则可在标题"通知"前加上"紧急"或者"重要"的字样，以强调通知的紧急性。

（2）受文单位

受文单位通常要写在正文第一行并且要顶格。受文单位可以是一个，也可以是多个。

（3）正文

通知的正文一般由通知的缘由、通知的事项以及通知的执行要求三部分构成。

通知的缘由要写明为何要发该通知，要求语言简洁明了。通知的缘由可以采用如下语句：现做如下紧急通知、现通知如下、现就有关问题通知如下。

通知的事项即所要通知的具体内容。如果事项较多要逐条罗列。

通知的执行要求是通知要执行遵循的事项、原则等。

（4）落款

落款位于正文末尾的右下方。通知落款包括：发文单位、发文日期以及公章三部分。如果通知标题带有发文机关，在落款处则可省略。

（5）主题词

主题词要使用规范化的名词或词组，并且要选择能够高度概括通知中心内容的主题词语。

关于杨欣同志职务任免的通知

东方集团公司总公司及各分公司：

  经公司第七次党委第32次会议研究决定，任命杨欣同志为东方公司党委书记。任期自2018年6月1日起，至2020年5月31日止，任期2年。

  特此通知。

东方公司党委会
2018年6月2日

2. 通告

  通告是在单位公布应当周知或遵守的事项的公文。通告具有公开性、可行性、约束性的特点。

  通告包括标题、正文、落款和主题词四部分。

  （1）标题

  通告标题可以分为四种形式：只写文种，即"通告"二字；由事由与文种构成；由发文单位和文种构成；由发文单位、事由和文种构成。

  （2）正文

  通告的正文由通告的根据、通告的事项以及通告的结语构成。通告的根据要将通告的法律根据、理论根据、事实根据、政策根据等阐述清晰。通告的事项是通告正文的主体，事项通常情况下要求逐条罗列，必要时要加上时间和地点。通告的结语常常以"特此通告"结尾。

  （3）落款

  通告的落款包括发文单位、发文日期以及公章。发文日期要写在发文单位下方。如果通告中已出现发文单位，则落款处可省略。

  （4）主题词

  通常情况下，通告没有主题词，但是如果通告很正式则必须写主题词。如果通告要刊登在报刊上则无须写明主题词。通告的主题词是从通告的中心内容中概括出的中心概念。

关于进一步加强办公场所中央空调使用管理的通告

近一时期北京持续高温，全市电力供应异常紧张。随着我公司办公楼等公共场所中央空调的开放使用，办公楼内用电负荷亦骤升，甚至一度造成部分用电设备无法正常运行。为响应市政府节约用电的号召，并保证中央空调的正常运转，现将使用中央空调需特别注意的事项通告如下：

一、为了节省电能，同时避免中央空调再开机时即遇上超负载的现象而跳机，按照中央空调使用保养要求，应先开主机运转，待主机内部水温降至25℃以下时，再将室内风机开启，以确保主机的安全性。因此，请部门工作人员每天下班离开时，务必关闭室内空调开关。

二、空调正常使用时，不宜长时间开窗开门，否则会在送风口上产生凝结水现象。室内开空调的时间不宜太长，最好定期开窗注入新鲜空气。当室内需要开窗通风时，应将空调开关关闭，减少中央空调的负载，保证机组运行的可靠性和机组使用寿命，节约电能。通风完毕后，将窗户关闭，再开启空调开关。

三、室温设定要适当，保证舒适就可以。如感觉温度较低，应通过调节风机风速控制开关，从高档降至中低档，减少冷风的出风量，不要通过开窗通风来提高室温，以减少空调机组的负载及能耗。

东方公司物业管理部
2018 年 6 月 6 日

8.1.3 公告

公告是向国内外宣布法定事项或者重要事项的一种公文。公告具有庄重性、慎重性与周知性的特点。

公告通常由标题、正文及发文单位与日期三部分组成。

（1）标题

公告的标题有三种形式：只写文种，即写"公告"二字；可由发文单位和文种构成；也可由发文单位、事由与文种构成。

(2) 正文

公告的正文由公告的根据、事项以及结语构成。

公告的根据要写在公告的开头部分,用来说明公告的目的、依据以及原因。公告的事项要写明公告事项的时间、地点以及内容。通常分条罗列。

公告的结语通常情况下以"特此公告""现予公告"作为结束语。

(3) 发文单位和日期

发文单位和日期并不是所有公告都要求写的。如果在标题中体现了发文单位和日期,落款处可忽略。如果公告刊登在报刊上,则发文单位和日期是必写内容。

2018年"五一劳动模范奖"评审结果公告

根据《东方集团公司2018年五一劳动模范奖励基金评审委员会公告》的安排以及我公司2018年度各部门汇总上报劳动模范情况,经公司评审小组研究,奖励基金评审委员会审批并向全公司公示后,现已确定我公司财务部成本核算科马英同志荣获2018年"五一劳动模范奖",颁发奖金10000元。

特此公告。

东方公司人力资源部
2018年4月30日

8.1.4 决议

决议是单位对重要文件或重大事项发布公文。

1. 通过重要文件的决议

单位通过重要文件的决议由三部分构成,分别是标题、通过日期以及正文。通过重要文件的决议通常作为会议文件印发给参会者。

标题包括会议全程、决议主题以及"决议"两字构成。标题中应适当出现一些介词,例如"关于"。标题中要出现文种,例如"报告"。

会议的日期要写在标题下方,并且要用圆括号括起来。

决议的正文要客观地对会议通过的具体内容以及执行日期进行记录。决议对会议通过的报告以及其他内容不应做主观评价。

正文要对会议过去的工作的文件给予充分肯定，并对今后的工作表明态度给予肯定。

2. 重要事项的决议

重要事项的决议包括标题和正文两部分。

重要事项决议的标题与通过重要文件决议的标题在写法上一致。决议的标题要写发文单位的全称。专题性决议的标题要写明决议事由，通常情况下可以简化，重要的则不可简化。标题中如果没有出现发文单位的名称，则应在决议时间后面标注"某会议通过"。

正文包括开头部分、决议事项以及执行要求。其中决议事项是正文的主体部分。

正文开头一般要写出决议的依据与目的、决议的事由和事项，并且以"特做如下决议"引出下文。

决议的事项包括两方面，即对决议事项的地位与作用进行阐述，对决议的事项进行一一说明。决议的事项可采取分条写或分段写的形式。

执行要求是对保障措施做出规定的说明。

在结尾，要对发文对象发出号召、提出要求，激发信心。

东方公司第七次代表大会关于第六届党委工作报告的决议

2018 年 6 月 8 日

东方公司第七次代表大会听取、审议了王伟同志代表第六届党委做的《激发创新深化管理——为全面建设高水平高效益的创新型公司而努力奋斗》的工作报告。

大会认为，报告实事求是地总结了上次党代会以来公司管理工作的成绩和不足，客观分析了新时期公司发展面临的形势、机遇与挑战，明确提出了未来三年公司发展和党的建设的指导思想、基本任务和主要任务。符合公司实际，是指导公司今后三年及更长一段时间各项工作的纲领性文件。大会经认真审议，同意王伟同志代表上届党委作的工作报告。

大会对东方公司第六届党委会的工作给予了充分肯定。公司的各项事业稳步前进，圆满地完成了第六次党代会的各项任务，公司事业迈上了新台阶。

大会号召，东方公司全体共产党员和广大员工要以第七次党代会为契机，在新一届党委的领导下，深入学习贯彻党代会精神，全面深化综合改革，加强管理机制创新，全力推进管理水平，为把东方公司全面建成管理创新型现代化公司而努力奋斗！

东方集团公司办公室

2018 年 6 月 8 日

8.2 事务文书写作

秘书多从事事务性的工作，在工作中难免要写"事务文书"。事务文书包括的种类非常多，本章将具体介绍计划、总结、简报、备忘录、规章制度、开幕词、闭幕词的写作规范与注意事项。秘书掌握好这些小技巧有助于更好地胜任书写事务文书的工作。

8.2.1 计划、总结

1. 计划

计划是人们根据特定的方针和政策对工作所做的有目的性与计划性的安排。计划包括四个方面的内容：标题、正文、附件与落款。

（1）标题

计划的标题可由三种形式构成：由计划的单位名称、内容以及文种构成；由计划的单位名称、时限以及文种构成；由单位名称、时限、内容和文种构成。

由于计划本身可能不是最终版，因此，此类计划应在标题后面加上诸如"初稿""草案""征求意见稿"等字样。只有这样，才能将草稿与正式稿加以区分。

（2）正文

计划的正文包括内容：前言、指标和任务、步骤和方法、检查措施、执行希望。

正文是计划的主体部分。正文要围绕"为何做、做什么、何时做和怎么做"的内容罗列。

计划的前言部分要写明计划的理由和依据。前言部分要将政策、法规以及上级的命令表达清楚。

计划的指标和任务是计划正文最主要的内容。正文中要将拟完成的任务以及需要达到的具体指标要求写明确,不能含糊。

计划中的步骤和方法要将计划的具体做法、步骤以及分工协作等内容写具体。步骤和方法要逻辑清晰、有较强的可执行性,着力于"如何做"的关键问题。

检查措施包括两个方面:执行情况的检查与后期计划修订的检查。

执行希望旨在提出期望与号召。执行希望在正文中不是必须的内容。

(3)附件

附件是计划中起到补充作用的部分。附件是对计划中的某些事项加以具体说明和解释的内容。附件也可以将正文中不便于用文字表达清楚的内容以图表的方式进行呈现。

(4)落款

计划的落款要注明署名和日期。日期位于正文的右下方。如果计划的标题部分已包含单位,则落款处可省略。

东方公司法务部 2018 年依法治司工作计划

2018 年东方公司依法治司工作的指导思想是:全面贯彻党的十九大和十九届二中全会精神,以习近平时代中国特色社会主义思想为指导,紧紧围绕公司 2018 年重点工作,遵照《东方公司公司法制管理办法》,完善内部治理体系和规章制度,加快建设依法治司,为公司各项事业发展提供有力的法律保障。

1. 严格执行《东方公司法制管理办法》,根据公司 2018 年规章制度计划,推进与督促公司各部门、单位按时做好规章制度制定工作。

2. 依据国家法律和公司章程,对公司拟制定的规章制度从程序正当性、内容合法性、形式规范性、制度一致性等方面进行审查；对公司重大规章制度引入法律顾问及专家审核机制，确保规章制度的合法性和科学性。

3. 探索实施政策解读与政策发布同步开展机制，对于涉及公司员工重大权益的规章制度，推动制定部门同时做好政策宣传和解读工作。

4. 提升公司办公自动化建设，优化和再造合同审签流程，提高合同审签效率；协调、督促相关部门建立健全合同分类管理机制；加强合同履行监督管理，及时处理涉及公司权益的合同纠纷。

5. 完善公司法律顾问制度建设，充分发挥专业法律团队在公司建章立制、合同审查、法律咨询、重大决策法律论证、涉法事件谈判和协调、诉讼仲裁法律事务处理等方面的重要作用。

东方公司法务部
2018 年 8 月 9 日

2. 总结

总结是对前一阶段的工作进行梳理，找出规律性，明确今后工作方向的一种文书。

总结由三部分构成：标题、正文和落款。

（1）标题

总结的标题可以有三种写法。第一种是由单位名称、时间期限以及文种构成。第二种是由正副标题构成。正标题是对总结内容和基本观点的概括，副标题由单位名称、时间期限以及文种构成。第三种是标题由主要内容或主要观点概括而来。

（2）正文

总结的正文内容需要根据总结的具体的不同事项进行阐述。总结正文要围绕基本情况、成功的经验、失败的教训、存在的问题以及今后努力的方向几个方面进行阐明。

（3）落款

总结的落款包括单位名称以及书写时间两项内容。如果标题中出现了单位名称，则在落款处可省略。

范例

东方公司 2018 年第一轮督查工作总结

2018 年 6 月 1 日至 10 日，东方公司督查部对公司各职能部门进行了第一轮工作督查。现就有关情况进行总结。

各部门 2018 年工作计划执行总体情况良好，但仍然存在部分部门对工作指标体系的熟悉程度不够，自身角色定位不准；上交的工作汇报存在工作体系不够完备和工作材料缺失等问题。

本次督查的问题主要包括：

1. 部分单位对于督查的支撑材料准备不足；
2. 部分职能部门对自身工作特色凝练度不够；
3. 涉及岗位制度和职责的相关文件规章材料不足。

针对以上问题，建议有关职能部门：

1. 第一步熟悉公司各项工作的指标体系，加深对安全稳定组织领导体系、应急处置体系、矛盾纠纷排查化解体系、公司综合防控体系的了解。
2. 进一步规范分解工作任务，加强本部门与其他部门的交流沟通，做到部门信息上下贯通，各部门同步协调。
3. 对照《东方公司工作办法基本标准》健全完善本部门工作体系，补充支撑材料。

东方公司督查部
2018 年 8 月 18 日

8.2.2 简报、备忘录

1. 简报

简报是对有关情况进行简要报道的一种公文。简报通常反映的是单位的工作情况以及沟通等信息。简报的结构包括报头、报核和报尾三部分。

（1）报头

简报的报头正中要写简报的名称，通常要用醒目的大字表示。简报的报头与正文之间要用横线过渡。简报的左上角写编号，右上角写密级，左下侧写编发单位，右下侧写编发日期。

（2）报核

简报的报核包括标题和正文两部分。标题的字体要介于简报名称和正文之间，要小于简报名称，大于正文。简报的标题要简明，与新闻标题有异曲同工之处。

简报的正文要有足够的材料支撑导语，并用具体的材料阐明观点。简报的正文可以具体介绍取得的成绩和经验、存在的问题和不足、改进的方向等内容。

（3）报尾

简报的报尾要有报尾线，即一条或两条线。在报尾线的左端要注明发送单位或发送范围，右端要注明印刷的份数。

东方公司技术简报

东方公司技术部　　　　　　第六期　　　　　　2018 年 6 月 1 日

我公司多项技术实现突破并获得国家相关奖项

随着现代机械制造技术的飞速发展，现代机械制造技术的技术革新已成为业界提升公司竞争力，提高企业经济效益的主要渠道之一。东方公司技术部在研发团队长期的努力下，取得了一系列技术上的突破，部分技术还获得了国家相关部门颁发的奖励证书。

1. 我公司自主研发的 FDS 系统实现了机械制造环节输入输出系统的循环利用，是低碳节能制造技术上的突破。

2. 我公司自主研发的 FUY 设备获得了国家机械制造协会的"2018 年度最高机械制造成效奖"。

3. 我公司自主研发的 KID 系统实现了系统的更新换代，提升了机械制造水平。

东方公司办公室印发　　　　　　　　　　印刷份数：60

2. 备忘录

备忘录是对口头通知或者谈话的正式记录。备忘录的内容通常是对某个具体问题的详细说明或对此提出的论点。备忘录通常由文头和正文两部分构成。

（1）文头

备忘录的文头有两种写法，一种由受文单位、书写人＋事情构成，另一种只写文种，即将"备忘录"三个字作为标题。

（2）正文

备忘录的正文由开头和主体两部分构成。

备忘录的开头要写提要，要根据所要记录的"事情"逐项展开，概括说明中心主旨。

备忘录的主体部分，要根据开头部分的提要具体展开，即要对情况、意见、问题以及计划等进行具体阐述。

东方公司技术交流会备忘录

甲方：东方集团公司

乙方：依晨集团公司

本备忘录于2018年8月5日在东方集团公司签订。

甲方会议人员：

公司副总经理：赵云

法律事务部部长：王毅

质量总监：马一

乙方参会人员：

公司副总经理：王一伟

法律事务部部长：刘云

质量总监：李旺

甲方情况介绍：

东方集团公司就近期使用的爱斯达起重设备故障件问题进行了详细说明。

乙方情况介绍：

依晨集团公司质量总监李旺针对爱斯达起重设备的性能、使用方法及注意事项等进行了说明。

经双方对故障件原因的分析、使用方法、后期维护等共同协商，达成以下共识：

1.依晨公司提供后续产品的技术规格书和产品维护保养手册，应及时向客户提供产品现场说明。

2.依晨公司后期需提供对于故障件的权威检测说明。

3.依晨公司提供给东方公司爱斯达起重设备的后续培训以及相关培训资料。

本备忘录经双方授权代表于文首所载日期签署,以兹证明。

甲方:东方集团公司　　　　　　乙方:依晨集团公司

8.2.3 规章制度

规章制度是企业为了加强管理而制定的一系列工作、生产的约束性公文。规章制度通常由三部分构成:标题、正文和落款。

1. 标题

规章制度的标题有完全式标题和不完全式标题两种类型。完全式标题由单位名称、规章制度内容以及文种构成。不完全式标题由事由和文种构成,例如:保密制度。

2. 正文

规章制度的正文由总则、分则、附则构成。其中,每一部分都可以分成若干章或者分条进行罗列。

总则是关于规章制度的指导思想、目的要求以及指导原则等具体内容的说明。

分则是规章制度的规范性项目说明。分则是规章制度的主体部分。分则是工作人员应当遵守的工作规范,应分条进行罗列。

附则是对制定权、修订权、解释权、适用对象、生效日期等做的说明。

内容相对简单的规章制度可采取前言加主体的方式撰写。前言说明规章制度的目的和意义,主体将规章制度分条罗列。

3. 落款

规章制度的落款处要写明规章制度的制定单位和发布时间。如果标题下方已出现制定单位和发布时间,则落款处可省略。

东方公司请假期限制度规定

为了巩固东方公司体制改革成果,加强人员管理,调动广大员工的工作积极性,进一步明晰各类请假类别和期限,特制定本暂行规定。

一、婚假:员工本人结婚,可以请婚假,假期不得超过七天。双方初婚晚婚的(男25周岁,女23周岁以上),可以奖励七天婚假。

二、丧假:职工的配偶、直系亲属和一起生活的岳父母、公婆死亡,可以请丧假,假期不得超过五天。

三、探亲假:对于父母与本人不在同一城市居住的,一年准予十天探亲假。

四、生育假:女职工生育可以请产假,产假九十天。难产或双生增加十四天。24周岁以上生育第一个孩子视为晚育,可增加奖励假三十天;产妇护理有困难的,此项奖励假也可由男方使用。

五、工伤假:职工因工负伤,按全国总工会劳动保险部《关于劳动保险问题解答》执行。

东方公司人力资源部
2018 年 10 月 15 日

8.2.4 开幕词

开幕词是单位重要会议中领导在开幕时使用的一种会务性文书。有的单位,会议开幕词通常由秘书撰写。对于一些小型会议,开幕词也成为"开场白",通常要求简洁明了。

开幕词通常由标题、正文和结尾三部分组成。

1. 标题

开幕词的标题比较简单,通常情况下,直接用文种,即"开幕词"三个字作为标题。开幕词的标题下方要署上姓名。姓名可以用一些称谓表示,例如:"女士们、先生们""各位来宾""同志们"等。在称谓后面要加冒号。要注意的是称呼须将参会的所有人都囊括其中,以免遗漏任何人。

2. 正文

开幕词的正文首先要宣布会议开始，并对参会者表达欢迎之情。有时，在正文可以对本次会议的筹备情况以及来宾的情况稍作简要的介绍。开幕词的正文应当突出说明会议的背景、指导思想以及此次会议的主要任务，有助于帮助参会者更好地了解此次会议的有关情况。

3. 结尾

开幕词的结尾要对参会者表达鼓动性的期望，以达到提高大家工作的积极性的作用。同时，在结尾还要预祝大会取得圆满成功。

在第七届中国制造技术洽谈会开幕式上的讲话

东方集团公司总经理／中国制造技术协会理事长 王一明

（2018年11月15日）

尊敬的各位来宾、女士们、先生们：

首先，我谨代表中国技术制造协会以及东方公司向前来参会的各位嘉宾、各位朋友表示热烈的欢迎。今天，我们在这里召开第七届中国制造技术洽谈会，是为了进一步促进业界制造技术交流以及促进我们之间的经济合作。

中国的技术制造水平近些年突飞猛进，在汽车技术制造、冶金采矿设备制造等方面技术已经达到国际领先水平。中国制造业生产力已经带动了中国经济强有力的发展。今年11月，我们在北京举办第七届中国制造技术洽谈会，这为进一步加快中国制造业的对外开放和发展带来了新的契机。

我非常欢迎来自五湖四海的制造业朋友前来进行技术交流与贸易投资。愿我们以本次洽谈会为契机，精诚合作，开创未来！

祝洽谈会取得圆满成功！谢谢各位！

8.2.5 闭幕词

闭幕词是大型会议中单位领导人对此次会议所做的总结性讲话。闭幕词与开幕词有异曲同工之处，并且具有简明性以及口语化的特点。闭幕词是整个会议的结束语。

闭幕词由两部分构成：标题和正文。

1. 标题

闭幕词的标题写法与开幕词相同，可直接用"闭幕词"三个字作为标题。

2. 正文

闭幕词的正文通常由开头、主体以及结尾三部分构成。

闭幕词的开头要对此次会议中完成的任务做简要的说明。闭幕词的主体阐述重点在于总结大会讨论通过的主要事项，并对这些事项进行评估性总结。如果通过的事项较多，可分条进行罗列。这时，要注意以段落的形式分开层次。

闭幕词的结尾要对参会者表示祝愿，达到鼓舞人心的作用。同时，会议闭幕词还要宣布此次会议圆满结束。

 范例

在第七届中国制造技术洽谈会闭幕式上的讲话
东方集团公司总经理 / 中国制造技术协会理事长 王一明
（2018 年 11 月 20 日）

尊敬的各位来宾、女士们、先生们：

第七届中国制造技术洽谈会经过五天深入而热烈的交流讨论，圆满完成了各项议程，取得了丰硕成果，现在即将闭幕。在此，我代表中国制造技术协会、东方公司向本次洽谈会成功举办表示热烈的祝贺！向各位来宾表示衷心的感谢！

本次洽谈会，让我们看到了业界领先制造业公司先进的制造技术，同时让我们看到了中国制造业的未来。本次洽谈会即将闭幕之际，我热切地盼望各位来宾继续坚持和参加下一届中国制造技术洽谈会，共创制造业的辉煌！

最后，预祝各位来宾身体健康，事业进步！

谢谢大家！

8.3 传播记事类写作

传播记事类文书是办公室文书中的一大类。本节将主要介绍消息写作、通讯写作、大事记写作三种传播记事类的写作方法与技巧。消息写作、通讯写作与大事记写作有很大的不同之处,并且都有规定的写作体例。掌握好这些不同之处有利于更好地融会贯通"传播记事类"文书的写作技巧。

8.3.1 消息

消息是以简洁、直接的方式将最近发生的有社会意义的事实做简短报道的一种文书。消息内容包括标题、消息头、导语、主体内容、背景材料与结语六部分。

1. 标题

标题是消息主要内容的概括,以简短文字形式表示。消息的标题分为三类:单行式、双行式、三行式。单行式是只有一行的标题。双行式标题由引题、正题或正题、副题组成。三行式标题由引题、正题和副题组成。

标题是消息中最显目的部分,要根据消息的内容决定标题是采用单行式、双行式还是三行式。

2. 消息头

消息头包括媒体、地点与时间。消息头是消息发出媒体、时间与地点的具体说明。消息头的格式应空两个格,并且字体要用粗体。

3. 导语

消息的导语是继消息头之后的第一个自然段。有时也会出现复合导语,即由两个自然段构成。消息的导语通常采用以下四种方式叙写。

第一种方式是叙述式。叙述式要将消息中最重要的、最新鲜的事实陈述出来。叙述式要达到的效果在于迅速吸引读者的注意。

第二种方式是描写式。描写式以简洁的方式将事实或人物的某一个侧面进行描写,目的在于呈现现场感。

第三种方式是引用式。引用式即引用一段照应主体的意味深长的话陈述主要事实。引用式的效果在于突出导语的形象性与深刻性。

第四种方式是提问式。提问式即按照消息主体的需要,开门见山地以提问的方式引出主题并加以陈述的方式。

4. 主体内容

消息的主体内容通常有两种结构,即时序结构与逻辑结构。时序结构即按照新闻发生的先后顺序,先发生的写在前面,后发生的写在后面,最后写结局。逻辑结构法即按照事情的内在逻辑关系进行叙写,例如主从关系、正反关系、因果关系等。

5. 背景材料

消息的背景材料并不是每篇消息必有的内容。背景材料是对新闻的历史、环境以及原因等信息的陈述。背景材料包括注释性材料、说明性材料和对比性材料三种类型。

背景材料要有真实的事实依据,数字要准确无误,避免主观化。

6. 结语

消息的结语也称为结束语。消息的结束语并不是每篇消息必有的内容,是否应该写结束语要视消息的具体内容而定。结语应简洁精炼,起到圆满结束的作用。

工业信息化部专家组考察我公司

2018 年 10 月 15 日,工业信息化部专家组莅临我公司,考察我公司生产工作情况。此次工业化信息部专家组对我公司循环系统建设情况、净化设备实验室以及动力集成系统建设情况等进行了重点考察,听取了我公司技术人员对相关工程进度的介绍以及相关的技术攻关成果。

8.3.2 通讯

通讯是以描写、叙述等方式将新闻事件、典型人物以及公司经验等生动形象地反映出来的一种新闻体裁。通讯的内容包括标题、作者、开头、主体与结尾五个部分。

1. 标题

通讯的标题分为两种类型，分别是单一型与复合型。单一型的通讯标题只包含主题。复合型的通讯标题包含了正题和副题两部分。

2. 作者

通讯的作者要写在标题的正下方，并且作者姓名前要加上作者的单位名称。作者姓名要居中书写。

3. 开头

通讯的开头是通讯的开始部分。通讯的开头要突出主要对象的介绍。

4. 主体

通讯的主要部分是主体。主体有三种主要形式，分别是纵式、横式与纵横结合式。纵式主要按照时间顺序进行叙述。横式即按照空间转换或事情的性质进行分层叙述。纵横结合式既注意时间顺序也注意空间顺序。

5. 结尾

结尾是通讯的结束部分，要求简洁明了，切忌篇幅冗长。

东方公司在北京市制造行业网球赛中勇创佳绩

2018年6月5日下午，我公司网球队在北京市制造行业网球赛中取得团队第一的优异成绩。

通过网球比赛，不仅充分发扬了东方公司"团结奋进"的企业精神，也增加了我公司员工与北京制造业其他公司员工之间的交流与沟通,提高了自身的身体素质。

我公司在网球比赛中取得如此佳绩离不开队员们的艰苦付出,每一个网球队员都自觉地积极利用业余时间进行组队排练,是他们的汗水铸造了东方公司网球队的奇迹。这种精神值得东方公司每一个部门的每一位员工学习!

8.3.3 大事记

大事记是按照时间顺序将本单位在一定时间内所做的重要工作、重要活动和重大事件进行逐项记载的文书。公司大事记的作用在于为以后工作查阅提供有价值的参考资料。大事记的内容由标题和正文两部分构成。

1. 标题

大事记的标题包括单位名称、文种以及记载年份三部分内容。

2. 正文

大事记的正文包括两方面的内容:内容和时间。

大事记正文内容包括事项发生的具体时间、地点、原因、过程、人员以及结果等。大事记正文只需要将概况介绍清楚,避免过于详细。

大事记的时间要按照年份、日期的顺序叙写。通常情况下,公司大事记以一年时间为期限,记载一年之内公司所发生的重要事件和重要活动。

东方公司 2017 年大事记

1月20日,据北京市海淀区发〔2018〕20号文件,东方集团公司被列为海淀区高新技术创新企业十强,这是我公司自成立以来首次受到区委授予的最高级别奖励。

7月20日,我公司派出十名技术骨干到湖北参加了"中国2018年技术创新交流大会",通过此次会议,我公司员工加强了与外界的技术交流与合作。

8月20日,国家商务部市场司副司长到我公司调研"太阳能板循环系统"工程建设情况。

10月15日,我公司举办了"2018年职工趣味运动会",各职能部门派出员工积极参与,取得了良好的效果。

12月14日,北京市政府发〔2018〕39号文件《进一步完善走出去工作的决定》,指出进一步优化出口环境,给予高息技术企业税收上的优惠,积极鼓励高新技术企业走出国门,促进中国经济又好又快发展。

8.4 礼仪文书写作

秘书对外发送的贺信、请柬这些文书均属于"礼仪文书"的范畴。本节将主要介绍贺信、感谢信、请柬、聘书四种礼仪文书的写作基本知识。秘书在工作中掌握好"礼仪文书"的书写技巧有利于彰显企业的形象,给企业带来隐形的效益。

8.4.1 贺信

贺信是单位对团体、个人、其他单位表示祝贺的一种文书。贺信通常由标题、称谓、正文、结尾和落款五部分构成。

1. 标题

贺信的标题有两种格式。第一种格式即由文种构成,可直接以"贺信"作为标题。第二种格式即由文种和事由构成,通常是在"贺信"前加致贺人以及祝贺的事由。

2. 称谓

贺信的称谓要用尊称。称谓要顶格写并且后面要加上冒号。通常在称谓前要加职衔和表示亲切的词语。例如,尊敬的、敬爱的,后面加"同志""同仁"等词。

3. 正文

贺信的正文首先应就对方取得成绩的缘由进行说明。贺信正文的重点部分在于概括说明对方在哪些方面取得成绩，并分析取得成绩的主客观原因。这部分的重点在于交代清楚祝贺的具体原因。

正文的最后要表示祝贺和希望。正文要表达出对对方的祝贺之情，并表明自己的决心和态度。

4. 结尾

如果贺信的正文部分对"希望"的内容阐明得很详细，则结尾部分可不必再写祝愿词。如果正文对"希望"部分内容阐述得不详细，则要写祝愿词，例如"祝取得更大的成就""祝事业更上一层楼"等。

5. 落款

贺信的落款要注明发文单位名称或个人姓名，注明成文时间。

中华人民共和国工业信息化部贺电

东方集团公司：

草长莺飞的时节，我们迎来了广大劳动人民的节日"五一劳动节"。在此，谨向辛勤工作在东方公司各个研发中心以及生产工作线的全体员工表示节日的问候和亲切的慰问！

在过去的一年里，东方公司全体员工深入落实科学发展观，爱岗敬业，勇于创新，推动公司的各项事业迈上了新的台阶，使生产科研成果更加丰富、社会影响力持续扩大。

当前，正是中国制造业改革创新的重要时期，公司发展也面临着难得的机遇。衷心希望全体员工以"创新"为契机，继续以高度的责任感和主人翁意识积极投身到公司的各项事业中去，为国家制造业的创新做出更大的贡献！

祝全体员工劳动节快乐、身体健康、阖家美满！

工业信息化部中小企业司
2018 年 4 月 30 日

8.4.2 感谢信

感谢信是对对方的帮助、关怀、支援等表示感谢的一种文书。感谢信一方面能够表达受恩者的感激之情，另一方面也能够鼓舞被感谢方，使其得到鞭策。

感谢信通常由五部分构成，分别是标题、称谓、正文、结尾和落款。

1. 标题

感谢信的标题有三种格式。第一种格式，标题只由文种构成。第二种格式，标题由感谢对象和文种构成。第三种格式，标题由感谢双方和文种构成。

2. 称谓

感谢信中的称谓应放在开头的顶格处。称谓一般为被感谢的单位、个人或者团体的全称。称谓后面要用冒号。如果出现要感谢的对象太多的情况，则称谓可以在感谢信的正文提及。

3. 正文

感谢信的正文主要写清两点：感谢的原因和感谢的意义。感谢信的正文要写在称谓下一行处，并且要空两格书写。

感谢的原因要另起一段。感谢的原因部分重点在于将感谢事件的时间、地点、人物、事件、原因、过程和结果写清楚。涉及对方好的品德和行为，要用简洁的语言叙述出前因后果，并描述出关键时刻对方给予的帮助和关心。

感谢的意义要对对方积极行为的重要意义以及难能可贵的助人为乐精神给予感谢和肯定，并表达出向其学习的态度和决心。

4. 结尾

感谢信的结尾要单独成一段。结尾部分要写明表示感谢和敬意的语言。结尾也可以在正文下写"此致"，下一行顶格写"敬礼"。

5. 落款

感谢信的落款要写明发文单位的全称或者是发文者的名字，并且在最后署上成文日期。

感谢信

三零七部队全体指战员：

　　我公司湖北武汉分公司 2018 年 7 月遇到了特大洪水灾害。在万分紧急的情况下，你全体干部及战士发扬了"无私奉献，敢于担当"的战斗精神，同我公司武汉分公司全体员工并肩作战，取得了抗洪抢险斗争的胜利。你们这种"一切为了群众"的精神值得我们崇拜和学习。再次，特向你们表示衷心的感谢！

　　我公司决心在党中央的领导下，努力搞好工业化生产，以实际行动报答你们的付出，为早日实现"中国制造业的中国梦"而努力。

　　此致

敬礼！

东方集团公司
2018 年 8 月 1 日

8.4.3 请柬

　　请柬又称为邀请书，是单位邀请宾客参加某项活动而发出的书面邀请。请柬包括四部分内容：标题、称谓、正文以及落款。

1. 标题

　　请柬的标题通常印制在请柬的封面上。在请柬的封面上要写明"请柬"两个字。如果是举办活动发出的邀请，则可以在"请柬"字样前加上活动的名称。请柬的标题字体讲究艺术性，可以采用美术字体或是烫金字体，并可在封面上设计一定的图案。

2. 称谓

　　称谓要顶格写。称谓通常是被邀请者的姓名。在个人姓名之后要有"女士""先生"等尊称。

3. 正文

请柬的正文部分要具体写明活动的时间、地点以及安排等内容。如果还有其他的要求也一并依次写出,以方便被邀请者做好相应的准备。

请柬的正文通常以一定的敬语作为正文的结尾。例如,"敬请参加""请届时光临"等。

4. 落款

落款要标明活动的全程和发出请柬的日期。

请柬

××先生:

东方公司2018年能源产品发布会定于2018年8月17日在北京市东方酒店西接待厅举行,敬请光临。

发布时间:2018年8月17日上午10:00—12:00。

东方公司市场营销部
2018年5月1日

8.4.4 聘书

聘书是单位聘请专业人士担任公司某项职务或工作而制作的一种书信文书。聘书通常有统一的制式,由发文者填写即可。聘书应包括五部分的内容:标题、称谓、正文、结尾和落款。

1. 标题

聘书的标题位于聘书的首页或者内页正中。聘书的标题通常为"聘书"或"聘请书"。

2. 称谓

聘书的称谓与书信的写法一致。聘书应当在首行书写受聘者的姓名。

3. 正文

聘书的正文应当至少包括四方面的内容：聘请原因、聘任期限、聘任待遇、受聘职责。聘任期限可以写成"聘期两年"或"聘期自××年××月××日至××年××月××日"。

聘任的待遇可以直接在聘书上写明，也可以另附详细的聘约或公函。

有的聘书在正文中还出现对于受聘者的希望，如果不写，则要通过其他途径使受聘者知晓自己的职责。

4. 结尾

聘书的结尾通常要写上表示敬意或者希望的语言，但也有的聘书省略结语。

5. 落款

聘书的落款包括发文单位名称、单位领导姓名、职务、发文日期。在落款处要加盖单位公章。

聘书

周永教授：

为了提高工公司机械制造技术的发展，以适应现在制造业发展的需要，我公司成立了"技术专家委员会"。您长期以来一直进行机械制造学科以及制造实务的建设工作，是资深教授。我公司特聘请您为"技术专家委员会"成员。聘期暂定为五年。

此聘

东方集团公司
总经理 王一明
2018 年 10 月 20 日

第9章
时间与情绪管理

一名优秀的秘书一定是掌握了"时间与情绪"管理技巧的秘书。做好"时间与情绪"管理有利于提高工作效率,提升工作的愉悦感。本章将从时间管理策略、时间管理目标设定、制定时间计划表和怎样进行时间管理四个方面介绍时间与情绪管理的知识技巧。

9.1 时间管理策略

时间管理不仅要讲究"技巧"更要讲究"策略"。本章将从如何提高时间管理技能、秘书个人时间管理、会议时间管理、通勤时间管理、赴约时间管理以及休息时间管理六个方面介绍时间管理的具体策略。秘书只有掌握这些时间管理的策略才能达到"事半功倍"的工作效果。

9.1.1 如何提高时间管理技能

单位秘书平时工作琐碎,提高时间管理技能能够提高秘书利用时间的效率。秘书提高时间管理技能主要有三个方面:掌握事情的优先级次序、合理利用零碎时间、列好工作清单。

1. 掌握事情的优先级次序

秘书在日常工作中要将工作的优先级次序排列好。秘书应当首先做重要而紧急的事情。在日常工作中通常主管的命令即为应当优先考虑去做的事情。秘书在时间管理方面应当清晰地判断什么是重要的事情、什么是紧急的事情。如果一时分不清哪些是重要的事情、哪些是紧急的事情,那么可以向主管询问最后的时间底线,以便确定工作的优先级次序。

2. 合理利用零碎时间

秘书平时的工作琐碎而繁多,而合理利用零碎时间成为秘书必须要掌握的时间管理技能之一。秘书可以将零碎时间利用起来做一些工作,例如,将考勤表制作出来并核对,将会议记录整理撰写好,将主管的会议安排更新一下。以上这些事情都可以随时利用零碎时间完成。

3. 列好工作清单

秘书每天清晨要列好工作清单。工作清单可以列在笔记本上、工作簿上、纸上。秘书要对当天的工作清单定时查阅，看看哪些工作已经完成、哪些工作还没有完成，以便及时调整工作计划。完成所有工作事项后还要认真检查一番，查漏补缺。

9.1.2 秘书个人时间管理

秘书个人时间管理是提高工作效率的必要技能。秘书个人时间管理包括上班时间管理、思与做之间关系管理、传达沟通能力管理等方面的内容。

1. 上班时间管理

秘书工作尽量要提早上班，延后下班。秘书要尽量比主管先到办公室，并且尽量等到主管下班之后再离开，这样做的目的在于秘书可以将主管可能需要的资料准备妥当。在这段时间里，秘书可以将当天的工作环节再仔细捋一遍，避免遗漏。

2. 工作先思后做

秘书在工作中很容易在主管下达指示后立即就执行，而忽视了先思考。秘书应当首先思考主管布置的工作如何做才是最恰当的，做事的程序和方法是不是真的正确。有时候适当地延迟执行可以避免主管临时改变主意而浪费时间。

3. 提高沟通能力，快速传达主管的旨意

秘书应当提高自身的沟通能力，在平时工作中须尽量准确领会主管的工作意图。秘书如能快速并且清晰地传达主管的工作意图，则能够避免信息在传递过程中的误传所造成的时间损失。因此，平时秘书就要多锻炼自己在沟通方面的能力。

9.1.3 会议时间管理

很多时候，单位开会不知不觉中就会出现会议超时的现象。因此，秘书应当掌握一定的会议时间管理技巧，以便高效地完成会议事务。

1. 挂牌子

秘书应当在会议室门口挂上一块牌子"会议进行中"。挂牌子的目的在于提醒其他人不要在会议期间进入，以免干扰会议。

2. 控制会议进程

秘书在会议前应将会议每个议题所需要的时间进行设定。根据设定的时间表控制会议进程。在会议过程中，可采取设置时钟或者递纸条的方式整体控制会议时间。秘书在会议过程中要时刻注意时间的把握，一旦某个议程超出了预定的时间则应当提醒主席。

3. 做好主管的决策建议

秘书在会议前应当做好相关信息的搜集工作，在会议过程中适当地提出自己的建议，帮助主管做好参谋，这样可以大大节约主管思考决策的时间，从而整体上节约会议时间。

4. 运用现代科技提升会议效率

秘书在会议过程中应当善于运用高科技工具提升会议效率。会议工具可以分为三类，第一类是会议软件，例如会议定时器等。第二类是工具类的科技网络产品，例如网络下载即时软件、笔记本局域网的数据同步等。第三类是秘书自己制作的表格工具，例如会议留言条、会议时间表、会议检索表等。

9.1.4 通勤时间管理

在大城市，上下班通勤时间不短，例如，在北京，上下班通勤 3 小时属于正常时间范围。如果秘书能充分利用上下班的这 3 个小时做一些事情，那么无疑会带来额外的收获。秘书可以在上下班坐车途中做下列两件事情。

1. 列工作清单

秘书可以在包中随时准备一沓便签纸，利用上班通勤的时间将一天的工作安排写在便签纸上。秘书在做工作便签的时候也有一定的技巧性，要将工作清单每件事情单独列在一张便签上,并且要按照时间顺序进行列示。秘书一到办公室,可以将便签按照时间顺序贴在电脑显示器的右上角,如果由于工作临时变动,可以随时调整便签的时间顺序,即将便签上下挪动。

2. 学习充电

上下班通勤时间可以在包里准备几本书,这些书可以是提高自己工作技能的,也可以是提高自己兴趣爱好的。利用上下班通勤时间听英语录音以及记英语单词,都是极佳的安排。如果利用好每天上下班的通勤时间,日积月累,自己的专业技能就会提高一大截。

9.1.5　赴约时间管理

秘书在工作中难免会有一些邀约。时间对于任何人来讲都是一种不可再生资源。因此,秘书在接受邀约时要讲究的一个原则就是守时。守时既是对邀约人的一种尊重,同时也是珍惜时间的一种体现。

不守时的人很难得到他人的尊重和信任,不守时的人很难建立与他人深入的交往。因此,秘书在赴约时应当提前二十分钟到达赴约的地点,万万不可踩点赴约。很多重要人物平时工作十分繁忙,有时甚至接待客人的时间和接待客人的谈话时间都有严格的规定。很多单位的领导可能一下午安排了数名来访者,因此,准时赴约就显得格外重要。如果由于迟到影响了拜访者与其他重要人物的接见,拜访成效可想而知。

赴约守时是秘书基本的职业要求,只有这样,才能赢得他人的尊重和信任,进而更好地开展合作。

9.1.6　休息时间管理

秘书在高强度的工作下很容易出现疲倦,工作效率得不到保证。此时,秘书应当学会适当地休息,避免死命地硬撑着工作,始终处于高强度的紧张状态。

秘书的休息时间不仅仅指的是睡眠时间,平时工作中也要进行休息时的管理。以下五种方法如果能够运用得当,则能够保证我们更好地得到休息,提高工作效率。

1. 打盹

简单的打盹可以让人得到一定的休息,让人重新振奋精神。秘书应当具备能够随时随地地打盹的能力,例如在办公室、家中或者地铁公交上。

2. 深呼吸

做一个深呼吸,什么都不要去想,能够帮助秘书很好地放松,得到一定的休息。深呼吸时还可以两手交叉,活动手关节。

3. 眺望远方

当秘书在长期高负荷的工作状态下感到压力重重、效率低下时,不妨暂时放下手中的工作,离开办公室,到窗口眺望远方。远方的美景能够让你得到放松和休息,当你回到座位时,会发现现在的效率比刚才提高了。

4. 做适当的放松运动

当出现疲劳的时候,不妨做一些伸展运动,一定的运动可以使大脑得到休息。做适当的运动对于消除工作紧张情绪十分有利。除了做伸展运动外,做眼保健操也有利于消除眼部的疲劳状态。

5. 适度想象

当秘书工作疲劳时,可以进行适度的想象,想象自己处于美好的地方,例如高山森林、大海沙滩等地方,并且把思绪集中在想象的事物上,有利于使精神得到一定程度的放松和休息。

9.2 时间管理目标设定

秘书在进行时间管理时首先要做的事情是"设定时间管理的目标"。本节将从如何树立时间观念、时间与职业生涯设计、短期目标设定与时间目标管理四个方面对时间管理目标设定的内容进行介绍。

9.2.1 如何树立时间观念

秘书树立时间观念要从三个方面着手：严格自律、设定目标、做擅长的事。

1. 严格自律

时间管理属于一种自我管理。自我管理的核心是自律。可口可乐公司前董事长罗伯特能够自律到将自己一天连续五小时关在房间里读书而不受外界打扰，他甚至不踏出房门一步。正是这种自律精神造就了罗伯特传奇的一生。

严格的自律要求时间管理者具有克服自身惰性的毅力。自律意味着对自身的严格要求。自律要从身边的小事做起，给自己建立一个"自律银行账户"。秘书只需要每天向这个账户里投入一点点自律，便会有很大的收获，并且会变得越来越自信。这些小事包括对自己守信，不断提高自己，坚持一项长期的有利行为等。

2. 设定目标

树立时间观念应当给自己设定目标。设定时间管理目标应遵循一定的时间管理原则，即"设定目标、拟定策略、执行及检讨"。时间目标设定要明确，可以将时间目标分成若干个分目标，一次只完成一个目标，然后逐步完成所有目标。

设定目标需要将自己的年目标、周目标以及日目标都清晰地列示出来。在执行的过程中对目标和进度进行及时的调整。照着设定的目标进行有计划的时间推进管理。

3. 做擅长的事

一个人的精力必须放在自己擅长的事情上。对于自己不擅长的领域，花费大量时间反而不容易取得良好的效果。如果一个人不知道自己擅长的事是什么，那么可以列出一份预期清单，待取得结果时将结果与预期清单进行对比，这样就能够看出你在哪方面比较擅长。

📁 9.2.2 时间与职业生涯设计

企业中个人职业生涯通常要经过基层、中层和高层三阶段的发展。这三个职业生涯阶段对于时间管理的方法也不尽相同。

1. 基层主管时间管理

基层主管时间管理主要做好三个方面：避免拖延、避免杂乱无章、做好例行性工作。

"拖延"是一种没有效率的工作方式。拖延往往会形成一定的不良习惯。造成拖延的原因很多，例如，上级没有指示清楚、工作完成的时间不够等。但是，基层管理者必须要克服"拖延"的不良习惯，应当积极寻求解决克服"拖延"习惯的对策。

基层主管要保证自己的工作环境有序，避免杂乱无章。杂乱无章会使得办公空间缩小，没有回转的空间，自然会降低工作效率。基层主管要避免将办公室当作自己的"家"，不宜随意乱放东西。

基层主管要将日常例行性公务做好。要提高自己的基本业务能力，并抓紧时间处理好电话、文档以及档案等工作。

2. 中层管理者时间管理

中层管理者在进行时间管理时要把握好四个方面：充分授权、排列工作优先级、避免干扰、设定时限。

中层管理者升为高层管理者必须掌握的一项时间管理技能即是"充分授权"。中层管理者在充分授权之前要做好两件事，即选人和育人。充分授权不是随意授权，而是授权给可靠的人。充分授权的前提是"找对人，办对事"。

中层管理者常常在一段时间内同时处理很多工作，这时候就需要掌握一定的排列工作优先级的能力。此时，要将工作分成四个等级。第一个等级是重要又紧急的事情、第二个等级是重要但不紧急的事情、第三个等级是紧急但不重要的事情、第四个等级是不重要也不紧急的事情。要按照一、二、三、四种等级的次序安排工作。

中层管理者要尽量避免工作时间受到干扰，例如要避免下属报告过于冗长，避免不应当你做的事情总是推脱给你做。

中层管理者在交付工作任务时一定要设定时限。设定时限的目的在于确保工作能够按时完成。

3. 高层管理者时间管理

高层管理者要掌握三项时间管理技能：用好"机要秘书"、用好参谋、正确聆听。高层管理者要用好"机要秘书"。机要秘书通常负责处理高层领导身边的琐事，通常具备很强的沟通与分析问题的能力。高层领导将日常的事务交给"机要秘书"处理，能够避免事事都亲力亲为，提高工作效率。

高层管理者的决策往往不是通过会议讨论的方式形成，而是选择身边的一些"谋士"，让他们献言献策，并做出参考决策。

高层管理者都擅长做一名好的"聆听者"。作为高层，平时会有很多人提出关于公司的各种意见，这时需要高层管理者能够"听得进去"，做一名倾听者。

9.2.3 短期目标设定

时间管理的一项重要内容就是短期目标的设定。短期目标设定要注意两个方面：一是目标只确定一个，二是目标一旦确定就不放弃。

1. 目标只确定一个

短期目标的设定应当是专一的。短期目标一旦设定，不可随意变化。因此，在确定短期目标时要经过深思熟虑，权衡各种利弊。一个人，在短期内只有将目标确定为一个，才能将所有精力集中在这件事情上，避免精力的分散。毕竟一个人的精力是有限的，如果将目标设定得过多，恐怕到头来一个目标也实现不了。

在短期内，要将精力主要集中在所设定的一个目标上，并且在目标执行的过程中时刻提醒自己短期目标。

2. 不放弃目标

无论你处于什么样的环境，一旦短期目标确定，就不能放弃。短期目标在执行的过程中最大的障碍在于中途放弃。如果中途放弃目标将不能很好地完成任务。一个人的成功与他能够坚持住目标、善始善终地完成目标任务有很大的关系。如果中途放弃了目标，就等于错失了一次成功的机会。

9.2.4 时间目标管理

时间目标管理要注意四个方面：一是合理分配自己的精力，二是全神贯注地投入工作，三是注意事情的进展，四是运用直线式的时间预定方法。

1. 合理分配自己的精力

在确保时间目标设定是紧紧围绕自身的职责并且考虑到事情的优先次序之后，要合理分配自身在每一项任务中所要花费的精力，这样做的目的在于能够有助于实现自我对于时间的控制。合理分配时间要避免自己的时间被琐事以及不相关的人所占据。

2. 全神贯注地投入工作

在执行目标任务的过程中要确保工作状态是全神贯注的，唯有专注地工作才能提高工作的效率。全神贯注地投入工作是将精力用于主要的工作职责上来。

全神贯注地工作还有两个小技巧。（1）设立工作时间表。定时、定量地将目标任务列出来；（2）将一个星期后的事情在月历上做好标记。如果由于各种原因，你无法一次完成一件事，那么务必确保把大部分的事情做好，并将剩下未完成工作集中在一起，直到做完为止。

3. 注意事情的进展

设定好目标后，要注意事情的进展。可以选择将自身的努力做一个记录，这样做的好处在于能够将自己精力的分配形成一定的记录资料，最后要将这些记录资料与取得的目标成果做一个比较。每周、每月都这样做的好处还在于对自己形成监督。在三四个月后，通过记录的资料将会发现自己的一些改变。

4. 运用直线式的时间预定方法

直线式的时间设定方法即一次只处理一件事情。这种方法对于完成短期目标特别有效。直线式时间设定方式只需要一次选出最重要的一件事，并且要确保这件事不要和其他事情搅和在一起。直线式的时间预定法能够让你长时间地专注于一件事。除此之外，每次完成所设定的目标后，能够产生一定的满足感，并且能够让你继续思考和计划时间管理目标。

9.3 制定时间计划表

制定时间计划表是秘书进行时间管理的核心内容之一。本节将从如何有效制订时间计划、如何制订月计划、如何制订周计划、如何制订日计划四个方面对制定时间计划表的内容进行介绍。秘书掌握好制定时间计划表的原则和技巧才能更好地提升工作效率。

9.3.1 如何有效制订时间计划

很多成功人士成功的小秘诀在于合理地制订时间计划。在制订时间计划时要掌握好三点：计划、分析、行动。

1. 计划

制订有效的时间计划第一步就是要制定出时间管理原则。根据时间管理原则确定工作的优先次序。计划要注重时间管理的选择性、重要性以及必要性。

2. 分析

对时间制订后的计划在执行过程中要注意做好分析。分析的目的在于检查出体能状况，从而将自己精力最旺盛的时间段用来做最重要的事情。时间分析的方法可以采用做记录的方式将一周内各个时间所做的事情以及完成情况的结果记录在分析册上，到周末将记录表拿出来做好分析。根据记录表能够了解自己的体能状况，找出最佳时间段做最重要的事情。

3. 行动

制订计划后最主要的工作就是果断、迅速地采取行动。执行计划要做到两点：（1）确定期限；（2）删减不重要的事情，并且要提出弥补措施。

在执行计划的时候要确定具体的完成期限。确定期限有利于对自己起到一定的鞭策作用，并且可以根据完成的结果找出执行计划中的不足。

删减不重要的事情有利于自己在一定的时间内集中精力做好一件事。在这里要注意，返工也是要浪费一定时间的。如果某件次要的事情不能完成，那么要提出弥补的具体措施。

9.3.2 如何制订月计划

月计划是时间计划的重要部分。月计划的制订要掌握好四点：第一，列出明天最重要的六件事；第二，排列出六件事的先后顺序；第三，每晚列一次新表；第四，坚持二十一天。

1. 列出明天最重要的六件事

制定月计划需要每天晚上列出明天最重要的六件事情。列出六件事的目的在于为未来做抉择。通过这张计划表，要弄清楚几个问题：昨天未完成的事情是什么，哪些事情今天应当做，明天应当做的最重要的事情是什么。如果明天需要完成的事情很多，则要对未完成的事情进行缩减，直到减到六件事为止。

2. 排列六件事的先后顺序

对列出的六件事情要进行排序。排序的时候要将最难完成的事情列在第一位。从第一件事情做起，避免干扰，做完一件就划掉一件，直到圆满完成工作为止。

3. 每晚列一次新表

每晚要重新列一次新表。在列新表的时候需要注意：要将昨天未完成的工作排在明天的第一位，然后再根据工作任务选出明天最应该完成的六件事。

4. 坚持二十一天

坚持每晚列计划二十一天，即三个星期。当你坚持三个星期之后，你会发现你的工作效率已得到很大程度的提高，并且月计划完成的结果也不会很差。

9.3.3 如何制订周计划

周计划通常在周一的晚上制订。因为周一上班第一天会遇到各种工作上的新任务。周一晚上制订一周的计划有利于安排未来四天的工作优先次序。

周计划的制订需要以下四个步骤：
第一步，将一周所做的工作全部列出来。
第二步，确定每件工作的重要等级。
第三步，根据工作的重要程度将计划顺序重新排列。
第四步，在排列好优先次序后，要问自己一些问题：那些被放弃的事情不做的原因是什么，某件事情拥有最高的优先级的原因是什么，是否在愉悦的心境下执行计划。搞清楚这些事情有助于提高周计划执行的效率。

制订周计划并严格执行，就会发现你的时间变多了。这就是计划带来的好处。

9.3.4 如何制订日计划

日计划应当具有一定的灵活性。日计划的制定应掌握六个方面的技巧：前一天晚上做好计划、正面思考、给自己鼓励、适当运动、留出预备时间、制订应变计划。

1. 前一天晚上做好计划

制订日计划的第一步就是前一天晚上将明天需要做的事情列出来，并做好计划。最好在第二天早晨醒来播放一段自己喜欢的音乐，起到振奋人心、鼓舞士气的作用。

2. 正面思考

每天保持正面思考的状态并且要做好思想和行为的一致。正面思考的意义在于对一切消极思想进行否定。保持正面思考能够赶走消极工作情绪，进而提高工作效率。

3. 给自己鼓励

每天给自己鼓励，对着镜子说：自己是世界上最好的。给自己鼓励能够增强自我信心，从而更有利于克服工作中的困难。

4. 适当运动

适当地保持运动的习惯有利于提高工作效率，对健康有益。即使从事一定的体力劳动，也要保持适当运动的习惯。游泳、慢跑、散步等方式都是适合办公室人员锻炼的好方式。

5. 留出预备时间

制订日计划时要留足预备时间。社会是在变化的，一些突如其来的事情不可避免，因此，为日计划留足预备时间有利于应付一些非常规的工作，确保计划的顺利执行。

6. 制订应变计划

日计划的制订应当具有一定的应变性。日常工作计划被某些事情打断，这时大可不必烦恼，应当立刻调整工作日计划。计划调整有利于更加灵活地处理当下的问题。日计划制订的最大忌讳在于过于教条。

9.4 时间管理

秘书在进行时间管理的过程中需要掌握一些时间管理的小技巧。本节将主要介绍一些时间管理的小技巧,例如:立即开始行动,如何克服拖延,形成自己的工作规律,养成一定的习惯,善于利用零碎时间,时间的增效法则。掌握好时间管理的小技巧对于秘书的时间管理绝对是"锦上添花"的事情。

9.4.1 立即开始行动

时间管理很重要的一个技巧就是立即行动。唯有立即行动才能改变现状,提高生活质量。立即开始行动要注意四个方面:第一,边行动边思考;第二,克服畏惧;第三,做好时间规划;第四,及时弥补经验的不足。

1. 边行动边思考

行动能够帮助我们更好地完成工作,体验生活。行动的同时不要忽视深入的思考。立即行动胜过在原地不动权衡利弊。有时,及时行动的结果与预期相差甚远,通过深入的思考,我们能够及时调整计划,获得进步。

2. 克服畏惧

有时候我们迟迟不肯行动的最大障碍在于自我设限,畏首畏尾。立即行动就要克服这种畏惧感,大胆地去做,不知不觉中你的自信就会提高。克服了畏惧也就意味着迈出了走向成功的第一步。

3. 做好规划

时间管理做好规划不能仅仅是纸上谈兵。制定规划能够让你避免在错综复杂的事务干涉时手足无措。做好规划既要包括时间的短期规划,也要包括时间的长期规划。

4. 及时弥补经验的不足

在立即行动的过程中能够及时发现自身的不足，及时弥补经验的不足，能够获得进步。在立即行动的过程中不断发现新问题、解决新问题，直到圆满完成任务，这是一个不断增加新经验的进步过程。

9.4.2 如何克服拖延

拖延工作不仅会影响个人的前途，久而久之还会对心理健康造成不良的影响，形成性格上的缺陷。克服拖延要做好五个方面：第一，立即决定，避免拖延，勇于担责；第二，把握住今天；第三，任务列表；第四，在规定的时间内完成任务；第五，将个人生活排除在工作之外。

1. 立即决定，避免拖延，勇于担责

工作中遇到问题，要坚决避免拖延，并且要避免凡事都要依赖他人做出决定。面对问题，要多动脑筋，立刻解决，并且要勇于承担责任。出现选择性问题，应当立即决定，避免拖延，勇于承担责任，才能赢得更多的机会，得到更多的收获。

2. 把握住今天

在计划面前，我们应做一名行动者而不是空想家。要时刻保持这种意识：把握住今天，今天才是最珍贵的。只有将具体的行动付诸每天当中才能够主宰自己的生活，更好地完成工作目标。今天的成就行动是明天更好的开始。要抓住今天的宝贵时光，为自己创造更多的价值。

3. 任务列表

将工作任务列表，按照事情的轻重缓急做工作。即便是工作上的一些小事，如果时间是固定的，那么也有必要写进任务表里。安排任务列表要注意将相同的事情集中在一个时间，这样有利于避免随时转换工作思路。

4. 在规定的时间内完成任务

在规定的时间内完成任务要做到的就是"向时间要效率"。秘书在工作中要善于安排时间,"向时间要效率"。秘书在规定的时间内完成工作任务要做到的就是有效利用时间去完成任务,并且清楚地知道指定时间内完成任务的重要性。

5. 将个人生活排除在工作之外

秘书在工作场合要避免过多地谈论私人生活。如果在工作场合过多地谈论私人生活,会让你在下面的工作中不断分心。因此,秘书有必要将个人生活排除在工作之外。对于其他人谈论的各种生活八卦,不如一笑而过。

9.4.3 形成自己的工作规律

每个人在工作中都有自己的规律,即一个人在工作中拥有两种时间:内部时间和外部时间。内部时间指的是一个人精神最佳的时间,外部时间指的是一个人与外部打交道的最佳时间。

1. 把握内部黄金时间规律

内部黄金时间是一天中效率最高的两个小时。如果你不清楚一天中效率最高的两个小时是哪个时间段,那么你就应该通过两个星期的实践根据自己的计划时间完成任务的情况分析出哪两个小时是自己一天当中效率最高的时间段。一旦分析出自己效率最高的时间段,就要将一天中最重要的工作安排在这个时间段内完成,将一些无关紧要的工作放在精神状态不好的时候去做。

2. 把握外部黄金时间规律

秘书在工作中常常会发现当上司出门办事前与其商量事情的效率最高。除此之外,找上司谈话的另一个重要时间是在上司刚走入办公室时。这时候上司刚进门,可能还在摘帽子,此时还没有进入工作状态,谈话的效率最高。

对于职能部门大多数人而言,早上九点到下午五点是一天当中工作的黄金时间。同时,也是秘书进行外部沟通的黄金时间。此时,大部分人都在办公室，比较容易联系到办事人。因此，秘书要把握住外部黄金时间积极进行外部沟通。

秘书在进行外部沟通时要保证能够找到想要找的人。秘书可以采取提前预约或打电话咨询的方式事先安排好工作活动。同时，秘书在进行外部沟通时也要充分考虑到其他人的时间安排。

9.4.4 养成一定的习惯

秘书在日常工作中要养成一定的工作习惯，才能提高工作效率。具体而言，好的工作习惯包括三个方面：第一，集中时间处理琐事；第二，合并工作同类项；第三，合理安排联络工具。

1. 集中时间处理琐事

秘书在工作中难免会遇到各种琐碎事情，例如，邮寄快递、整理文件、回复邮件等。这些琐事虽然小，但一旦处理起来也会花费我们很多时间。集中时间处理琐事有利于避免打断工作。

处理琐碎事情要快刀斩乱麻。对于琐事要根据它的价值合理确定处理时间。琐事通常是一些没有很大价值的小事，因此，不必对其追求完美，这样会节约时间。因此，对于琐事，要立即行动，不要在这上面花费过多的思考时间。

集中时间处理琐事要按照事情的轻重缓急去做。在处理琐事之前要明确正确的工作方法。

2. 合并工作同类项

秘书在工作中会发现总有一些例行性工作具有"相似性"，此时不妨将一些相同或相类似的工作放在同一个时间段内完成。这样做的好处在于减少转换工作思路的时间；分阶段工作中途可以留出休息时间，劳逸结合。

合并工作同类项首先，需要将工作任务列到一张清单上；其次，按照"轻重缓急"的原则将工作进行排序；再次，将相同类型的工作放到一个时间段内；最后，先做紧急且重要的工作。

3. 合理安排联络工具

合理安排联络工具可以既不浪费秘书的时间，还能取得想要的东西并保证日程表不被打扰。合理安排联络工具的前提是尽量不给他人造成一定的困扰。

合理安排联络工具要注意四点：第一，对于重要的事情一定要先打电话通知，然后再发邮件并且在邮件中说明具体情况。第二，对于紧急重要的事情，不仅需要打电话提前沟通，并且要运用通信工具随时与对方保持联系。第三，对于不重要的事情只需发邮件。第四，对于老板向内部员工发出的命令要发邮件通知到每个员工。

在利用联络工具与对方保持联络时也要注意四个方面：第一，保持简明的开场白，无论是电话还是邮件沟通；第二，保持通话工作主题并注意控制通话时间；第三，同事协作时要保证在达成一致的前提下去协作；第四，将事情集中起来一次性说清楚，避免再次打扰他人。

9.4.5 善于利用零碎时间

善于利用零碎时间首先要转变观念，其次要使得一些闲散的时间得到有效利用。

1. 转变零碎时间观念

许多人认为零碎时间只能用来处理一些不重要的事情，这种观点是错误的，对于优先考虑的工作也可以充分利用零碎时间去完成。这种做法的前提是你将工作划分为"若干个阶段"，分阶段去完成一些重要的工作。

2. 使闲散时间得到有效利用

生活中一些闲散时间完全可以得到有效利用。很多赶车的时间如果能合理安排一些事情，则可以达到充分有效利用时间的目的。例如在等火车时可以看看小说、浏览一些杂志或者记几个英语单词，日积月累，这些合理利用的闲散时间定会给你带来收获。

9.4.6 时间增效法则

时间管理的"二八法则"能够帮助我们更好地提高时间的利用效率。时间管理的"二八法则"指的是一个人 80% 的成就是在 20% 的时间内完成的，剩下的 80% 的时间只创造了 20% 的价值。从这个法则中我们可以看出，我们所做的事情当中只有少部分的时间内做的是高价值的事情。

1. 学会自我管理

时间管理的前提是自我管理。时间管理的增效法则"二八法则"提出的时间管理观点认为首先应当明确时间管理的正确态度，然后再确定工作任务的顺序，制定出近期和远期目标，为自己定一个目标并拟定每日、每周、每月的计划。在一天中精力最旺盛的时间段做最重要的工作。

2. 时间增效法则

有效的时间增效法则是一种在追求改变和学习中应用的法则。

一个人不可能将所有事情都做完，这就要求我们懂得适当地拒绝。有些事情并不值得我们如此为它拼命，不如放弃这件事去做更重要的事。如果某件事情自己做不了，应该集思广益，找别人一起处理它。

"二八法则"告诉我们控制时间是不可能的事情，真正能控制的是我们自己。只有在最佳的 20% 的时间做最重要的事情，安排好时间才能有更多的时间从容地看电影、旅游。对于休闲娱乐的尊重也是时间管理应当重视的一项内容。

第10章
文秘人事招聘工作

公司文秘在工作中有时会做一些招聘的工作。对招聘工作的流程及技巧有一定的了解有助于文秘更好地招聘到所需要的员工。本章将从人事招聘的计划及准备、人员面试、面试后期工作以及人才培训四个方面介绍人事招聘工作的流程以及技巧。

10.1 招聘计划及准备

文秘做招聘工作时第一步就是制订招聘计划做好招聘准备。本节将从拟定招聘计划的步骤、招聘前的准备工作、招聘组人员拟定、外部招聘渠道选择四个方面介绍招聘工作的计划以及具体的准备工作。秘书掌握好这些流程和技巧就能为后面的招聘工作做好铺垫。

10.1.1 拟定招聘计划的步骤

企业在招聘前都要编制招聘计划。招聘计划的编制要经过三个步骤：调研分析、预测与决策。

1. 调研分析

招聘计划是调研分析，目的在于防止招聘的盲目性。调研分析的内容包括企业人力资源规划以及当前的主要工作方向，招聘的范围、数量与规模，展开招聘活动的方式。

秘书应当充分了解本单位发展与运行的现状。做好调研并得出本企业当前主要的工作任务与所缺人员状况。明确所缺岗位人员的岗位职责与工作技能要求。

秘书还应当对本企业当前人力资源现状以及人力资源管理利用情况做好调查。秘书应当对人力资源状况进行分析，具体包括企业人员的学历结构、年龄结构、技术人员结构、人力资源分布与分配状况、人力资源利用情况。

秘书在进行调研分析时还要对本企业在规模扩张、技术更新、人员更新方面进行预测和分析。预测要与企业人力资源发展战略相契合。

秘书应根据调研的结果预测企业近期对人力资源的需求量、职位以及趋势。

2. 预测

秘书在对招聘计划进行预测时主要根据五点做出判断：企业内部组织机

构是否发生变化、产品规划对于人力资源需求产生的变化、新产品开发对公司人力资源结构产生的影响、新技术以及设备改造将会引起人力资源资源结构的变化、企业外部人力资源市场现实状况对本公司人力资源现状产生的影响。

人力资源的预测内容包括：目前公司内部职位空缺数量；目前本公司内部员工是否拥有足够的技能展开工作，是否需要从事一些新的工作以满足企业发展的需要；公司现阶段是否有足够的财力进行新员工的招聘。只有综合预测以上内容才能制订出科学合理的招募计划。

3. 决策

整个招聘计划的核心环节就是决策。招聘决策包含的内容很多，例如：招聘的具体岗位招聘的人员数量、招聘岗位的技能要求、招聘信息发布的时间、招聘的渠道来源、招聘的方法、招聘人员的到岗时间等。招聘决策完成后需要经过人力资源部门经理以及公司相关高管的批准方可执行。

10.1.2 招聘前的准备工作

招聘前的准备工作包括：确定招聘规模、确定招聘地点、确定招聘所需时间、确定信息发布的范围、确定招聘标准。

1. 确定招聘规模

招聘的规模可以理解为招聘活动吸引应聘者的数量规模。无论何种单位，在招聘之前都要确定招聘的每个岗位需要多少人。招聘规模的大小具体取决于两个因素：第一个因素即企业录用的阶段，录用阶段越多的招聘规模越大；第二个因素是各阶段通过人员的比例，每一阶段比例越高招聘规模也越大。

2. 确定招聘地点

选择招聘的地点取决于人才分布的规律、劳动力市场的状况、求职者的活动范围等因素。企业在确定招聘地点时通常情况下应遵循以下原则：

（1）招聘高级管理人才或者专家需要在全国甚至全球范围内进行招聘。

（2）招聘中层管理人员或者高级技术人才需要在跨地区的市场中进行

招聘。

（3）招聘一般的技术工人和工作人员需要在企业所在地进行招聘。

人力资源市场中不同的市场提供的是不一样的劳动力，供给是不一样的。

3. 确定招聘所需时间

确定招聘所需时间要明确招聘的各个环节所需要的时间长度，进而确定整个招聘过程所需要的总时间。

4. 确定招聘信息发布范围

招聘信息发布的范围取决于招聘对象的范围。通常情况下，招聘信息发布的范围越广，应聘者的数量就会越多，"人才蓄水池"的容量也越大，招聘到合适的人的概率也越大，相应的招聘成本也越高。

招聘信息的发布范围要充分考虑到招聘对象来源的范围，不同需求条件下的招聘范围，发布的方式也不尽相同。

5. 确定招聘标准

招聘标准包括两个方面：第一，必备条件；第二，择优条件。必备条件是应聘者满足所聘岗位的最低要求，择优条件是在满足必备条件之上的倾向性资格要求。招聘的两个标准缺一不可。

（1）确定招聘预算

招聘预算包括人工费、业务费以及其他费用。人工费指人员的工资、福利、生活补助等。业务费指的是通信费、广告费以及办公用品费等。

（2）书写招聘计划书

书写招聘书是招聘准备工作的最后一个环节。一份好的招聘计划书才能提高招聘的效率。

📁 10.1.3　招聘组人员拟定

招聘组人员拟定要遵循五大原则：知识互补、年龄互补、性别互补、能力互补、气质互补。

1. 知识互补

基于对于应聘者不同知识结构进行考察的要求，招聘团队在人员拟定上要注意招聘组人员知识的互补性。只有知识结构互为补充、取长补短才能提高整个招聘团队的知识水平的深度与广度。

2. 年龄互补

招聘团队的组成需要不同年龄段的招聘者组合在一起，目的在于客观地对不同年龄段的应聘者进行正确的分析，以期完成招聘工作。年龄差别体现在处理问题的方式、知识经验、思维方式方面的差异。年龄偏大的人做事更加稳重，而年轻人接受新事物的能力较快。

3. 性别互补

招聘团队的性别互补的益处在于避免招聘过程中的性别歧视。不同的性别各有长处，女性擅长从细微之处选人，男性则擅长从全局进行考察。

4. 能力互补

招聘团队能力互补有助于对不同岗位人员的招聘进行考核。招聘团队中需要具有懂得生产技术的人、懂得销售业务的人、知悉办公室工作的人员，不同能力的人组合有利于更加全面地考核应聘者的个人能力。

5. 气质互补

将不同的心理特质和气质的人组合在一起组成的招聘团队，有利于避免招聘工作组由于单一气质型人员的心理偏差导致的招聘失误。

10.1.4 外部招聘渠道选择

企业内部招聘的范围较窄，并且容易造成企业思维方式的单一化。从外部招聘合适的人才有利于企业多维化思维方式的转变，更加有利于企业的长远发展。企业外部招聘的渠道包括六大类：网络招聘、校园招聘、广告招聘、熟人推荐、职业中介推荐、猎头公司。

1. 网络招聘

网络招聘成为越来越多企业选择的招聘方式之一。互联网招聘的优点在于能够快速、廉价地获得应聘者信息，招聘速度胜过广告报纸和招聘会的形式。网络招聘的缺点在于应聘者信息的真实性有待考验。

2. 校园招聘

校园招聘适用于企业想招潜在的管理人员、技术职员以及专业职员。校园招聘的优点在于企业挑选人员的范围明确，方向集中，效率较高。

校园招聘也有一定的局限性：企业的财力成本较高，对于校园毕业生要支付其差旅费、实习费以及一定的培训费用；招聘时间成本较高，通常要在应届生毕业提前半年的时间进行招聘，而只能等到应届生毕业才能用人；企业用人稳定性不高，应届生流动性较大，会给企业带来一定的损失。校园招聘多用于企业招聘具有发展潜力的人才。

3. 广告招聘

广告招聘是企业借助电视、报纸、杂志等媒体向社会发布招聘信息的一种招聘形式。广告招聘的内容要包括：招聘的具体岗位信息、应聘者技能要求、招聘的具体方式等。

广告招聘具有速度快、信息面较广、宣传企业的优点。广告招聘的缺点在于广告费巨大，资金成本较高。应聘者范围较广给人力资源部门带来大量的工作量。

4. 熟人推荐

企业出现短缺的职位时也可采用内部熟人推荐的方式进行招聘。熟人推荐的优点在于缩短了招聘环节，节约了招聘的费用。缺点在于招聘范围较小，招聘质量受到影响，易形成裙带关系和小团体。

熟人推荐形式通常用于招聘初级员工和核心员工。熟人招聘要避免被推荐人在推荐人手下工作，应当请相关专业的熟人进行推荐并且多鼓励员工推荐工作能力较强的合适人选。

5. 职业中介推荐

职业中介推荐具有推荐速度快、费用低的特点。职业中介推荐的局限性在于职业中介的人才库有限，有时很难满足企业的用人需求；职业中介推荐的人才良莠不齐，很难把握。职业中介推荐的形式通常用于招聘初中级人才以及企业急需的员工。

6. 猎头招聘

猎头招聘的优点在于针对性较强，成功率较高，质量较好，过程隐蔽，应聘者能够迅速上岗。猎头招聘的缺点在于招聘时间成本较高，周期较长；资金成本较高，年薪支付增加了企业的用人成本。猎头招聘通常适用于企业招聘高级职位。

10.2 人员面试

面试工作是一项具有规范流程和特定技巧的工作。秘书只有掌握面试流程和技巧才能更好地完成面试工作。本节将从面试的准备工作、面试过程、面试技巧、面试与考核中的提问以及面试测评内容五个方面对人员面试工作的流程与注意细节进行介绍。

📂 10.2.1 面试的准备工作

面试的准备工作包括三个环节：知悉公司职位细则、审阅简历、电话通知应聘者。

1. 知悉公司职位细则

秘书对于本公司职位细则应有足够了解。具体包括四个方面：第一，秘书应当能够判断应聘者是否具备所需岗位的资格；第二，秘书能够充分知悉该岗位的职责并能够轻松地就该问题与应聘者进行良好沟通；第三，秘书对于公司的信息应当掌握全面并且能够自如回答应聘者提出的关于公司的问题；第四，秘书应对应聘职位的薪酬有足够的了解。

2. 审阅简历

秘书在审阅简历时应着重关注五个方面的内容：第一，浏览简历外观，注意观察简历是否美观且注重条理性；第二，注意应聘者的工作经历是否与应聘岗位相关，并设计出面试环节的提问；第三，思考应聘者工作变动的原因并设计面试问题；第四，关注应聘者的教育背景，在面试中设计职业发展方向方面的问题；第五，对比应聘者期望薪资以及目前薪资的差别并设计在面试环节的有关问题。

3. 电话通知应聘者

电话通知应聘者一方面，通过电话通知进一步筛选参加面试的人选；另一方面，通过电话通知应聘者面试的时间与地点。

秘书可以通过电话通知直接筛选掉不合格的应聘者。在电话筛选过程中秘书应侧重询问五个方面：应聘者职业兴趣与应聘岗位的相关度、应聘的原因、目前主要从事的工作、离开公司的原因、对于应聘职位的期望。

秘书在选择面试地点时应当选择安静不受打扰的环境作为面试地点。

📁 10.2.2 面试过程

面试过程包括两个环节：打开话题环节与询问应聘者环节。这两个环节是承前启后的关系。

1. 打开话题环节

秘书在见到应聘者时首先应当热情地向应聘者打招呼。秘书应向应聘者做简单的自我介绍。为了让应聘者不拘谨，秘书应当首先从与应聘无关的话题谈起，例如天气、交通、语言习惯等方面。

2. 询问应聘者环节

询问应聘者通常情况下以开放性问题为主，目的在于消除应聘者的紧张情绪。在询问环节，秘书可以首先请应聘者介绍自己的工作经历，目前从事的主要工作。秘书应用询问的方式确定应聘者的实际工作经验和能力，可以根据实际工作中关键性的事例进行发问。其次，秘书应当通过应聘者对某一工作事件的处理程序与体验再次确认应聘者的实际工作经验。最后，秘书要给出应聘者面试结束语。此时，秘书应当向应聘者询问是否有其他问题，一方面给应聘者最后表现的机会，另一方面招聘团队可以进一步考察其对公司职位的知悉程度。此外，秘书还要告知应聘者后续的程序以及所需要的时间间隔。

10.2.3 面试技巧

面试人在面试之前要对应聘者的基本信息了如指掌。这些基本信息包括：应聘者的社会背景、工作态度、今后个人的发展方向等信息。同时，面试人要掌握一些面试小技巧，以便在面试中应对自如。面试技巧包括：例常发问、察言观色、以静制动、掌握进程、予人机会。

1. 例常发问

面试者应从最基本的常规问题开始询问应聘者，例如工作经历、教育背景等，随后再逐渐过渡到正题上来。

2. 察言观色

面试者在对应聘者进行面试时要注意察言观色。察言观色的关键在于不打击应聘者的自尊心，不对应聘者进行人身攻击。面试者要尽量为应聘者创造出一个和谐自然的面试氛围，以降低应聘者的紧张程度，更好地完成招聘工作。

3. 以静制动

面试者在面试时应当静心地去倾听应聘者的回答。面试者应平静地从应聘者回答的语速、回话的反应以及谈话的语调等方面对应聘者的表现进行判断。面试者在面试过程中要避免对应聘者进行说教、争论或谩骂。

4. 掌握进程

面试者对面试工作的进度要有严格的掌握。面试者在回答应聘者问题时要直接干脆，不要拖泥带水。掌握面试进度还要注意防范在面试过程中单方面一直发声，例如面试者不断地提问，或者应聘者不断地谈论自身的工作经验。

5. 予人机会

面试者在对应聘者提问完毕后要给应聘者一个机会，对本次应聘的遗漏之处给予补充或修正，随后才可以结束面试。

10.2.4　面试与考核中的提问

面试考核中的提问目的在于从应聘者口中得到有价值的信息。面试考核中要根据不同的阶段特点采用不同的提问方式，具体包括三种面试提问方式：第一，开放式提问；第二，封闭式提问；第三，诱导式提问。

1. 开放式提问

面试中开放式提问的目的在于让应聘者能够自由地发言。开放式提问通常适用于面试初始阶段。在整个面试的初始阶段或者针对某一方面问题进行讨论的初始阶段，都可以用开放式提问的方式开场。

开放式提问又可分为有限开放式提问和无限开放式提问两种方式。有限开放式提问对回答问题的范围以及方向有所限制。无限式提问对提问并不限定特定的范围，目的在于让应聘者张口说话。

2. 封闭式提问

封闭式提问方式目的在于让应聘者给出明确的答案。最典型的封闭式提问方式的回答为"是"或"否"。封闭式提问的方式通常在面试的深入环节进行。相对于开放式提问，封闭式提问方式则更直接。

3. 诱导式提问

诱导式提问是面试者以诱导的方式让应聘者回答问话的一种提问方式。面试者在应用诱导式提问时要注意把握好分寸，否则将适得其反，造成应聘者由于紧张情绪不能给出有价值的信息。

10.2.5　面试测评内容

面试测评并不主张对应聘者所有的方面都进行测评，而是有选择地去测评那些最值得测评的内容，具体包括：仪表风度、专业技能、工作经验、表达能力、分析能力、人际交往能力、工作态度、求职动机、业余爱好等。

1. 仪表风度

仪表风度包括一个人的外貌、身材、着装、气质等方面的内容。通常情况下，仪表端庄、气质优雅、举止文明的人意味着拥有较强的自我约束能力以及良好的自我管理能力，具有较强的责任心。

2. 专业技能

面试官对于应聘者的专业技能考察主要在于了解应聘者的知识更新程度是否与当前工作岗位所需知识相符合。面试官对于应聘者的专业技能考核要体现深度和灵活性。

3. 工作经验

面试官对于应聘者工作经验的考察目的在于了解应聘者在工作的责任感、遇事的处理能力、思维能力等方面是否符合所应聘岗位的要求。

4. 表达能力

表达能力是一个人将自己的观点传递给受众的能力。面试者对于应聘者表达能力的考核要通过应聘者的表达逻辑性、准确度、音量、音质、感染力等方面进行判断。

5. 分析能力

面试官对于应聘者分析能力的考察要侧重于对应聘者抓住本质的能力、对于突发问题的应变能力进行考核。

6. 人际交往能力

面试官通过对应聘者在人际交往中扮演的角色、善于同哪种类型的人打交道以及倾向于参加哪种类型的社团活动即能判断出应聘者的人际交往能力。

7. 工作态度

面试官对于应聘者工作态度的考核要侧重于以往应聘者对工作学习的态度，是否有事业目标等方面。

8. 求职动机

面试官通过询问应聘者来应聘的目的，对于公司的哪点最看重，对于哪种类型的工作兴趣较高便可判断应聘者的求职动机。

9. 业余爱好

面试官通过询问应聘者喜欢阅读哪些图书、从事哪些运动可以判断应聘者的个人兴趣，目的在于为日后应聘者的工作安排做好铺垫。

10.3 面试后期工作

秘书在完成人员面试工作后，还要做一些面试的后期工作。面试后期工作做好才算圆满地完成了面试工作。本节将从人员选录、人事聘用制度管理、解聘工作管理三个方面对面试的后期工作内容进行介绍。

10.3.1 人选录用

面试后期的人员录用环节包括：发出录取通知、报到、试用、转正。

1. 发出录取通知

对于拟录用的人员，秘书应当通知用人部门填写《新进人员试用申请及核定表》并且需要报送总经理批准。总经理核准后，秘书要通知被录取人员前来公司报到。秘书除了通知录用人员外，为了避免录用者爽约的情况出现，秘书还要通知备录者，并告知其有递补机会。

对于未录用者的咨询电话，秘书应委婉说明未被录取的原因。秘书应当通知录用者报到时间，通常情况下，自发出录取通知起不应超过一个月。

2. 报到

录用者报到时需要携带并填写一些资料，具体包括：身份证、学历学位证、体检表、本人证件照片、个人简介，有需求的单位还要组织录用者填写人事资料卡，提交体检报告。

3. 试用

对于新人，可试行 40 天的试用。在试用期间，公司对新人应有明确的见习程序及训练方式，并且安排专人对其工作进行指导。

进入部门应填写《新进人员试用申请及核定表》。在试用期间如需延长试用期的，应单独向公司主管部门提出书面申请。

4. 转正

如果应聘者通过试用期 40 天，则转正日定为每月 1 日。试用期合格的人应于每月 1 日统一办理转正。在试用期间表现较差者可适当延长试用期，最长延长 4 个月。转正后的应聘者应与公司签订正式的劳动合同。

10.3.2 人事聘用制度管理

企业制定人事聘用制度目的在于让公司的人员聘任有章可循。人事聘用制度管理包括四方面的内容：聘用范围管理、工作报酬管理、人员管理、终止受聘管理。

1. 聘用范围管理

公司聘用部门应根据工作需要对聘用的范围进行明确。聘用人员的聘用范围应体现在聘约中。在聘约中还应明确聘用人员每月的薪资，并报送总经理核准。

2. 工作报酬管理

工作报酬管理包括聘用人员的工资、津贴、奖励、福利等。聘用人员的工资包括：基本工资、工龄工资、浮动工资、年终双薪。津贴包括：职务补贴、物价补贴、加班补贴、住房补贴。奖励包括：年终奖、全勤奖、先进奖、创汇奖。福利包括：劳保费、节日补助、医疗费等。

3. 人员管理

对于聘用人员的管理要制定出细则。具体包括几个方面的管理：考勤管理、出差管理、保险管理、职务聘用管理等。

4. 终止受聘管理

聘用人员如有因重大事件导致合同终止的情况，则应至少提前一个月通知用人单位并在后续办妥离职手续后，方可终止聘用。

10.3.3 解聘工作管理

解聘是指由用人单位提出的与劳动者解除劳动关系的行为。解聘过程中要注意解聘工作流程以及解聘注意事项两个方面。

1. 解聘工作流程

解聘的工作流程一般分六步。
第一步，由用人部门负责人提交解聘报告；
第二步，商讨、审批；
第三步，总经理签发解聘书；
第四步，办理解聘事宜；
第五步，准备资料，办妥结账；
第六步，解聘员工。

2. 解聘注意事项

对员工进行解聘前管理层要进行深入的思考。对解聘的原因要有充分合理的理由，对员工解聘后可能造成的后果充分分析并提前准备相应的措施。

公司应当允许被辞退者有依法申诉的自由，通常情况下，企业的用人纠纷由当地劳动争议调解委员会进行调解。

企业应当与解聘者进行充分的沟通。应当让解聘者了解到哪些行为可能导致解聘。秘书不仅应当与解聘者进行沟通，还应与其他员工进行沟通，使其他员工了解聘者被辞退的原因并得到他们的理解。

解聘人员应当优先在企业内部进行调剂，调剂不了再考虑将其解聘，目的在于防止人才流失。

10.4 人才培训

人才培训工作是人事招聘工作中重要的一个环节。人才培训工作是保证公司人才快速成长的一项重要措施。本节将从短期培训计划的制订、长期培训计划的制订、培训员工的方法、员工培训的内容、员工的职业生涯规划五个方面对人才培训的内容进行介绍。

📁 10.4.1 短期培训计划的制订

企业短期培训指的是一年之内的培训。企业的短期培训计划指的是针对企业不同部门的职业培训以及培训课程的具体计划。

企业短期培训应着力于两点，即培训的可操作性和培训的实际效果。

短期培训的计划要分为五个步骤：明确培训目的、制定培训大纲、拟定培训课程、制定监督措施、培训评估。

1. 明确培训目的

企业明确培训目的在于确认对员工进行培训后，员工在企业工作中能够发挥出积极作用。

2. 制定培训大纲

秘书应当对短期培训制定培训大纲并合理安排培训时间。培训大纲要能够将培训的整体框架制定出来，并列出详细的培训内容和时间安排。

3. 拟定培训课程

秘书应当提前制定出培训课程表，明确培训的方式并印制培训手册，这样可以让培训者事先对培训内容进行学习。

4. 制定监督措施

人力资源部门要制定一定的监督措施对培训者的培训过程进行监督。例如，打卡登记、突击抽查、例会汇报等。

5. 培训评估

人力资源部门要根据员工在培训过程中的表现，采用书面测试、命题作业等方式对此次培训的效果进行综合评估，以不断完善培训的内容和方式。

人力资源部门需要在培训之后，根据当年的年度培训情况制订下一年度的培训计划。

📂 10.4.2 长期培训计划的制订

企业长期培训计划的制订需要注意五个方面：确立培训目标、研究公司发展趋势、对培训内容进行分类、设计培训课程、培训成本预算。

1. 确立培训目标

公司在制订长期培训计划时首先要对员工的培训需求进行调查。经过调查之后，企业应当将员工的一般需求转为培训的目标。同时，通过对企业员工培训目标的需求调查可以找出企业管理水平提升的着眼点。

2. 研究公司发展趋势

制订长期培训计划要对企业的生产、销售计划进行研究，对于企业的生产经营目标有清晰的认识。长期培训目标应立足于如何提高企业长期的生产经营目标。企业生产经营目标的完成取决于企业员工能否优质高效地胜任组织分工，员工能否胜任的关键在于自身素质与技能是否达标。制订长期培训计划要视企业的经营目标完成情况明确具体的培训内容。

3. 对培训内容进行分类

培训内容分类的依据在于培训的不同目标。根据企业的发展目标确定培训内容。如果企业要提高管理水平则要侧重管理知识方面的内容，如果要提高企业的生产经营状况则应侧重专业技能方面的培训内容。

4. 设计培训课程

在制定出培训目标和培训内容之后，企业应当设计培训课程。培训课程要列成清单的形式，并且要将培训的时间、培训的地点、培训的方法、培训的科目等信息一并列入清单中。

5. 培训成本预算

培训预算是制订长期培训计划中不可缺少的一个环节。培训成本预算要根据培训计划中各项活动所耗费的器材、教材、专业活动等的费用进行预测。培训成本预算的目的在于对长期培训成本加以控制。

📂 10.4.3　培训员工的方法

企业采用正确的培训方法能够使培训起到事半功倍的效果。在企业培训的实践中，有四种培训方法效果较好。这四种培训方法分别是：程序化教学法、案例分析法、讨论法、情景模拟法。

1. 程序化教学法

程序化教学法是企业培训采用的最广泛的方法。程序化教学法即采用授课的形式将受培训的员工集中到一起进行培训的一种方法。

程序化教学方法有很多优点。第一，有利于降低企业的培训成本，对培训员工具有良好的短期效应。第二，借助于授课的形式将员工汇聚到一起，为员工提供了良好的交流与互相学习的机会。第三，培训者拥有了更多的权力，可以自主掌握培训的节奏，自由安排培训进度。

程序化教学方法的缺点在于授课者得到培训者的反馈不足。培训者获得实际操作的机会较少。

2. 案例分析法

案例分析法是以模拟真实情景的方式对员工进行案例判断与分析的培训方法。案例分析法主要适用于对企业骨干员工的培养。

案例分析法的好处在于提高了企业员工的情景分析能力，能够加强员工对各项业务的了解程度。同时，案例分析法还能提高企业的凝聚力，通过对案例的思考、分析与判断，提高员工的工作效率。

3. 讨论法

讨论法是对培训者设定一个主题，培训者对这个主题进行讨论。培训者在讨论的过程中获得了互相学习的机会。讨论法相对于其他培训方法而言在培训中所起到的作用是无法替代的。一方面，讨论法培养了员工对于业务的独立钻研能力；另一方面，员工通过互相讨论获得了更多的专业知识，提高了专业度。

4. 情景模拟法

情景模拟法是一种为培训者设定一个培训主题，并且让培训者担任一定的角色，合作演出情景剧的培训形式。培训者在培训的过程中获得了实战演习的机会。

情景模拟法侧重于培养培训者为解决问题而采取的具体行动。模拟情境法适用于对于员工交流能力培养的培训。

📁 10.4.4　员工培训的内容

企业对员工的培训要符合企业的需求。员工培训的内容可以分为三大类：第一类，企业文化的培训；第二类，员工工作技能的培训；第三类，工作态度的培训。

1. 企业文化的培训

企业文化的培训通常情况下是针对企业新员工的入职培训。对员工进行企业文化的培训有利于形成良好的企业文化氛围。

企业文化的培训包括两方面的内容：企业文化精神的培训与企业规章制度的培训。

企业文化精神培训的主要目标是让企业新员工了解企业的历史、企业发展的愿景、企业精神等方面的内容。新员工只有首先了解企业的文化精神才能决定以何种精神面貌投入到工作中，从而更好地融入企业文化当中。

企业规章制度的培训目的在于让新员工及时了解企业的各项规章制度、行为规范等，使新员工更快地适应工作岗位的规则并且能够自觉遵守这些规则。

2. 员工工作技能的培训

员工工作技能的培训是员工培训中最重要的培训。员工工作技能的培训包括三方面的培训：工作能力的培训、人际关系的培训、解决问题的培训。

工作能力的培训不仅适用于企业的管理者也同样适用于企业的基层员工。企业员工在调入新岗位或当岗位有更高的技术要求时都需要进行工作能力培训，提升自己的工作技能以期更好地适应工作岗位的要求。

人际关系的培训主要内容是如何提高沟通技巧，减少企业内部矛盾，实现合作共赢。提高员工的人际关系能力有利于企业有效地进行员工力量的资源整合，取得团队的长足发展。

解决问题的培训主要适用于企业的管理者培训。其主要内容是通过发现问题并解决问题的方式提高管理者分析与解决问题的能力。

3. 工作态度的培训

工作态度的培训目的在于提高企业员工对于企业的忠诚度。员工可能因为自身工作经验比较丰富而对待遇不满意或者工作岗位不符合自身的发展等原因出现工作不积极的情况，此时，工作态度培训就显得尤为重要。一个良好的工作态度培训可以让员工重新建立起对企业的信任从而更加积极地投入工作中。

10.4.5 员工的职业生涯规划

企业在进行员工职业生涯规划时需要先做好三个方面的工作：对于员工满意度进行调查；对现有职务进行详细的层级划分；对典型岗位进行职业发展道路设计。

通常情况下，一个企业对于员工的职业生涯规划通常呈现三个发展方向，即纵向发展、横向发展以及双向发展。

1. 纵向发展

纵向发展是指员工行政级别的晋升。纵向发展是企业中员工职业生涯发展的最普遍的一种形式。员工行政级别的晋升通常要经过发布岗位信息、员工与部门经理沟通、提出申请、笔试、面试、竞聘上岗等环环相扣的过程。员工的纵向发展职业生涯规划适合于那些在企业中工作积极、能力突出的员工。

2. 横向发展

当企业的组织结构越来越往扁平化方向发展时，企业中的员工不再追求行政职务上的晋升而是追求自身能力、技能的发展，此时，横向发展规划较为适宜。

横向发展职业规划包括两个方面的内容：现有岗位职责的扩大与员工岗位轮换。

现有岗位职责的扩大即安排员工胜任更多具有挑战性的工作，使员工在承担工作任务时获得更大的进步。

员工岗位轮换提倡员工在企业内部的同一领域的不同岗位进行调换，有利于员工接触到更多的工作内容。

3. 双向发展

双向发展适合于企业中专业技术较强的员工。他们通常不仅仅关注自身专业能力的提高，同时也关注在其他领域的进步。他们通常很想寻找一个技能与管理的契合点。因此，公司应当对这部分员工采用双重阶梯式的双向职业生涯规划。

双向发展的职业生涯规划体现在员工本身职级的上升而不单单是员工行政级别的晋升。员工职级的上升体现在员工工作内容的丰富化以及工作责任的加大化。

双向发展的职业规划适合于将要晋升到企业中、高级职位的储备员工的职业生涯规划。

| 第11章 |

如何做一名合格的文秘

　　文秘看似平凡的岗位能够做好却不容易。文秘人员在公司属于单位领导的参谋与助手，起着中流砥柱的作用。做一名合格的文秘不仅需要具备一定的职业道德与知识结构，还要具备过硬的心理素质。本章将详细介绍一名合格文秘需要具备的职业道德、知识结构和心理素质三个方面的内容。

11.1 文秘人员需要具备的职业道德

每个工作岗位有不同的职业道德，秘书岗位由于其特殊性，有一些有别于其他岗位的职业道德要求。本节将具体介绍秘书需要具备的职业道德，例如：忠于职守、诚实可靠，做好领导的隐私保密工作，保持自信，摘掉有色眼镜，严格要求自己、善于学习。具备基本的职业道德才是一名合格文秘的基本职业要求。

11.1.1 忠于职守、诚实可靠

忠诚的员工是每一个企业都需要的人才。秘书对于公司要忠诚如一，只有这样秘书才能在自己的岗位上越做越好。忠诚是一个秘书最基本的职业道德素养。忠诚的秘书是领导和同事都敬爱的秘书。秘书忠于职守、诚实可靠，表现在三个方面：第一，忠心对待公司和领导；第二，将忠诚视为一种使命；第三，将公司当成家。

1. 忠心对待公司和领导

秘书无论在公司中做什么样的具体工作都要以忠诚的态度对待公司和领导。对公司不忠诚会使你丢掉工作。一个对于公司和领导绝对忠诚的秘书必将得到公司丰厚的回报，这些回报包括薪水和荣誉。

忠诚的秘书能够得到晋升的机会，得到实现理想的条件，在为公司忠诚付出的同时也能够展现个人风采。

2. 将忠诚视为一种使命

秘书应当将忠诚看成是一种使命。秘书在工作中将忠诚看成是一种使命的表现在于向领导如实地汇报工作中的各种问题，只有向领导提供翔实的依据才能让领导做出正确的决策，提高企业的运行效率。

3. 将公司当成家

秘书将公司当成自己的家便会由心底生出一种归属感。秘书将公司当成家就避免产生仅仅把公司当作工作场所以及自身与公司是被雇佣与雇佣关系的思想。把公司当成家是秘书高尚道德情操，是正确人生观与价值观的体现。

11.1.2 做好领导的隐私保密工作

秘书在平时工作中一定要做好领导隐私的保密工作，因为领导的隐私关系到公司的声誉和发展。秘书对于领导的隐私不可对外宣扬，也不可装聋作哑，而是应做好两点：第一，理解并尊重领导；第二，为领导间的矛盾保密。

1. 理解并尊重领导

领导也是普通人，拥有常人一样的烦恼。秘书对于领导的个人烦恼也看在眼里，记在心里，切不可对外宣扬。秘书要学会尊重领导，理解领导的苦衷，这也是秘书应当具备的基本职业素质。

2. 为领导间的矛盾保密

秘书对于领导间的矛盾十分了解，此时，千万不可在公司间传播领导之间的矛盾，对领导间的矛盾指手画脚，这样做的后果只会导致领导间的矛盾更加激化。这种内部矛盾一旦爆发后果将难以想象。秘书要自觉维护好每一位领导的面子，做好领导之间矛盾的保密工作。

11.1.3 保持自信

秘书在工作中要时刻保持自信。自信是秘书智力与能力的表现。秘书在平时工作中要着重从三个方面保持自信：第一，保持自信的底气；第二，在职权范围内保持自信；第三，克服自卑心理。

1. 保持自信的底气

秘书在工作中要保持自信的底气。秘书自信越高，做事成功的概率也越大。但是，有一点是要注意的，如果秘书没有十足的自信最好不要去宣扬了，这样领导会对你失去基本的信任。

2. 在职权范围内保持自信

秘书建立自信的基础是对自己的能力范围的把握。秘书应当在自己职权范围内保持自信，既要避免刚愎自用又要不干涉领导的决策。

3. 克服自卑心理

寸有所长，尺有所短。每个人都有自己的强项。秘书要多看到自己的长处从而建立起自信心。秘书应从小事做起建立起自信心。例如，做好了一张很实用的 Excel 表格。秘书在工作和生活中都要自己增强自信心，才能更好地胜任工作。

11.1.4 摘掉有色眼镜

秘书处于机要职位，由于本身职业的特点能够接触到很多公司内部机密信息，这样的职位特点决定了秘书在公司中的地位无形中就会得到提高。此时，秘书极其容易生出一种优越感，戴有色眼镜看待周围的人和事。这样的做法是不对的。

秘书要时刻记住自己只是领导的助手，本身并没有决策权。如果秘书戴着有色眼镜看人待物，那么无疑给自己埋下了很多矛盾隐患。久而久之，戴有色眼镜办事的风格就会严重影响到公司内部与其他部门的沟通和合作，不利于工作的开展。

作为一名秘书要时刻保持"礼多人不怪"的理念。秘书在工作中应当充满热情，礼貌对待公司的人和事。长此以往，定会给人留下和善的印象，有利于开展各项工作。

11.1.5 严格要求自己，善于学习

秘书在工作中应当严格要求自己。秘书对于工作中的小事也要确保做到保质保量地完成。要时刻树立问题意识，对于自己存在的问题有清晰的认识

并且要积极弥补不足。即使是倒水与搞卫生这类小事也要尽心尽力地去完成。从小事做起，严格要求自己是一名合格秘书必备的基本职业素养。

秘书要在工作中有上进的姿态。秘书要注重学习并善于学习。在学习的过程中需要把握好两点：第一，有针对性地学习；第二，尝试更多的新工作。

1. 有针对性地学习

秘书要将学习的重点放在钻研自己的专业知识方面，提升专业技能。秘书学习的过程要注重培养自己的思维开拓性以及眼光的敏锐性，避免盲目地学习。

2. 尝试更多的新工作

秘书在做好分内工作的情况下可以尝试做一些新工作。尝试新工作的目的在于提高自己工作的综合能力。同时，在承担更多的新工作的过程中无形中会积累更多的相关工作经验，激起自己学习的欲望。

11.2 文秘人员的知识结构

现代文秘只有具备了现代化的知识结构才能够不断适应公司发展的需要。本节将从文秘人员需要具备哪些知识、文秘人员的能力结构、文秘人员的工作分类能力三个方面对文秘需要具备的知识结构进行介绍。

11.2.1 文秘人员需要具备哪些知识

一名合格的秘书人员应当具备各种知识，只有将这些知识掌握自如才能更好地胜任本职工作。文秘需要具备的基础知识包括五个方面：第一，文书公文写作知识；第二，企业管理基础知识；第三，办公自动化知识；第四，法律知识；第五，速记基础知识。

1. 文书公文写作知识

秘书应当掌握的基本公文写作知识包括：公务文书的基本类型与写作、

公务文书的基本格式、公文文书的文种辨析、公务文书的发布。

2. 企业管理基础知识

秘书需要具备的企业管理基本知识包括：财政税务知识、企业管理知识以及货币金融知识等。

3. 办公自动化知识

秘书应当具备的基础办公自动化知识包括：计算机应用软件操作基础知识、办公常用设备管理知识、计算机网络基础知识等。

4. 法律知识

秘书应当知悉并熟悉的法律：《劳动法》《公司法》《合同法》《外商投资企业法》《知识产权法》《世界贸易组织法》等。

5. 速记基础知识

秘书参加的会议很多，很多时候并不能保证将会议内容一字一句完整地记录下来，这时候就需要掌握一定的速记基础知识。具体而言，速记基础知识包括：汉字速记、拼音速记以及速记概述等。

11.2.2 文秘人员的能力结构

秘书的能力结构分为两部分：基本能力与专业能力。

1. 基本能力

秘书的基本能力是秘书获得外界知识的前提，也是其他能力的基础。秘书的基本能力包括：科学的思维能力、良好的记忆能力、丰富的想象能力、良好的沟通能力、细致的观察能力等。

2. 专业能力

秘书的专业能力是秘书得以胜任工作的基本能力。具体而言，包括六种能力：组织能力、判断能力、辨别能力、文字表达能力、处理危机的能力以及人际交往能力。

11.2.3　文秘人员的工作分类能力

秘书在日常工作中要掌握工作分类的能力。只有先将工作分好类才有利于高效地开展后续工作。秘书掌握工作分类的能力可以运用 NTL 工作分类法。除此之外，还要将工作惯例化。

1. NTL 工作分类法

秘书掌握 NTL 工作分类法能够起到事半功倍的作用。N——Now，即现在必须做的事情；T——Today，即今天必须做的事情；L——Later，即可以推到明天做的事情。NTL 工作分类法可以对工作重新分配。紧急重要的工作要优先办，紧急的工作即现在就必须去做，重要不紧急的工作要优先办，重要的工作即今天必须要做，不重要不紧急的工作可以推到明天去做。

2. 将工作惯例化

秘书在平时工作中要尽量将同一类型的工作放在同一时间段去做。这样可以提高工作效率和质量，并节约工作时间。例如，同一时间去统一处理邮箱中没有发送的文件；同一时间处理需要打印、复印的文件等。

11.3　文秘人员的心理素质

一名优秀的文秘，不仅要具备较强的专业能力，还要具备良好的心理素质与职业性格，同时还要善于调节心理压力。本节将从文秘人员应具备的心理素质、职业性格与调节心理压力的具体方法三个方面进行介绍。

11.3.1　文秘人员应具备的心理素质

一名优秀的秘书人员应当具备良好的心理素质。秘书良好心理素质中最重要的素质是角色意识。秘书应具备的五个角色意识：辅佐意识、自我意识、效率意识、信息意识与创造意识。

秘书在养成良好心理素质的同时还要克服一些不良的心理素质。不良的心理素质是造成秘书心理挫折与不良人际关系的诱因。秘书在工作中要努力克服自卑、高傲自大、自暴自弃、嫉妒、多疑等不良心理。秘书在战胜不良心理素质的同时也就把握好了处理人际关系的最佳原则，从而做出正确的反应，形成良好的人际互动。

11.3.2 文秘人员的职业性格

秘书人员在企业中是企业的中流砥柱，具有与其他职业不同的职业性格。秘书的职业性格包括六个方面：讲求效率、善于合作、文明礼貌、保守机密、讲究信用、热爱工作。

1. 讲求效率

秘书应当在工作中讲究高效地完成工作。秘书应当尽力将处理公文以及其他事务的时间压缩到最低限度。

2. 善于合作

秘书在工作中经常与不同部门的人员打交道，因此，秘书应具备善于合作的职业性格。秘书善于合作，才能更好地与各部门密切合作，保持工作的合作性，从而顺利地完成工作任务。

3. 文明礼貌

秘书由于经常要接人待物，因此，文明礼貌成为秘书必备的职业性格之一。秘书在工作中文明礼貌办事要做到十六个字：举止大方、文明礼貌、常带微笑、谈吐文雅。

4. 保守机密

由于秘书有领导参谋的职业特点，往往会接触到一些核心机密。因此，秘书应当具备良好的保守机密的职业性格，不在任何场合向任何人泄露关于公司的任何机密信息，防止企业遭受损失。

5. 讲究信用

秘书在与外界沟通交流时，无论对其他部门的人员还是对客户都要讲究信用，做到"一言九鼎"。讲究信用的秘书是受公司爱戴、受顾客欢迎的秘书。

6. 热爱工作

热爱本职工作是秘书必须具备的职业性格之一。秘书只有热爱本职工作，才能"干一行爱一行"。作为一名秘书，在公司，要踏踏实实地做好本职工作，不去羡慕他人丰厚的收入，也不要去羡慕他人轻松的工作环境。工作没有优劣之分，秘书要努力在自己的本职岗位上实现自身的价值。

11.3.3 文秘人员要善于调节心理压力

秘书在工作难免遇到一些工作琐事，这些工作琐事会让秘书产生职业的懈怠感，形成一定的负面心理压力。因此，秘书应当善于调节心理压力。具体而言，秘书要掌握三种调节心理压力的方法：第一，遇事要忍；第二，培养幽默感；第三，转移注意力。

1. 遇事要忍

秘书在工作中会遇到一些不顺心的事情，很多工作中的矛盾爆发会给秘书带来负面的心理情绪与压力。俗话说得好，"退一步海阔天空"。遇到不顺心的事情要学会忍耐，保持良好的心态，培养乐观的生活工作态度，才能不受到不良情绪的影响，做好本职工作。

2. 培养幽默感

秘书应在工作中培养幽默感。幽默感是调节工作不良情绪的一剂良药。幽默是秘书心理健康的表现。幽默感还能消除工作中的紧张情绪。

3. 转移注意力

秘书在职业中遇到不良情绪时要学会适度地转移注意力。秘书在生活中要培养一定的业余爱好,例如:唱歌、运动、阅读等,及时地将注意力转移到其他业余爱好领域可以减少不良情绪对工作的影响。因此,秘书在遇到负面心理情绪时不妨试着转移自己的注意力,调节自己的情绪。